谨以此书献给我挚爱的妻子——邦妮·格雷。她的智慧和洞察力让我得以完成此书。

她的爱、欢乐和精神不但让我的生命与众不同，也让孩子们的生活异彩纷呈。

孩子来自天堂

[美] 约翰·格雷 著

周建华 邢知 杨晓贤 译

九州出版社
JIUZHOUPRESS

图书在版编目（CIP）数据

孩子来自天堂 /（美）约翰·格雷著；周建华，邢知，杨晓贤译 .--
北京：九州出版社，2018.5
ISBN 978-7-5108-7104-7

Ⅰ . ①孩… Ⅱ . ①约… ②周… ③邢… ④杨… Ⅲ . ①亲子关
系- 家庭教育 Ⅳ . ① G781

中国版本图书馆 CIP 数据核字 (2018) 第 102404 号

孩子来自天堂

作　　者	（美）约翰·格雷　著
译　　者	周建华　邢知　杨晓贤　译
出版发行	九州出版社
地　　址	北京市西城区阜外大街甲 35 号 (100037)
发行电话	(010)68992190/3/5/6
网　　址	www.jiuzhoupress.com
电子信箱	jiuzhou@jiuzhoupress.com
印　　刷	廊坊市三友印务装订有限公司
开　　本	787 毫米 ×1092 毫米 1/16 开
印　　张	13.5
字　　数	170 千字
版　　次	2018 年 6 月第 1 版
印　　次	2018 年 6 月第 1 次印刷
书　　号	ISBN 978-7-5108-7104-7
定　　价	42.00 元

目 录

第 12 章   **允许孩子要求更多   154**

引言

结婚一年后，我成为一个新生儿和两个继女的父亲。我刚出生的小宝贝叫劳伦。两个继女一个叫朱丽叶，她 8 岁；另一个叫香农，她已经 12 岁了。尽管我的新婚妻子邦妮是一位很有经验的母亲，但对我来说，这却是一种全新的体验。我初为人父，就有了三个孩子——一个小婴儿，一个不满 10 岁的女儿，还有一个即将迈入青春期的女儿，这对我来说真是一个巨大的挑战。

不过，我曾给很多十来岁以及其他各个年龄段的孩子们上过课，很清楚孩子们对父母的感觉。我还为成千上万的成年人做咨询，协助他们疗愈孩提时代的创伤——在某些方面，这些成年人的父母没能给予他们足够的关爱。我帮助他们学会用期待父母对待自己的方式，来给予自己那部分缺失的爱，以此疗愈内在的创伤。我靠着这些经验，开始了一个新手父亲的养育之旅。

在这一过程中，我常常发现自己不自觉地沿用我父母的做法。有些做法很好，有些并不是很有效，还有一些真的很糟糕。但很快通过我个人的经历和成千上万的咨询者的遭遇，我逐渐发现了更有效的养育孩子的方式。

直到今天，我仍然记得我第一次做出改变的场景。那天香农和她的母亲邦妮正在争吵。我走下楼，试图去支持邦妮。我找了一个合适的时机加入进去，大声嚷起来。没几分钟，香农就安静了下来，默默地忍受自己所受到的伤心和内心的怨恨，突然间，我意识到自己深深地伤害了她。

就在那个时候，我突然意识到我错了，我的行为对孩子造成了伤害。每次我的父亲不知道该怎么做的时候，他就会对我大声吼叫，而现在的我竟然和他一样。我在用吼叫和恐吓的方式来控制她。尽管我不知道还有什么法子，但我清楚地知道吼叫和恐吓并不能解决问题。从那天起，我再也没对孩子们吼过。最终我和邦妮一起找到了当孩子犯错时，父母重新掌控局面的更好的方法。

光有爱是不够的

对于父母的爱和支持，我非常感恩，正是他们的爱和支持给了我巨大的帮助。但从另一方面来说，尽管他们爱我，但他们的一些错误的教育方式还是伤害了我。疗愈这些创伤让我成为一个更好的父亲。我知道，我的父母对孩子的内心需求了解得很有限，他们已经尽了自己最大的努力。当父母在养育过程中犯错的时候，我们要了解，这并不是因为他们不爱孩子，而是因为他们不知道怎么做会更好。

孩子需要我们的爱，也需要我们花费时间、精力去照顾他们，但光有爱还是远远不够的。除非父母能够了解孩子独特的需求，否则他们就无法给予今天的孩子们真正想要的。父母是在付出爱，但却不是通过对孩子们的成长最有利的方式。

如果父母们不知道孩子们的真实需要，就不能给予孩子们更有效的支持。

有些父母确实很想多陪陪孩子，可因为不知道在一起能做些什么就放弃了。也有的时候，是孩子们拒绝与父母在一起。很多父母想尽办法和孩子沟通，可是孩子们就是什么也不肯说，于是父母也不知道怎么办才好。

其实很多父母并不想对着孩子大吼大叫，打孩子或是惩罚孩子，但无奈的是，对他们来说，除此之外，还有什么更好的办法呢？因为和孩子的沟通根本不起作用，惩罚或是用惩罚来威吓孩子就变成了父母唯一的撒手锏。

要让沟通有效果，首先要做的是了解孩子们的需要。你必须学会如何聆听，孩子们才会愿意对你说。你必须学会如何请求，孩子们才会愿意合作。你必须学会在给予孩子更多自由的同时，维持你的主导地位。当家长们学会了这些新的心法，就可以放弃那些过时的养育方式了。

找到更好的教育方式

作为数千人的咨询顾问和给上万人讲过课的老师，我很了解哪些养育方式是无效的，只是之前还没有找到更有效的解决方式。要成为更好的父母，仅仅是摈弃以惩罚或是吼叫来控制孩子的方式是不够的。要放弃以惩罚威吓来保持控制权的方式，我们就必须找到其他同样有效的方法。在形成本书的基本观点以及积极养育的五大心法的过程中，我逐渐发现了足以替代传统养育心法的有效方法。

要抛弃旧的养育方式，就必须使用新的养育心法。

要成为更好的父母，仅仅是摈弃以惩罚或是吼叫来控制孩子的方式是不够的。

我花了三十多年的时间，才最终总结出了本书中所介绍的积极养育的观点心法。在长达十六年的时间里，我为很多成年人做过咨询，处理他们个人以及人际关系方面的问题，这使我有机会了解，哪些教育方法在来访者的童年时代是无效的。后来，我以一个父亲的身份，在长达十四年的时间里开始探索并运用新的养育心法。这些新的养育心法不仅对我自己的孩子们是有效的，对其他成千上万的家庭也同样有效。

单身妈妈玛吉开始把这些方法用到了家里的大女儿莎拉身上。

此前，莎拉从不愿意和她有任何沟通，几乎处在了离家出走的边缘。但当玛吉转变了她的沟通方式后，她和莎拉终于能够坐下来好好谈，成功解决了彼此间的矛盾。莎拉几乎在一夜之间就变了一个人。在玛吉参加"孩子来自天堂"工作坊之前，只要玛吉一开口，莎拉就会开始皱眉头，但几个月后莎拉竟开始和母亲谈论起自己的生活，听玛吉的话，并且很配合。

提姆和卡罗尔对他们只有三岁的小儿子凯文一筹莫展，他常常捣乱，一发脾气就乱扔东西。学习了积极养育的心法之后，他们放弃了责打的方式，转而使用"暂停"的心法。凯文发脾气的次数开始越来越少。提姆和卡罗尔学会了用了解并满足凯文独特需要的方式来养育孩子，重新取得了主导地位。

菲利普是一位成功的商人，参加了"孩子来自天堂"工作坊之后，他认识到孩子们是多么需要他，也了解到在孩子们的成长过程中自己能够做些什么。他小的时候，主要是由母亲带大的，因此，他根本不知道孩子们是多么需要父亲。但是现在他知道了孩子们的需要，也知道自己该怎么做，他开始迫不及待地花更多的时间和孩子们在一起。对于这些新的养育心法，他感到非常感激，不仅仅是因为孩子们更加快乐了，还因为他自己也享受到了身为人父的欢乐。以前的他甚至都没有意识到自己错过了这样的快乐。

汤姆和凯伦常常为如何抚养孩子的事争吵。因为他们俩成长的方式很不一样，所以双方在如何管教和抚养孩子的问题上有很大分歧。自从参加了"孩子来自天堂工作坊"后，他们对此有了一致的看法。孩子们不仅从更有效的支持中受益，更重要的是，父母不再总是争吵了，这才是孩子最大的收获。

已经有无数的家庭从"孩子来自天堂"的观念和心法中受益，若你仍疑虑其有效性，那么不妨先试试，看看结果会是怎样。这些心法和方法的效果很容易验证。一旦开始使用，很快便能看到成效。

《孩子来自天堂》一书中的每一个建议都很有意义。很多时候，你可以通过阅读理清自己的思绪。也有些时候，书里的新观念会让你意识到自己的问题在哪，怎么做才是正确的。

尽管本书不可能涉及你在养育过程中遇到的所有问题，但它可以提供一个解决问题的新思路。它会让你更了解孩子，启发你找到适合自己的养育方法，更好地应对每天遇到的问题。

很多男人错过了为人父的快乐，但他们却从来没有意识到这一点。

《孩子来自天堂》所介绍的心法和方法，对各个年龄段的孩子都适用，无论你面对的是婴幼儿、蹒跚学步的儿童、青春期前的孩子，还是青少年。即便你的孩子已经十多岁了，以前从来没有接触过这些方法，他们也很快会对这一养育方式做出反应。

就我本人的经验来说，我发现我的两个继女对这种新的、非惩罚性的养育方式很快就有积极的回应。即使过去她们是在惩罚和吼叫的养育方式下长大，但这并不影响新方法的效果。任何年龄段的孩子，不管他们过去所接受的是怎样的养育方式，当家长们开始运用这一新的养育心法后，都会变得越来越合作。

即使孩子们是在被忽视、辱骂甚至是残酷的惩罚中长大，这些心法也同样有效。当然，被忽视、辱骂长大的孩子可能会有一些特别的行为问题，可一旦运用了新的养育方式，这些问题都会有效地得以纠正或解决。只要给予孩子们正确的爱和支持，他们就能很快恢复和适应。

新的养育危机

西方世界正在经历一场严峻的养育危机。暴力、自卑、注意力缺乏症、吸毒、早孕、自杀，诸如此类的报道每天都在不断增加。无论是新的还是旧的养育方式，几乎所有的家长都对此存在质疑，似乎没有方法是有效的，孩子们的问题仍然在持续地增加。

有些家长认为这些问题的根源在于我们过于纵容孩子，给他们的太多了，还有些家长则认为过时的养育方式难辞其咎，比如说打孩子或是对孩子大吼大叫。也有些家长认为是社会的消极变化造成了这些新的问题。

太多的电视、广告充斥着整个社会，关于暴力、性的画面在电视中随处可见，这些被很多人认为是罪魁祸首。的确，社会对孩子的影响是很重要的一部分原因，政府也可以通过立法来解决一部分问题，但最重要的还是在于家庭的影响。孩子们的问题来源于家庭，也可以在家庭中得到解决。与其期待社会的转变，还不如家长们认识到培养一个健康、自信、合作、充满同情心的孩子的力量就在自己手中。

孩子们的问题来源于家庭，也可以在家庭中得到解决。

为了更好地适应社会的变化，家长们需要改进自己的养育方法。在过去的二百年里，我们的社会发生了历史性的变化，人们拥有了更多的自由和权利。尽管现代西方社会是建立在自由和人权的基础之上的，但是人们仍在沿用中世纪传下来的养育方式。

家长们需要更新原有的养育方式，以培养出健康、富于合作精神的孩子。商人们非常清楚，在自由竞争的市场上，只有跟得上市场的变化，才能很好地存活下来。同样的道理，如果家长们希望自己的孩子能够在当今的自由社会中有竞争力，那就必须运用最有效最先进的养育心法，为孩子应对社会激烈的竞争做好准备。

爱的养育方式 vs 畏惧式的养育方式

过去，孩子们被权威、恐惧和内疚感控制着。为了激发孩子们更好的行为，我们以各种方式让孩子们相信自己是不好的，如果他们不顺从，那就不值得受到更好的对待。失去爱和权利的恐惧，对孩子们起到了强有力的威慑。当这种威慑不起作用的时候，我们就用惩罚来制造更多的恐惧，并摧毁孩子们的意志。不守规矩的孩子常常被认为是固执己见、顽固不化的。然而讽刺的是，从积极养育的角度来看，培养坚强的意志恰恰是创造自信、合作和同情心的基础。

旧有的养育方式试图培养一个顺从的孩子，但积极养育的主要目标在于培养一个有坚强意志力同时具备合作精神的孩子。我们无须通过摧毁孩子的意志来迫使孩子合作，孩子来自天堂，当他们心灵不受拘束，自我意志得到滋养，他们会更愿意和你合作。

积极养育的主要目标在于培养一个有坚强意志力同时具备合作精神的孩子。

培养孩子的意志力而不是摧毁它们，这正是创造自信、合作以及同情心的基础。

旧有的养育方式旨在培养好孩子，积极养育的方式则旨在培养富有同情心的孩子。我们无须通过恐吓让他们守规矩，孩子们会跟从自己的内在指引，自发地行动和做决定。他们不会撒谎或欺瞒，不是因为这违反了规则，而是因为他们内在正直。道德不是外界强加给他们的，而是孩子们内在原有的，也是在与父母的合作中学到的。

旧有的养育方式重点是培养顺从的孩子，而积极养育旨在培养充满自信的领导者。他们有能力主宰自己的命运，而不只是被动地跟着前人的脚印亦步亦趋。这些自信的孩子清楚地知道自己是谁，自己的使命是什么。

这些坚强的孩子不会轻易受到同龄人压力的左右，也无须通过叛逆来证明自己。他们独立思考，也愿意接受来自父母的协助和支持。当他们成年以后，不会被他人的限制性信念所束缚，而是会遵循内在的指引，自己做出决定。

自信的孩子不会轻易地受到同龄人压力的左右，也不需要通过叛逆来证明自己是谁。

新时代的孩子需要更好的沟通心法

世界在进步，我们的孩子也在发展。基于畏惧的养育方式不再有效，事实上，这种养育方式反而削弱了家长的主导地位。惩罚只会激发孩子对家长的反抗，导致叛逆。吼叫和责骂也无助于家长们取得控制权，相反，只会让孩子们不愿意听话和合作。家长们正努力寻求更好的沟通方式，以帮助孩子应对当今社会日益增加的压力，但遗憾的是，他们仍然在沿用过时的养育方法。

我记得我的父亲就曾犯过类似的错误。他试图用惩罚来控制他的六个儿子和一个女儿。他曾经是军队中的中士，因此这是他所知道的唯一的教育方法。从某种程度上来说，他把我们当成士兵来对待。只要我们反抗他的控制，他就会用惩罚来威胁我们，以掌控局面。尽管从某种程度上来说，这种养育方式在他那个年代是有效的，但对我们这一代人来说却是无效的，对现在的孩子们来说显然也是无效的。

惩罚只会激发孩子对家长的反抗，导致叛逆。

当他的威胁并没有使我们顺从的时候，父亲就会增加威胁的力度。他会说："如果你再这样对我说话，我就让你禁闭一个星期。"

如果我还继续反抗，他就会说："如果你还不停下来，我就让你禁闭两个星期。"

如果我还是继续坚持自己的想法，他就会说："好了，现在你要禁闭一个月，马上回到你的房间去！"

增加惩罚并没有产生真正积极的效果，相反，这只会引起更大的怨恨。在接下来的一整个月里，我都在想着他是多么霸道，他的行为非但没有让我更愿意合作，反而将我推得更远。但如果他说的是"既然你不尊重我说的话，那么我希望你暂停10分钟"，这对我会有效得多。

惩罚通常会摧毁一个孩子坚强的意志，尽管这在过去可能会让孩子们顺从，但在当今社会已经不再适用了。现在的孩子更有见识，也更清楚自己想要什么。他们了解什么是不公平，什么是虐待，他们不会一味地忍受。他们会表达自己的不满，并起来反抗。更重要的是，惩罚和惩罚的威胁破坏了家长与孩子之间的沟通，家长们非但没有解决问题，反而成为问题的一部分。

对孩子们大吼大叫只会让他们越来越听不进你说的话。为了让孩子们在学校里取得成功，更重要的是，为了让他们在当今自由竞争体制下更有竞争力，或是维持家长和孩子之间持久的情感关系，家长们需要更好的沟通心法。当父母与孩子之间能够更好地相互倾听的时候，这些心法会更有效。当父母学会聆听孩子的心声时，孩子们也会聆听父母的声音。

惩罚使家长们成为了孩子避之不及的敌人，而不是寻求支持的对象。

当你把音乐声音调到很高的时候会发生什么？你会什么也听不到。当家长们对孩子大喊大叫或是总是提这样那样的要求的时候，结果也是一样的。如果新时代的家长们将上一代对待自己的方式沿用到现在的孩子身上，效果就会和以前完全不同。

放弃惩罚

在旧社会，人们被强大的暴君压迫、控制和操纵，但在新时代就不一样了。人们不会再忍受不公以及对人权的侵犯，他们会起来反抗，甚至为民主献出自己的生命。

同样道理，现在的孩子们不会接受惩罚的威胁，他们会起来反抗。对于惩罚的不公，他们的反应更为强烈。遭到惩罚时，他们会用反抗、怨恨、拒绝和叛逆来反击。现在的孩子拒绝父母的价值观，对抗父母控制的起始年龄越来越小。

在心理发展成熟或能独当一面之前，父母的帮助对孩子和青少年的成长来说至关重要。然而，现阶段的他们却一直抗拒或拒绝父母的支持，渴望早日摆脱父母管束，但其实在这一阶段他们是需要这样的管束的，这能让他们更健康地成长。

很多父母意识到惩罚已经不管用了，但他们并不知道还有什么更好的办法。他们不再惩罚孩子，但还是不行。纵容的养育方式无法让孩子控制自己的行为，他们很快会得寸进尺，开始操纵和控制父母。

当孩子们可以随意闹情绪、发脾气时，他们就控制了局面，而一旦孩子们掌控了局面，那么家长们就失去了掌控权。在很多方面，这些孩子会与那些用过时的、基于畏惧的养育方法培养出来的孩子一样表现出相同的问题。

不管孩子是在畏惧教育还是在溺爱教育下长大的，如果他从来没有体验过父母主导着整个局面的感觉，那么当父母试图重新取得或是维持主导权时，他就会反抗或者拒绝。当孩子没有了父母的引导和支持，孩子的成长也会受到很大的限制。采用本书中的积极养育心法，家长们就可以给予孩子所需要的自由和自主权，又能保持主导地位，这有助于孩子们形成强大而健康的自我意识。

当孩子掌控了整个局面的时候，家长们就失去了自己的主导地位。

畏惧教育的后果

用威胁、批评、反对、惩罚等手段管教孩子是基于畏惧教育的老方法，这不仅失去了以前的威力，而且还会产生消极的影响。现在的孩子比过去的更加敏感，能力更强，也更容易受到旧有养育方式的负面影响，例如吼叫、责打、惩罚、禁足、谴责、辱骂和羞辱等等。过去，孩子的感觉比较迟钝，所以用这些方法有效，但如今却已是隔年皇历。

在过去，打孩子是让孩子们建立起对权威的畏惧感，让他们学会要遵守规矩。但在今天，这却具有反作用。对孩子们施以暴力意味着暴力的回应。这是孩子们更为敏感的表现。现在的孩子们更有创造力，更聪明，但也更容易受到外界的影响。

我们无须运用畏惧教育的策略，如今的孩子也能很好地学会尊重别人，孩子们不是因为害怕而学会尊重，而是通过模仿。孩子们天生会模仿父母。他们的脑子一直在观察、记录、模仿你的言行举止。他们是通过实际的模仿和合作学会所有事情的。

如果家长自身行为恭敬，孩子们就会逐渐学会如何尊重他人。当孩子发脾气的时候，如果家长能够学会保持冷静、镇定并满怀爱心，那么孩子就能逐渐学会在情绪强烈的时候保持冷静、镇定和爱心。而当家长们掌握了应对失控孩子的法宝时，保持镇定、冷静、爱心和尊重就变得容易了。

如果你依靠打孩子来重新获得控制权，那么孩子学会的就是在情绪失控时用攻击来解决问题。有很多次，我见到有一些母亲一边打孩子一边说："不要打你弟弟。"她希望孩子能够明白挨打是什么感受，但打孩子并不是解决问题的办法，这只会强化她儿子打人或是做出攻击性行为的倾向。

以后，他只要得不到他想要的东西，就会自然而然地运用直接或间接的攻击行为来发泄内心的怒火。尽管打孩子在过去是有效的，但现在已经没用了。畏惧教育的养育方式限制了孩子的天性，家长们花了更多的时间，却并没有得到期望的结果。

和孩子在一起的时间远远不够

现在家长们花在子女教育上的时间越来越少了。因而，我们必须了解什么对孩子来说是最重要的。这不仅可以让家长高效地利用时间，同时也让家长们获益良多，主动创造更多和孩子们在一起的时间。当家长们更清楚孩子的需要时，就会自然而然地花更多时间和孩子们在一起。

由于社会生存的压力，女人们常常满脑子想着那些她们必须要做的事情，而男人们则主要把精力放在他们能做的事情上。如果父亲不知道自己可以做些什么来帮助自己的孩子，那么他们通常什么也不会做。而当妈妈们不知道孩子需要什么的时候，她们往往会把其他事情看得更重要。

如果父母能了解孩子的真正需求，他们就会更愿意花时间享受家庭生活，而不是一味地赚钱。对现在的家长们来说，最大的财富就是时间。而当家长们知道自己必须做什么以及能为孩子做什么的时候，他们就会开始花更多的时间和孩子们在一起。

更新你的养育心法

在本书中，你会学到一些实用的方法来更新你的养育心法。你会学到激励孩子合作并表现出色的心法，从此和畏惧教育的旧方法说再见。

我们无须用惩罚带来的恐惧来激发孩子的积极性，他们天生就有分辨是非的能力，我们要做的只是给他们发展这种能力的机会。适当的奖励以及孩子们与生俱来的希望父母高兴的欲望，就足以让他们轻松得到激励，而无须惩罚或恐吓。

在本书的前八章中，你将学会运用积极养育的各种心法来改善与孩子的沟通，加强孩子的合作，让孩子得到充分的发展。在后六章中，你将学会如何将最重要的 5 条心法传达给孩子。

积极养育的五条心法是：

1. 接纳孩子的与众不同。

2. 允许孩子去犯错。

3. 接纳孩子会有消极情绪。

4. 允许孩子要求更多。

5. 允许孩子说"不"，但要记住父母才是主导者。

这五大心法会让孩子的天赋自由发展，当积极养育的各种心法得到正确运用的时候，你的孩子将逐步拥有获得成功所必需的能力。这些能力包括：宽恕他人和自己、分享、延迟满足、自尊、耐心、坚持、尊重他人和自己、合作、同情心、自信以及感受快乐的能力。运用这些新的方法，再加上你的爱和支持，你的孩子将在成长的每一个阶段都会有机会得到充分的发展。

有了这些新的认识，你将拥有抚养孩子所必需的信心，这样的话，晚上你就能睡个好觉了。当你遇到问题和困扰的时候，你可以不断回顾这些心法和心法，同时提醒自己孩子需要什么，你又能为孩子做些什么。

最重要的是你要记住孩子来自天堂，他们自身早已拥有成长所需要的一切，家长的工作仅仅是在孩子成长的路上提供必要的支持。运用这五条心法和积极养育心法，你不仅可以满足孩子们的真实需要，并体会到由此带来的为人父母的自信，同时你还会感受到，在你的帮助下孩子们有能力去创造他们想要的生活。

第 1 章

孩子来自天堂

每个孩子的本性都是纯真、美好、善良的。从这个意义上说，每个孩子都来自天堂。

每一个孩子都是独一无二的。他们带着自己独特的命运来到这个世界上。要知道，一粒苹果种子自然会长成一棵苹果树，而不会长成梨树或橘子树。作为父母，我们最重要的角色是认清、尊重孩子的天性，并支持他自然而独特地成长。我们无须依据我们的期望，塑造出我们想要的下一代，因为父母的责任在于给孩子更理性的爱和支持，以此激发孩子们内在的独特天赋和力量。

孩子不需要父母的"修理"或来帮他们定型或让他们更好，但他们的成长需要父母的支持和关爱。父母提供肥沃的土壤，等着让孩子的种子再次发芽，茁壮。在苹果种子内部，已经储存了其生长和发展所需的完美蓝图。同样，在每个孩子的思维、心灵和身体里，其发展所需的完美蓝图也已经存在。我们应该认识到，孩子本身已经是很好的了，我们不用费力再去做些什么让他们变得更好。

作为家长，我们必须了解，孩子的成长和发展有其自然规律。我曾经问我母亲她养育孩子的方法，她这样回答："我抚养了六个儿子和一个女儿，我终于发现原来我可以做的并不多。其实，一切尽在上帝的掌握之中。我只要全力以赴，做好我能做的，剩下的一切就交给上帝来安排吧。"这样的认识让她对孩子自然的成长过程有了充分的信任。对她来说，养育的过程不仅变得更容易了，而且也帮助她更好地给予孩子有效的支持，而不是成为孩子成长道路上的阻碍。这样的认识对每一位家长来说都很重要。如果你不相信上帝，那不妨用基因的说法来替代——孩子的基因已经决定好了一切。

积极养育心法的运用，让家长们可以学会更好地支持孩子的自然成长。但如果家长们不了解孩子是如何自然成长的，那么就很容易经历不必要的挫折、失望、担心和内疚，而这些会不知不觉对孩子某方面的发展造成妨碍或限制。例如，当家长不了解孩子生性敏感，不仅家长会对孩子感觉失望，孩子也会以为自己有问题。"我有问题"的想法，将烙印于孩子的心里，使得孩子与生俱来的敏感能力无法充分发挥。

每个孩子都有其独特的问题

除了天生赋予善良与纯洁的心灵外，每个孩子也怀着其特有的问题来到这个世界。作为家长，我们的角色是帮助孩子去面对他们独特的挑战。我有六个兄弟姐妹，尽管我们有着同样的父母、同样的机遇，但最后我们却完全不同。我有三个女儿，分别是 25 岁、22 岁和 13 岁，但她们每个人都完全不一样，各有所短，各有所长。

作为家长的我们，可以给孩子提供帮助，但却无法帮他们避免特有的问题和挑战。看清这点后，父母的顾虑和担心就会减轻，而不是整天想着怎么去改变他们，或是怎么解决他们的问题。

我们可以让孩子就做他们自己，把我们有限的精力用于帮助他们去应对生活的挑战。当家长以一种更放松、更信任的态度去对待孩子时，孩子也可以对自己、父母及对不可预见的未来更有信心。

每个孩子都有自己独特的命运。接受这个现实可以让家长更安心、更放松，我们无须对孩子面对的每一个问题负责。我们浪费了太多的时间和精力，试图找出我们是不是哪儿做错了，或是孩子应该怎么做，为什么不接受所有的孩子都有问题、麻烦和挑战这个事实呢？家长的工作是帮助孩子面对并成功地处理这些问题。我们要牢记，当孩子来到这个世上的一刹那，他们不仅已被赋予了天分，也包括了必须面临的挑战。要改变他们，我们也无能为力，但我们可以提供的是让孩子发挥的最佳机会。

在遇到挫折的时候，我们会怀疑孩子是不是有什么问题，此时，别忘了孩子来自天堂。因此，保持原本的样子以及生活中的挑战即是最佳的状态。孩子不仅需要我们的同情和帮助，也需要那些挑战。克服那些特有的障碍，可以让他们得到更为充分的发展。他们面临的问题有助于他们找到自己所需要的协助，而且，孩子独特的性情也是在这个过程中逐渐地发展、成型。

孩子健全的成长过程必须包含挑战的部分。在学习接纳家长和社会给他们设定的限制的同时，孩子也可以学会一些重要的生活技能，比如原谅、延迟满足、接纳、合作、创意、同情、勇敢、坚持、自我纠正、自尊、独立自主以及自我修正的能力。例如：

· 除非有需要原谅的对象，否则孩子就学不会原谅。

· 如果孩子们要什么有什么，他们就不会有耐心，更学不会延迟满足。

· 如果身边人都很完美，孩子们就无法学会接纳自己的不完美。

· 如果每件事都照自己的方法做，孩子就无法学习与人合作。

· 如果所有的事情都有人为他们做好了，孩子们就学不会创新。

· 除非孩子们感受过痛苦和失去，否则他们就无法学会同情和尊重。

· 除非孩子们面对过逆境，否则他们就无法学会勇气和乐观。

· 如果所有的事情都很简单，孩子们就无法变得坚强而有力量。

· 除非孩子们经历过困难、失败或错误，否则他们将无法学会自我纠正。

· 除非孩子们曾经克服障碍并达成目标，否则他们就感受不到自重或者自豪。

· 除非孩子们经历过排挤或拒绝，否则他们就无法培养独立自主的能力。

如果凡事有求必应，或不曾抵抗决定者，孩子就无法学会主导自己的方向。

很多时候，生活中的挑战和成长过程中的痛苦不仅是不可避免的，同时也是必须的。作为家长，我们的责任不是保护孩子免受生活的挑战，而是要帮助他们成功地战胜挑战，并帮助他们成长。看完《孩子来自天堂》，你将学会积极的养育心法，协助孩子应对生活中的挑战和挫折。如果你总是替孩子解决问题，那他们就无法发现自己内在的力量和才华。

生活中的障碍以其独特的方式磨炼孩子的心智，并激发他们最大的潜能。蝴蝶破茧而出的时候，要经历痛苦的挣扎。如果你为了让它少受点苦而割开茧，那它很快就会死去。试图破茧而出的努力，其实就是锻炼强而有力的翅膀。没有这番挣扎，它将永远无法飞翔，并失去生命。同样的道理，为了让孩子们更强壮，在天空中自由翱翔，他们也必须经历一段挣扎。

为了战胜挑战，每一个孩子都需要父母特别的爱和支持。没有这种支持，他们的问题会被放大和扭曲，有时甚至会引发精神疾病和犯罪。作为家长，我们的责任在于要给予孩子特别的支持，这样他们才能更加强壮，更加健康。如果我们干预了孩子的成长，让成长之路过于顺利，我们实际上是在削弱孩子的力量；但如果我们让孩子的成长过于艰难，又没有提供足够的帮助，其实也是剥夺了他们成长所需要的东西。孩子独自解决不了这些问题。没有家长的帮助，孩子无法顺利成长，也无法培养生活中的必备技能。

积极养育的五条心法

要帮助孩子发现他们内在的力量，让内在潜能得到更充分的发展以应对生活的挑战，有五条重要的教育心法。在本书中，我们将一起来探索建立在这五条心法基础上的各种新的养育心法。这五条教育心法是：

1. 接纳孩子的与众不同。

2. 允许孩子去犯错。

3. 接纳孩子会有消极情绪。

4. 允许孩子要求更多。

5. 允许孩子说"不"，但要记住父母才是主导者。

让我们一起来对这 5 条心法做进一步的详细探讨。

1．接纳孩子的与众不同。所有的孩子都是独一无二的。他们有自己独特的天赋、挑战和需要。作为家长，我们的责任就是识别出他们的特殊需要并提供帮助。一般来说，男孩子会有一些特殊的需要，而对女孩子来说这些需要就不那么重要。反之亦然。此外，不管是男孩还是女孩，每个孩子都有与自己独特的挑战和天赋有关的特殊需要。

每个孩子的学习方式也各不相同，了解孩子独特的学习方式也是父母的重要职责之一。不然他们就会开始拿自己的孩子和别的孩子进行比较，从而产生不必要的挫败感。孩子在学习功课时，有三种类型：跑步者、步行者和跳跃者。跑步者学得很快；步行者学得很稳，你可以很清楚地看到他们的进步；最后是跳跃者，抚养跳跃型的孩子会比较辛苦，他们看起来什么都没学进去，也没有任何进步，但突然有一天，他们向前跳了一大步，全都学会了。跳跃型的孩子就好像迟开的花朵，他们需要花更多的时间来学习。

父母应该学习如何给与不同性别的孩子不同的爱的表示。例如，女孩子通常需要更多的关心，但太多的关心会让男孩子觉得不被信任。男孩子需要更多的信任，但太多的信任会让女孩子觉得你不够关心她。父亲最容易犯的错误是把男孩子的需要给女儿，而母亲最容易犯的错误是把女孩子的需要给儿子。了解男孩和女孩的不同需要可以帮助父母更成功地养育孩子，此外，还能减少父母之间对于养育方式的争论。要知道，爸爸来自火星，妈妈来自金星。

2．允许孩子去犯错。所有的孩子都会犯错，这很正常，也是我们意料中的事。犯了错并不意味着孩子有什么问题，但如果父母的反应就好像孩子不应该犯错误似的，孩子就不会这么觉得了。犯错误是很自然、很正常的，没什么，这种观念要靠家长的示范，孩子才能明白。当家长愿意承认自己在对待孩子和支持孩子时犯的错误，以及父母之间犯的错误时，孩子才能够最有效地明白这个道理。

当孩子看到父母时常为自己的错误道歉时，他就会逐渐明白要对自己的错误负责。与其直接要孩子道歉，不如示范给他们看。孩子多半于模仿中学习，而非从说教中学习。因此，孩子不仅能学会负责任的态度，通过反复体谅父母所犯的错误，孩子也可以学会原谅的心法。

孩子天生就有爱父母的能力，但他们无法爱自己或原谅自己。他们是从父母对待自己的方式以及当他们犯错误时父母的反应中，学会爱自己的。如果孩子没有因为犯错误而受到羞辱或惩罚，那他们就有了很好的机会来学习人生中最重要的能力——爱自己以及接纳自己的不完美。

当孩子们反复体验到父母犯了错误却仍然相爱时，就学会了这种能力。羞辱或惩罚对孩子培养成爱自己、原谅自己的能力是有妨碍的。通过本书的学习，父母将学会用有效的新方法取代责打、羞辱和惩罚的旧方法，包括用请求取代命令，用奖励取代惩罚，用"暂停"取代责打。这些新的养育方法在本书的第三章到第八章中有非常详细的叙述。"暂停"的方式如果得到长期合理的运用，它的威慑力将与责打、惩罚一样强大。

3．接纳孩子会有消极情绪。有生气、悲伤、担心、尴尬、嫉妒、受伤、害怕、悲痛、沮丧、失望、不安全感、羞愧等消极情绪很正常，它们是成长过程中的重要部分。有消极情绪没关系，但需要释放出来。

父母亲需要学会创造机会，让孩子们感受并释放内在的消极情绪。尽管表达消极情绪没有关系，但并不是任何时候、任何场合都适合。适时、适当地表现愤怒，是孩子成长过程中相当重要的一项。另外，你也不要为了避免孩子发脾气而去安抚他，否则，当你没机会让孩子"暂停"，或手边有更紧急的事情需要处理时，孩子就会突然发脾气。

　　为了让孩子更好地了解自己的情绪，父母必须学习新的沟通心法，而且需要勤加练习，要不然，他们就会失控，挑战你的权威，所有被压抑的情绪一触即发。

　　在本书中，家长可以学会处理自己情绪的有效方法。否则孩子会把家长压抑的情绪，连同孩子自己的情绪一起呈现出来。这项心法解释了为什么孩子总是会在我们最不方便的时候失去控制，特别是当我们倍感压力、不堪重负，却努力掩饰自己情绪的时候。

　　正面积极的养育还包括不让孩子为父母的感觉负责。当孩子得到这样的信息——自己的情绪以及情绪中隐藏的对理解和爱的需求会给父母造成不便，那他们就会压抑自己的情绪，从而脱离了真实的自我。

　　明智的父母了解情绪的重要性，但他们也常常会犯同样的错误，那就是在教孩子感受各种情绪时，过多地与孩子分享自己的情绪。想培养孩子了解自己的情绪，最佳方式是带着同情和理解去聆听孩子的心声，帮他们弄清自己的感觉。家长最好以讲故事的形式和孩子交流消极情绪，还有自己应对挑战时获得成长的感觉。跟孩子讲自己的消极情绪，可能会使孩子有思想负担。孩子会责备自己，并把过错都揽在自己身上，而无法感觉到自己内心的真实感受。最终，他们就会与你保持距离，不再和你交流。

　　比如，你跟孩子说："看你爬树，我真的担心你会从树上掉下来。"不知不觉中，孩子极有可能会被你担忧的情绪所控制。大人应该这样说："爬树很危险，我希望我在的时候你再爬。"这样的说法不仅更有效，而且能让孩子学会不要依据消极情绪来做决定。孩子的合作不是为了使父母免于担心，而是因为家长要求他们这么做。

　　与和孩子分享自己的情绪相比，通过理解、肯定和倾听的方式，家长可以更好地帮助孩子增进对情绪的了解。有时，即使是直接询问孩子感觉如何或是需要什么，也可能会给他们太大的权力。我们需要运用新的倾听心法，让孩子自己表达感受并理解他的需求。"宽容型"家长将会学习如何不让自己被孩子的要求和情绪所控制。而"严厉型"家长则会去了解自己在不知觉的情况下让孩子因心里的负面情绪而感到自惭形秽的多种情景。

　　通过感受和表达消极情绪的方式，孩子们可以更好地把自己和父母区别开来，逐渐形成强烈的自我意识，发现自己的能力，如创造力、直觉、方向感、信心、快乐、爱、同情心、良知以及犯错之后自我修正的能力。这些能力能帮他们尽情地展现自己的才华，获得成功和自我实现。而与内在的情绪保持联结，有能力释放消极情绪，是所有这些能力的成因。成功的人也会感觉到失落，但他们很快就能从情绪中脱离出来，因为他们知道如何释放内在的消极情绪；大多数不成功的人要么无法体会自己内心的感受，感情用事，要么就是沉浸在消极情绪和态度中难以自拔。不管是哪一种情况，他们都无法实现自己的梦想。

4. 允许孩子要求更多。当孩子想要更多,或是因为没有得到自己想要的而感到不开心的时候,常常被家长批评,孩子从中就会得到这样的信息:我是错的,我是自私的,我被宠坏了。家长太急于让孩子学会感恩,不允许孩子要求更多。当孩子想要更多时,家长总是很快给予这样的回应:"你要懂得感激现在已经拥有的。"

孩子们并不知道如何把握提要求的度,我们也不应该期望他们知道。即便作为一个成年人,我们也很难断定要多少才不会引起冒犯,或是显得太过贪婪,不懂感恩。大人都无法做到的事,又怎能要求孩子做到呢?

积极的养育心法会帮孩子学会如何用更尊重他人的方式提出自己的要求。同时,家长也将学会如何"说不",又不用感到歉疚。孩子可以更自由地表达自己的要求,因为他们知道自己不会受到羞辱。同时,他们还会认识到,提要求并不意味着自己的要求一定会被满足。

除非孩子们可以自由地提要求,否则他们永远不会清楚地知道什么可以得到,什么得不到。此外,争取自己想要的,可以让他们迅速学会令人难以置信的谈判心法。大多数成年人都缺乏谈判能力,除非觉得对方的答案会是肯定的,否则都不愿意提出来,一旦遭到拒绝,他们通常也只会被动地接受,或顺从地走开,或者心怀怨恨,更有甚者直接就翻脸。

当孩子可以随意提出要求时,他们去争取自己想要的东西的内在力量就有机会得到迅速发展。成年之后,他们就不会把"拒绝"当作最终答案。他们从儿时就学会谈判,并经常说服你给予他们想要的东西。与哭闹的孩子纠缠和与谈判高手交锋,这两者之间有很大的差别。用积极养育心法的家长会在每一次谈判中都居于主导地位,并会对谈判持续的时间设定明确的界限。

鼓励孩子开口提要求的同时,你也让孩子明白寻找生活的方向、目的及力量的重要性。这是父母给予孩子的一份重要礼物。现代女性常对生活有着深刻的无力感,因为她们从来不被允许有更多的要求。她们被教导要更关心其他人的需要,因有求不应而感到生气反而是件羞耻的事。

如何提出要求,是父母能教给女儿的一项最重要的技能。大多数女性在小时候没有学过这门课程。她们不是直截了当地提出自己的要求,而是通过更多的付出来间接地要求,并希望别人无须她们要求就会给予回报。缺乏直接要求的能力,妨碍了她们在生活及人际关系中获得自己真正想要的。

女孩需要鼓励,让自己勇敢地开口提要求,男孩需要的则是当他们没有得到自己想要的东西时,能够得到家长的支持。男孩子常常给自己设定过高的目标,为了保护孩子免于失望,家长多半会劝他放弃那个目标。但家长并没有意识到练习如何应对失望的情绪比达到目标更重要,只有这样,孩子才能从中振作起来,再次向目标挺进。对女孩子更好的支持是家长要多问问她的想法,而男孩特别需要的支持是帮助他们确认并处理自己的情绪。对男孩子来说,最好的帮助就是询问具体的细节，但同时家长要注意的是，不要给他任何建议或"帮助"。甚至太多的同情也要尽量避免，因为这会让他产生逃避的心理，不再和父母谈论所发生的事情。

大多数女性在小时候没有学过这门课程。她们不是直截了当地提出自己的要求，而是通过更多的付出来间接地要求，并希望别人无需她们要求就会给予回报。

妈妈们最常犯的错误就是问了太多问题。如果在谈判中处于被动，许多男孩子都会选择避而不谈。如果你给男孩的建议是如何解决问题，那么他们通常会很抵触。他已经感觉很受挫了，如果此时别人告诉他应该怎样解决问题，或是他造成了什么问题，这只会让他感觉更加糟糕。

例如，有一次儿子没考好，他感觉很失望，他的妈妈关切地说："我觉得如果你少看点电视，把更多的时间放在学习上，你一定会考得很好的。你真的很聪明，只是没有给自己机会。"她以为自己是在关心孩子，但在这种情况下，为什么儿子不再告诉妈妈是什么让自己困扰呢？很显然，母亲不请自来的建议，对男孩而言不仅就像是刺耳的批评，还有不信任，他觉得妈妈不相信自己可以处理好这件事。

5. 允许孩子说"不"，但要记住父母才是主导者。 家长需要允许孩子说"不"，但同样重要的是，孩子们也需要知道家长才有决定权。除了允许孩子要求更多，允许孩子谈判之外，允许他们说"不"，才是给了他们真正的力量。大多数家长害怕给孩子这样的权力，深怕孩子因此被宠坏，在现代社会，孩子最大的问题之一就是拥有了太多的自由。父母虽然觉得应该给孩子更多权力，但却没有学会如何保持自己的主导地位。除非他们采用诸如"暂停"等积极养育的心法，孩子才会愿意合作，否则他们会变得索求无度、自私、易怒。只有当爸爸妈妈能够保持自己的主导地位时，给孩子更多权力才能够发挥最大的功效。

允许孩子说"不"，孩子们就可以更加自如地表达自己的情绪，并发现自己真实的需求，这为他们与家长进一步谈判打开了一扇门。不过这并不意味着你要按照孩子的要求去做。孩子的感觉和要求能够让爸爸妈妈听到，这本身就能够让他们更加愿意合作。更重要的是，这让孩子在合作的同时，也无须压抑真实的自我。

调整自己的要求与否认自己的要求之间有很大的区别。调整自己的要求意味着遵从父母的愿望，而暂时放下自己想要的。而否认意味着压制自己的需要和感觉，屈从于父母的需要，这会瓦解孩子的意志。当马被驯服后，它会变得顺从合作，但它的自由意志也损失了大半。

对纳粹德国时期的养育过程的分析显示，如果孩子反抗权威，将会受到严厉的羞辱和惩罚。那时的德国家长禁止孩子发出自己的声音。回顾这段历史，我们可以清晰地看到，孩子的意志被摧毁，导致他们盲目跟随强硬而疯狂的独裁者，沦为没有思想的、无情的追随者。如果一个人缺乏强烈的自我意识，那他会很容易沦为其他人操纵和虐待的牺牲品。甚至会被一段虐待关系或者处境所吸引，因为他感到自己是没有价值的，他也不敢坚持自己的意志。

调整一个人的意志叫"合作"，而服从一个人的意愿就是"顺从"。积极的养育方法旨在培养具有合作精神的孩子，而不是顺从的孩子。对孩子来说，盲目听从父母的意愿是不健康的。

允许孩子感受并说出自己的抵抗情绪，不仅有助于孩子发展自我意识，也会使孩子更愿意合作。顺从的孩子只会服从命令，他们不会思考，不会感受，而且无法做出任何的贡献。

而合作型的孩子会全身心地投入到每一次互动中，从而能够更好地成长。

合作型的孩子可能依然希望得到自己想要的东西，但他们更想让父母高兴。允许孩子说"不"并不意味着给了他们更多的权力，事实上是给了父母更多的掌控权。每次当孩子拒绝而家长仍然维持自己的主导地位时，孩子就会体验到父母仍有最终决定权。这也是让孩子"暂停"显得非常有价值的主要原因。

当孩子发脾气或拒绝合作时，他们不是不愿意，而是无法自控。为了让孩子与父母合作，父母需要把孩子抱起来，把他们放在某个房间，进行一段时间的"暂停"，这可以让家长重新取得控制权。上帝把孩子造得这么小，这样我们就能很容易地把他们抱起来，并转移到一个方便进行"暂停"的地方去。

在"暂停"阶段，孩子可以自由地反抗，并表达自己的各种感受，但他们必须遵守父母对"暂停"所设定的时间限制。一般来说，每一岁需要一分钟的"暂停"时间。一个 4 岁的孩子只需要 4 分钟"暂停"时间。"暂停"可以让孩子重新获得处于你的控制之下的安全感，重新感觉到你是主导者。孩子的负面情绪得以释放，他又愿意让父母高兴并与父母合作了。

过于纵容或没有给孩子足够时间的"暂停"，这会在不知不觉中让孩子没有安全感。孩子刚开始会觉得自己有了控制权，但是因为他们还没有准备好掌管这一切（尽管他们喜欢权力），他们会不安。想象一下，让你雇用两百个工人，在六个月内建一幢大楼，或是让你给一个刚刚受了枪伤而血流不止的人做手术，取出子弹。如果你从没受过这方面的训练，你也会突然觉得很不安。当孩子有掌控权时，他们也会感到非常没有安全感以及有很大的压力。

一个索求过度或是"被宠坏"的孩子，通常需要更多"暂停"时间，一个十几岁的被宠坏的孩子，仅仅是在自己的房间里进行"暂停"可能是不够的。有时在有人监护的情况下换一个环境待一段时间，或是在向导的陪同下在森林里住上一段时间，也可以与孩子最喜欢的叔叔、阿姨或是祖父母一起生活一段时间，这可以帮助十几岁的孩子恢复真实的自我，重新感觉到对父母管理的需要。感觉到自己的失控和对他人的需要后，十几岁的孩子就会变得乖顺起来。这时，他们会重新感受到自己对父母的需要，并且想要让他们开心。

孩子应该要表达出自己的想法和感受，但是必须牢记自己不是掌握全局的人。

孩子天生就有让父母高兴的愿望，积极养育的沟通心法可以强化孩子的这个愿望，让孩子更愿意听从父母的意愿。同样我们应该允许孩子反抗，准许他们说"不"。这有助于他们形成健康的自我意识，而不至于总是屈从父母。

如果孩子儿时没有表达自我的机会，他就会在青春期强烈地叛逆。尽管青少年仍需要生活上的指引，但由于他们没有形成自我意识，就会有一种强烈的欲望，要和家长的意愿背道而驰。很多家长以为这个时期的孩子脱离并且反抗父母是非常正常的。事实上，只有对那些在小时候没有得到自己所需要的支持的孩子，叛逆才是一种正常的反应。对那些经历过父母允许自己说"不"，但最后仍然选择与父母合作的孩子来说，他们具有健康的自我意识，到了青春期就不需要反叛。虽然他们仍然会离开父母，但他们并不叛逆，而且会持续地回到父母那里寻求爱和支持。

有些孩子现在已经十几岁了，他们小的时候家长并没有运用积极养育的五条心法来抚育他们，但从现在开始父母运用积极养育的心法与他们改善交流也不晚。不论从何时开始，通过运用积极养育的五条心法，你就能够改善与孩子的交流，培养孩子的合作精神，让孩子最大限度地发挥自己的潜力，成为他们所能成为的最优秀的人。

养育孩子要预见各种潜在可能

即使你很好地理解了积极养育的五条心法，要成为好的父母仍然不是一件轻松的事。这是一个边学边做的过程。养育的工作会不断迫使你挑战自己的极限，也许你从未想过自己可以对孩子付出这么多。可不论你做得有多好，有时你还是会疑惑着："现在我该怎么办？"幸运的是，你可以随时回到书中寻求指引。当某种方法看起来根本没有任何效果，或是你不知道自己该做什么时，你不妨回顾一下积极养育的几条心法，你就会发现是哪部分自己没有注意到，然后更好地去把事情做好。

作为父母，我们往往没有准备好或先训练自己养育孩子的心法，突然之间，孩子就降生了，他是那么脆弱，而我们就面临着照顾这个孩子的艰巨任务。我们常常不确定怎样做对孩子来说是最好的。尽管我们一再提醒自己孩子来自天堂，他们有自己独特的命运，但他们的未来实际上还是掌握在我们手中。我们如何养育并照料他们，对他们能否成功地展现自己的全部潜能，有着很大程度的影响。

养育孩子父母要付出很多，但这一切是非常值得的，只有在家长不知道该做什么，或是无论做什么看起来都只会让情况变得更糟糕时，他们才会有些退缩。积极养育的心法很容易理解（但并不"容易记住"），这些心法会时刻提醒你：孩子需要你，你只需做一点点调整，就可以成功地满足孩子的需要。

记住，没有人可以比你做得更好。虽然孩子来自天堂，但他们也来自于你，他们需要你。学习如何为人父母是最值得你付出努力的事情。没有对积极养育的深刻领悟，大多数家长根本不知道自己对于孩子和孩子的未来是多么重要。最后不仅孩子会错失发展的机会，父母也一样错失了最好的养育时机。

养育孩子虽不容易，却也是最有成就感的。为人父母责任重大，也令人骄傲。现在，当我们更了解孩子对父母的真正需要，我们就能够完全明白孩子需要哪些帮助。当了解了为人父母的责任后，你就会越发觉得做父母的有多么伟大，越发觉得为自己的家庭付出是多么值得骄傲的一件事。

充分运用积极养育的新心法，你就成了一个伟大的探索者、一个创造新世界的英雄领袖，更重要的是，你正在给予孩子你自己从未享有过的伟大机会。

即使你身边有本书作指导，你偶尔还是会犯错误，但你正好可以借此来教给孩子宽恕的心法。我们无法满足孩子所有的要求和愿望，但我们可以帮助他们以一种更坚强、更自信的方式去面对失望的情绪。你也不可能在他们需要你的时候，总在他们的身边，但是你会知道该如何安慰他们，这有助于他们的情感创伤得以疗愈，并重新感受到爱和支持。每一位家长都渴望孩子能够实现自己的理想和抱负，通过运用积极养育的五条心法，并牢记孩子来自天堂，你将帮助你的孩子做好最充分的准备去实现所有的梦想。

第 2 章

五大心法起作用的原理

要想运用积极养育的五大心法，首先就必须要了解这几条心法起作用的原理。若仍然沿用打骂、惩罚或是让孩子感到自责的方式来达到控制孩子的目的，那么这些新的养育心法就不会有效。另一方面，如果我们找不到更积极的方法来培养孩子的合作精神，就算不再责骂、惩罚孩子，这五大心法也不会起作用。我们必须运用新的方法来培养、激励孩子的合作精神，并维持家长的主导地位。

为了让新的养育方式更加有效，家长必须放弃过时的畏惧教育法，也不要摇摆不定。就比如一周前，你认为孩子美好而纯真，期待他们能够更好地发挥自己内在的天分，而一周后，你又感到他们真是太糟糕了，因而痛打他们。

如果我们希望孩子有健康的自我意识，就必须停止那些让他们感觉自己不好的做法。希望孩子自信，我们就应该放弃用恐惧来操纵他们。希望孩子尊重他人，我们就必须学会如何尊重地对待孩子。孩子是通过家长的示范来学习的。如果你用暴力来控制他们，那么他们在不知道该怎么办的时候也会诉诸暴力或做出残酷的行为来。

养育孩子的压力

随着西方心理学的蓬勃发展，现在人们比过去更加意识到孩童时期的教育对他们未来发展的影响。早期的成长环境和条件对我们获得外在成功的能力、争取幸福和自我实现的能力，都有着深远的影响。尽管这一观点现在已经成了常识，但是五十年前却无人知晓。

在这个观念被广泛接受之前，我们并没有觉得养育孩子与成功有什么重要关系。成功往往被归因为基因、家庭状况、勤奋、机遇、性情、宗教信仰或者是运气。在东方文化中，人们相信前世和来生，前世的因果报应也被看作是今生能否成功的主要因素。如果你在前生做了好事，那么今生就会有好报。虽然每一位父母都很爱自己的孩子，但如何运用养育心法来让孩子感受到爸爸妈妈的爱，却并没有受到太大重视。

在心理咨询诞生五十年之后的今天，我们发现父母向孩子表达爱的方式会对孩子产生巨大的影响。我们越来越认识到童年的重要性，现在的父母也因此感受到了更大的压力和责任，他们试图找到养育孩子的最好方法。但这种想成为完美父母的压力很容易将他们带向错误的方向。

家长们常常会犯这样的错误——总想给孩子更多，而结果却往往适得其反：比如给孩子更多的钱、更多玩具、更多娱乐、更多教育、更多课外活动、更多培训、更多帮助、更多赞美、更多时间、更多责任、更多自由、更多纪律、更多监督、更多惩罚、更多许可、更多交流等等。而这些并不一定是现在的孩子最需要的，更多不一定就代表更好。孩子需要的不是更多，而是不同。作为家长，我们并不一定要给予孩子更多，而是需要采用一种我们的父母从未试过的养育方式。

养育心法更新换代

现在，我们面临着更新养育方法的挑战。我们的责任并不在于把孩子塑造成一个有责任感的成功人士。孩子的天赋是与生俱来的，父母的责任只是抚养他们。每个孩子的内在都有与生俱来的成就伟大的种子。我们只需提供一个安全健康的环境，给孩子机会去发展并表现其潜能。

传统养育心法和方法在过去是行得通的，但对现在的孩子来说已然不管用了。现在的孩子和以往大不相同，他们更了解自己的感受，因此，自我意识也更加强烈。随着这种意识的改变，他们的需要也改变了。

在任何领域中，要想不断取得成功，就必须适应变化。现在孩子的需要和前几代人的需要已经完全不同了。作为父母，我们正面临一个重大的变化，这种变化是在过去两千多年的时间里积累起来的，那就是从基于畏惧的亲子教育转变到基于爱的亲子教育。

积极养育注重运用新的养育方法和策略，注重用爱来激发孩子，而不是利用孩子对惩罚、羞辱或失去爱的恐惧来教育他们。尽管与传统的养育心法相比，这似乎很合理，不过却是相当激进的。当我们情绪失控或是害怕失去决定权时，基于爱的教育与我们内心最深处的本能反应是相冲突的。

这种基于爱的教育注重激发孩子的合作精神,反对利用孩子对惩罚的恐惧来达到控制的目的。但每一位家长都了解孩子不听话时自己的自然反应，我们会说"如果你再不停下来，我就……"，长期以来被广泛运用的一句话是："如果你不听话，等你父亲回来我就告诉他。"虽然我们也不想这么做，但却总是会情不自禁地用恐吓的方式来管教孩子。在很多学校里，老师为了激励学生努力学习，会试图利用孩子对大学入学考试的恐惧来刺激他们。但这些恐惧只会让孩子感到更焦虑、更沮丧。

放弃责打、威胁以及惩罚，听起来确实很美好，但如果你在收银台排队的时候，孩子突然发脾气，而你不知道该如何是好的时候，恐吓或责打似乎是唯一的解决办法。当孩子拒绝早起去上学或是晚上不肯刷牙，你自然而然地就想威胁和惩罚他。尽管你并不想这么做，但是当别的方法都不管用的时候，威胁和惩罚的确是最有效的。

只有找到新的有效的管教方法，我们才有可能转变责骂、惩罚等旧有的教育方式。通过新的养育心法来唤醒孩子内心合作的愿望，让孩子自发地遵从你的意愿时，你就能成功地放弃畏惧教育的方式了。

养育简史

几千年前，人们对待孩子的方式甚至比不上现在动物的待遇。孩子一旦违背父母的意愿，就会遭到毒打或严厉的惩罚，甚至还会丧命。在两千多年前的罗马墓地发现了无数的儿童尸体，他们都是因为不听话而被父亲痛打并杀死的。随着社会的进步，这些极端虐待和暴力的管教手段已离我们远去。

现在，大多数父母只有到了无计可施或是情绪失控时，才会将责打作为最后的手段。过去的遗风仍在继续。即便是在相对宽容的家庭里，也会听到孩子说："你要是这样做会被杀死的"或者"他们会因此杀了你的"。尽管孩子指的并不是真正意义上的"杀死"，但却可以清楚看到恐惧对于让孩子听话或行为得当的影响。尽管已经过去了两千年，时代有了很大的进步，但畏惧教育的做法仍在继续。

有些父母仍然认为孩子"不打不成器"。我曾遇到过一个很典型的范例。十年前，我和一个来自南斯拉夫的出租车司机聊过这个话题。他认为美国的问题是做家长的对孩子都太温和了，他们从来不打孩子。我问他："你被打过吗？"他很骄傲地说，正是因为挨过打，他才成为今天这样优秀的人，他的孩子们也一样，他和他的孩子从未进过监狱。他接着说，他从小到大没有一天不被打。现在，作为一个成年人，他很感激自己挨过的打。他说这在他的国家很常见，正因为如此他才没有成为罪犯。

这是一种令人吃惊的心理现象——被痛打或是被虐待的孩子常常与施虐者的关系较为密切。随着时间的流逝，孩子们开始认为虐待是应该的，是自己应得的。他们会为父母的行为辩护，不认为自己受到了虐待。他们自己有了孩子后，也很自然地认为自己的孩子也应该受到同样的对待。这也是为什么有些家长难以适应积极养育的方法，仍然继续着畏惧教育的做法，因为他们自己受到过惩罚，于是认为自己的孩子也应该这样。他们相信父母的养育方式帮助自己成为了更好的人，因此同样的方式也会对他们自己的孩子有益。对他们而言，这就是帮助孩子的方法。你会经常听到被虐待的孩子这样说："我很坏，所以他们不得不打我。"

当然，在挨过打的父母中，也有越来越多的人认识到打孩子的做法过时了，但是他们真的不知道自己还能做什么。尽管他们不喜欢责打和惩罚，但他们没有其他选择。有些家长放弃了打骂，结果孩子变得难以管教，或是出现了自尊心方面的问题。若想要放弃打骂和惩罚，我们就必须以其他既可管教好孩子同时又可让孩子产生合作精神的有效方式来替代。

暴力只能导致暴力

现在的孩子接受能力强，思维敏感，头脑开放，如果你用暴力的方式对待他们，他们也会以暴力来回应。如果你是通过暴力、惩罚或是责备的方式来管教孩子的，那么毫无疑问，他们在感觉到失控时，也会以暴力、惩罚或责备方式来重新获得掌控。当今社会之所以会产生暴徒事件和家庭暴力，都是因为人们不知道该如何处理强烈的情绪。

在人们缺乏敏感的情绪认知时，暴力和惩罚能起到一定的作用。但如今时代不同了，做父母的头脑更加清醒，情感更加丰富，他们的孩子也一样。如果没有新的方法来管教孩子，他们会变得越来越暴力，并且不断做出反社会的行为。他们要么行为叛逆，富有攻击性，要么把暴力倾向深藏在心里，并深受自卑感的折磨。他们要么憎恨别人，要么憎恶自己。更多的时候，他们两者皆恨。

一些专家称，没有科学根据可以证明打孩子会让孩子变得暴力，对此，我只能一笑而过。十五年前我开办"男人来自火星，女人来自金星"研讨班的时候，他们就发表过这样的观点。他们问："有什么研究能够证明男人和女人不一样呢？"这只是个常识而已。

科学研究对于拓展我们的意识和观念固然有用，但如果太过于依赖科学研究而忽略了常识，那就是走得太偏了。那些科学研究就变得像迷信一样，只能帮助社会逃避问题。幸运的是，不是所有科学家和研究人员都狭隘到了不相信常识的地步。

暴力会导致暴力是常识，而且研究也证明了接触暴力会让孩子变得更加暴力。在 1989 年的洛杉矶骚乱之后，研究人员把孩子分成若干个小组，给他们观看了三分钟的骚乱录像，然后就让他们到另一个房间去玩，房间里有暴力玩具和非暴力的玩具。如果告诉孩子在电视上看到的暴力只是演员演出来的，孩子们就会玩一些益智玩具，而不会拿暴力玩具来玩。而当告诉他们电视上的暴力是真实的时候，几乎所有的孩子都拿暴力玩具玩。他们的攻击性明显增加了。电视上真实的暴力画面显然引发并增强了这些孩子的攻击性。

孩子的感知能力发展缓慢，要到 14 岁时才能完全理解假设的情形。即使告诉一个不满 14 岁的孩子，电视上的演员只是在表演，他们仍可能无法明确分辨。5-10 分钟后，要是想起了看过的镜头，他们还是会产生亢奋的情绪，就好像看到的画面是真的一样。在孩子的感知能力还没有发展到能理解假设的程度之前，他们只要觉得是真的，就会信以为真。当孩子目睹电视上的暴力或者不良行为时，他们在某种程度上就失去了发展天真、单纯、真诚及感性等健康感觉的机会。孩子要是没有受到电视上暴力或不良行为的过度刺激，他们显然更加安心、放松和平静。

如果父母想给十几岁的孩子看某部电影，但又有些顾虑，那就最好等到录像带出来时再让他看。这样比在电影院里所受到的冲击要小得多。对于成年人来说，电影院可以让他们暂时忘记现实，跟着电影的情节仔细体味，身临其境，效果越逼真越好。但对于孩子来说，我们希望他们能牢记他们看到的不是真的。

就算没有暴力和不良行为的场面，看太多电影和电视节目也会对孩子造成过多刺激。这是孩子产生过激行为或行为失控最常见的原因之一。因为孩子主要通过模仿来学习，他们看到什么就会做什么。感官上的过度刺激会损伤孩子的神经系统，使他们变得暴躁不安、索求无度、喜怒无常、情绪亢奋、叨叨咕咕、过分敏感、不愿合作。

但就此夸大电视和电影对孩子的影响是错误的，因为父母养育孩子的理念和方法对孩子的影响更大。

父母对孩子的影响远大于电视、电影的影响。

如果孩子受到的教育没有让他们形成健康的自我意识，让他们觉得自己很差，那么影视节目中的暴力就会对他们产生更大的负面影响。如果孩子是在爱的教育中成长起来的，他们受到暴力节目的影响至少要小一些。父母应该努力让孩子免受影视节目中过多的性和暴力的影响。

养育健康孩子的力量在父母手中。我们不能把青少年不断增长的暴力问题全都算在好莱坞电影公司的头上。好莱坞电影公司只是为我们提供想看的电影罢了。如果孩子是在恐惧和自责中长大，他们就会容易受到好莱坞式暴力的影响。

为什么孩子会变得难以管教且破坏力强？

为什么现在学校里的孩子越来越难以管教、粗暴无礼、蛮横好斗、喜欢暴力？原因很简单，这不是什么大秘密。当孩子在家里受到攻击或惩罚等威胁的过度刺激时，男孩子就会变得过度活跃，用现在的说法就是"注意力缺乏症"。对于女孩子来说，攻击性则表现为自卑和饮食失调。

你会发现几乎每所监狱里的暴力罪犯在儿时都受到过虐待或毒打。他们受到的虐待跟他们施加给别人的虐待一样，让人心痛。而在各个心理咨询室里，数百万人深受焦虑、沮丧、冷漠以及其他情感问题的折磨，这些都是基于畏惧的养育方法所导致的问题。

而与此相反，现在也有很多孩子因为受到温和的教育而变得具有破坏力。传统的父母对现代的温和教育方法持怀疑态度。虽然温和教育法的出发点是基于爱，但这种方法尚未形成有效的心法。五大心法给孩子提供的自由和权力，需要用同样有效的对孩子进行管束并培养合作精神的心法来平衡。如果你想开快车，就必须确保刹车性能良好。想给孩子更多自由，首先要保证你能管得住他们，让他们守规矩。

很多在儿童时代受过虐待的父母不敢打骂或惩罚自己的孩子，他们知道这些方法没用。不过问题是他们不知道用什么样的方法来取代过去那些基于畏惧的方法。不管教孩子很容易会宠坏他们，这种温和的养育方法与传统的畏惧教育一样没什么效果。除非你用更有效的方法来取代过去基于畏惧的养育心法，否则，不管你对孩子有多好，他都会失去控制。

积极养育通过以"暂停"的方法来取代责打和惩罚。即便如此，"暂停"也是最后的手段，在实行"暂停"之前，还需要采用很多其他方法才能使其发挥作用。否则"暂停"就成了另一个基于畏惧的惩罚手段，失去应有的效用。

在选择另一种养育方式的同时，我们确实需要好好想一想，为什么犯了错误就应该受到惩罚或打骂呢？没有人理应得到这样的对待。每个人都应该得到爱和帮助。即使是在过去，也没有人理应受到惩罚，那只不过是父母重新获得并保持掌控的唯一途径。惩罚和责打确实有助于父母管束孩子。但现在，这一手段却有了负面的影响。

过去的孩子们自己缺乏分辨是非对错的能力，通过对惩罚的恐惧来防止他们行为不端是有效的。孩子越反抗，受到的惩罚就越多。惩罚的目的是在打击他们的意志。意志越薄弱的人越容易允许虐待的存在，人类历史上不断涌现出独裁者和暴君也正是因为如此。如今时代变了，社会不再忍受和支持施虐成性的暴君。正像社会变了一样，我们的孩子也变了。责打和惩罚不会再使他们屈服，反倒会让他们反抗。

如果你仍然反对放弃打骂和惩罚的方式，那就问自己一个问题："如果有一个方法不需要有威胁、打骂和惩罚，但一样可以达到同样的效果，你会愿意尝试吗？"当然，你一定愿意尝试。我们之所以依赖畏惧和惩罚的方法，是因为这是我们唯一熟知的方法。你继续往下读，就会发现不基于畏惧的新方法不仅有道理，而且确实有效。这就是这本书的核心。我们不是要从哲学角度探究养育方式的对错，而是探讨另一种立竿见影的新方法。

已经有数千人开始使用这种新方法并获得了成功。这种方法不仅有效，更能让你发自内心地认同它。放弃过时的养育方法，开始使用积极养育的心法吧！

养育观念的全球性转变

在 20 世纪，心理学不断发展以适应大众观念的新需要。一百年前，生计和安全是人们关心的头等大事，那时人们尚未认识到深入研究内心感觉、欲望和需求的重要性，甚至大多数人几乎意识不到他们心理和情感上的需求。

如今时代变了，我们的孩子也变了。有时他们比我们更了解并能清楚地表达自己内心的感觉。我们生活在一个全球观念发生巨变的时代，人们越来越重视内心世界。爱、同情、合作、宽容等品质不再只是哲学家和精神领袖的高尚思想，而是变成了大众的日常感受。过去曾被人们接受的行为，现在已不再被接受。

历史中充满了践踏人类良知的暴行。整个中世纪，不同的宗教、政治组织残忍地谋杀、折磨了数百万无辜的男人、女人和孩子，只是因为他们对上帝有不同的信仰。这样的暴行甚至一直持续到 20 世纪。然而，在今天人们的观念进化了，为这样暴行辩护几乎是不可想象的。

即便没人告诉你谋杀、偷窃、强奸、掠夺是错误的，你也会意识到这些都是暴行，是不对的行为。同样，你也不太可能容忍政治领导人发动战争来侵略其他国家，盗走这个国家所有的文化和艺术瑰宝。然而，现在世界各地的博物馆中都有偷来的艺术品或者说"战利品"。这种变态的利己行为在五十年前人们还认为是可以接受的。

然而随着社会集体意识的高涨，人类的智慧也进一步发展了。在人们无法判断对错的时候，用惩罚来强制执行应该遵守的行为规范确实非常重要。但在人们的良知发展以后，惩罚就没有存在的必要了。积极养育不是把重点放在教孩子辨别是非上，而是更注重唤醒和发展孩子的内在良知，培养孩子与生俱来的是非辨别能力。

有良知也就是内心有明辨是非的能力。这就好像身体里有一个指南针，在为我们指明正确的方向。我们不用知道所有的答案，心里的指南针会始终引领我们向着正确的方向前进。过去，有些人把良知描述为聆听内心的声音，而我们现在会这样表达："我有一种感觉。"

感觉是一扇门，我们通过这扇门与自己的灵魂或者精神产生联结。当人们头脑僵化时，他们只能遵循规则并对那些不守规则的人进行惩罚。而心灵开放的人自己就知道什么对自己是好的。用这种内心意识来解释世界时，我们称之为直觉。用于解决问题时，称之为创意。用于处理人际关系时，就是不带任何条件也无须原谅的"爱"的能力。发展思维当然很重要，但培养孩子的良知是父母能够给予孩子的最好的礼物。

普天之下，父母无不希望自己的孩子能够分辨是非，明智做事。父母们曾经用惩罚或威胁的方法敦促孩子好好做人，但现在的孩子天生就有这种可以发展良知的潜力。敏感成就了他们这种能力，但当父母采用过时的基于畏惧的养育方法时，孩子的敏感也会让他们伤到自己。不管遭遇到何种对待，孩子们都会用同样的方式来对待他人。

现在的孩子天生具有辨别是非的能力。他们有发展良知的潜能，但这种能力必须要加以培养才能形成。

积极养育的方法能唤醒孩子内在的潜能。孩子与内心良知联结的结果就是他们举止良好，但又不会盲目服从。他们不再因为害怕、恐惧而被迫尊重他人。他们乐意谈判，也具备高超的谈判心法。他们具备独立思考的能力，愿意挑战权威人物，富有创新精神、合作精神、同情心、自信心和爱心。通过学习和采用积极的养育心法，不仅父母养育孩子的差使会变得越来越容易，而且孩子的受益也会越来越大。看到孩子能实现自己的梦想，意气风发，就是对父母最大的馈赠。

第 3 章

让孩子合作的心法

越早体验到积极养育的力量，我们就越容易抛弃旧时的威吓手段。只要给自己一个星期的时间来实践本章所论及的观点，你就永远不想再用原来的管教方法了。请牢记，要想让积极养育起作用，你就不能再以惩罚或威吓的手段来对待孩子。而且，你会发现，孩子开始对你的要求奇迹般地做出回应。积极养育的心法对各个年龄段的孩子都有效，即便你的孩子已经十几岁了，他也一定会有明显的变化。越早开始使用积极养育的心法，孩子就会改变得越快。如果儿童或十几岁的孩子已经习惯于威吓的教养方式，那么他们可能需要更长的时间来适应，但效果仍是可预期的。只要愿意尝试，无论你什么时候开始运用积极养育的心法，都不算太晚。此外，这些心法也有助于你与伴侣之间更好地沟通。

请求，但不要命令

促使孩子合作，旨在教导孩子听从你的要求，并作出回应。父母要先学习的是如何有效地指导孩子，当然不是通过命令的方式。想想你自己在工作中的经验，你喜欢别人总是命令你做这个做那个吗？一天的生活中，孩子会接收到妈妈上百个命令，难怪孩子不听话了。如果有人整天在你耳边喋喋不休，你也会充耳不闻。

我们总是对孩子发号施令，比如说：把这个收起来！那个不要放在那儿！不要那样跟弟弟说话！别打你妹妹！把鞋带系好！把纽扣扣上！去刷牙！把电视关掉！快来吃饭！把上衣束好！多吃点蔬菜！别用手抓！不要玩食物！安静点！把你的房间打扫一下！把这些乱七八糟的东西收拾一下！嘘，准备睡觉！现在上床！去把妹妹找来！慢点走！不要跑！不要在屋里扔东西！小心，别把那个掉了！不要再喊了……家长们一遍又一遍、一次又一次地命令孩子，不仅自己对这种接二连三的提醒变得烦躁；孩子们也会尽量逃得远远的。事实上，反复地命令只会降低双方沟通的意愿。

积极养育的心法用请求替代命令、要求和唠叨。你是不是更愿意你的老板（或是伴侣）请你做事，而不是命令你做事呢？你对请求会做出比较善意的回应，你的孩子也一样。这虽然只是一个简单的改变，但却需要长时间的练习。比如，不要说"去刷牙"，而要说"你去刷牙，好吗？"不要说"别打你弟弟"，而要说"请不要打你弟弟，好吗？"

用"……好吗"，不用"能不能"

当你开口提要求时，一定要用"……好吗"或者"……行吗"，而不要用"能不能"，"可不可以"。用"……好吗"，对方会更愿意合作，而"可不可以"或"能不能"则会导致孩子的抵抗和困惑。如果你说"把这儿收拾一下好吗？"此时你是在提出一个请求。如果你说"能不能把这儿收拾一下",此时,你是在命令对方,就好像在问"你有没有把这儿收拾一下的能力?"要促使孩子和你合作,你必须要直接、明确地说出你要的是什么,必须要先表达出你的请求,从而激发对方合作。即使是一件小事,不同的问法,结果也极有可能天差地别。

如果你真的是要询问孩子的能力,那么"你能不能把这儿收拾一下"的表达当然没有任何问题。但如果你是想让孩子做某件事情,那么表达一定要直接。多数情况下,作为命令孩子的一种方式,家长会带着些许抱歉的口吻说"你可不可以……"。家长这么做,大多是因为他们自己的父母就是这么做的,这对他们来说是一件最自然不过的事情。但即使你请求的是一件很小的事,用不同的方式来说,对孩子是否愿意合作也会产生很大的影响。

不论出于何种意图,当父母以被打扰、厌烦、失望或生气的口气说"能不能"时,孩子听到的都是这句话的弦外之音。如果父母说:"你能不能把这里收拾一下?"孩子可能理解成如下的意思:

"你应该把这儿清理一下。"

"你早就该把这儿清理好了。"

"我真不该叫你来做的。"

"我早就叫你把这儿清理一下了。"

"你根本没照我说的做。"

"你这么大了,还不懂事。"

"你真让人头疼。"

"你有问题。"

"我都忙死了,不能都让我来做。"

以上这些都不是父母要表达的意思,但却是孩子理解的意思。这种表达方式破坏了积极养育本该起到的良好沟通的效果。多加练习这些心法,你会发现这种直接的、不带责备或威胁的表达会有效得多。

要想更清楚地理解这一点,我们不妨想象一下孩子大脑内的活动。当你问"你能不能"时,他的左脑可能会活动,想知道你真正的意思;如果你用"……好吗"或者"……行吗",他的右脑可能会活动,动机中枢被激活。

用"请你……"或"……行吗"就避开了孩子的大部分反抗,让他们有参与感。

假如你是一个孩子,听到"你可不可以上床睡觉去,别说话了?"和"你睡觉去,别说话了好吗?"这两句话时,你会有什么感觉?可能刚开始你会感觉好像"你可不可以"更礼貌些,而"你睡觉去,别说话了好吗?"更有命令的意味。如果你再感觉一下就会发现"可不可以"听起来礼貌，但也隐含着一个命令："我在礼貌地要求你，但你最好去做，否则的话……"，"你睡觉去，别再说话了好吗？"更像是在请你合作。

措辞上的小小改变，达到的效果迥然不同，尤其是对男孩来说。"……好吗"或是"……行吗"不仅对男孩更起作用，对成年男人也同样有效。女人往往不会主动提出要求，就算有，也常常是间接地提出。但男人需要的是直接沟通，孩子更是如此。

"可不可以"和"能不能"所传达的信息往往会令孩子感到困惑，渐渐地，孩子就不愿意与父母合作了。家长如果不相信孩子能完成自己提出的要求时，最好不要开口问孩子，否则语气中自然会流露出对孩子的不满意。当你说"你能不能关掉电视？"时，你并不是真的在问孩子是否有能力关掉电视，事实上，你是希望他们关掉电视，言外之意是孩子们早该关掉电视了。

当我女儿劳伦还是个婴儿的时候，我就开始使用这一心法，最初我只是希望我的 3 个女儿在未来的人生中能够成功地处理人际关系，因而我希望她们早做准备。正如我在《男人来自火星，女人来自金星》一书中所说的那样，在两性关系中，女人需要学习的最重要的心法之一是如何激励男人支持她们，而不是让他们反感。但从儿时起，就没有人教她们该如何获取自己想要的。

教育孩子最好的方法就是以身作则，因此，我开始用"……好吗"或"……行吗"来要求她们做事。她们很容易就学会了这一重要的心法。当劳伦在学前班说"请帮我一下好吗？"或者"不要那样跟我说话好吗？"或者"我今天很辛苦，你给我读个故事好吗？" 这让其他孩子的父母非常惊讶。

我最初的目的只想是教女儿们学会如何最有效地要求，她们也确实学会了，后来我又发现"……好吗"或"……行吗"还有另一个好处，那就是激发了她们合作的意愿。现在，当家长以"……好吗"或"……行吗"来直接、明确地表达要求时，孩子也学会了如何以最有效的方式开口要求，让自己的要求得到满足。

尽管用"能不能"、"可不可以"等词汇来促使孩子合作，听起来好像很有礼貌，但却并没有什么效果。反复运用"可不可以""能不能"会让孩子感到困惑，也会逐渐麻木他们合作的意愿。

不要反问孩子

比"你能不能"和"你可不可以"更糟的是反问句。反问句适用于游说演说，但如果是要求对方合作，反问句只会造成反效果，因为每一个反问句都有一个隐含的信息。在亲子教育中，这些隐含的信息通常是负面的、责备的，慈爱的家长不愿直接表达出来，而是隐含在修辞性的信息中。许多母亲甚至没有意识到自己正在给出负面信息，但只需要稍加留心，就很容易发现。

女性特别喜欢用反问句来向孩子提出要求。母亲想让孩子打扫自己房间的时候，她不会说"你清理一下你的房间好吗？"她们会反问孩子，让他感到羞愧和自责，比如："房间怎么还是这么乱？"我们来看一些例子。

反问句和可能隐含的信息

◎房间怎么还这么乱？

· 你早就该打扫房间了，你真是太糟糕了。

· 真是懒死了，你就是不肯听我的话。

· 你应该听话的。

◎你什么时候才能成熟一点？

· 你的言行太不成熟。这让我很丢脸。

· 你这么大了，还像个孩子似的。你应该改一改了。

◎为什么打你弟弟？

· 你居然打弟弟，真是太坏了。你真的很愚蠢。

· 你有什么理由打弟弟，真是不可理喻。

◎你还好吧？

· 你不太对劲啦。你的表现很奇怪。

· 你怎么能忘了做那件事？

· 你要么真的很笨，要么就是很顽皮、很没有同情心。

· 你总给我添麻烦，什么事也不能依靠你。

◎你怎么还在这儿说话？

· 你该睡觉了。你真是太不像话了。

· 我跟你说过多少次了，你总是不听。

父母在提出要求前不要再使用这些反问句，那么孩子合作的可能性就会增加，否则，孩子很难再听进去你的话。避免反问句不仅有助于让孩子合作，而且可以使孩子避免习得这种拙劣的沟通心法。反问句不仅对孩子不起作用，而且还会使父母无法清楚地认识到自己传达出了负面信息。没有清楚认识到这种表达方式会传达出负面信息，我们就很难理解孩子为什么不愿意与我们合作。

表达要直截了当

母亲们需要学习的最重要的心法之一就是直截了当地说话，特别是对儿子说话的时候。女性常常会抱怨，但不会直接提出要求。这就好比在沙漠里钓鱼，几乎得不到想要的回应。下面是一些不直接提出要求的例子：

负面信息和隐含的命令

◎你们这些孩子太吵了。

• 安静。

◎你的房间又乱了。

• 清理一下你的房间。

◎我不喜欢你那样对妹妹。

• 要对妹妹好，不要那样对她。

◎你不应该打弟弟。

• 不要打弟弟。

◎你又来烦我。

• 不要打搅我。

◎你不能那样对我说话。

• 不要那样对我说话。

◎你的鞋带松了。

• 系上你的鞋带。

◎上次你就迟到了。

• 要准时。

从以上例子可以看出，父母是想通过提出困扰的问题，期待孩子自发去做某件事，而不是直接要求孩子。孩子常常意识不到这些隐含的要求，所以只好默不作声。要想获得直接的回应，就要直接提出要求，而不是仅提出令人反感的问题。仅仅关注孩子做错了什么，无助于让孩子合作。让我们看一下如何将这些抱怨换成行之有效的要求。

负面信息和正面提出要求

◎你们这些孩子太吵了。

• 请你们安静点好吗？

◎你的房间又乱了。

• 你整理一下自己的房间好吗？

◎我不喜欢你对待妹妹的方式。

• 请好好对妹妹，不要那样做。

◎你不应该打弟弟。

• 请不要打弟弟。

◎你又打搅我了。

· 请不要打搅我好吗？

◎你不能那样对我说话。

· 请不要那样对我说话。

◎你的鞋带松了。

· 系上你的鞋带。

◎你上次就迟到了。

· 请准时到。

无须解释

想要鼓励孩子合作，你要用请求（而不是命令或强求）的方式来和他们交流，但不必给出你要求的理由。很多好心的专家建议，在让孩子做某件事时，要给出一个很好的理由。这是没用的。作为父母，当你通过解释来证明你的要求时，你就放弃了你的权力。孩子也会感到糊涂。很多好心的父母试图说服孩子按他们的想法去做，而不是告诉孩子：你可以拒绝，但要听爸爸妈妈的话。

你不需要说："该上床了，明天还有好多事情要做呢。去刷牙好吗？"请把解释的话去掉，只需要说："你去刷牙好吗？"当孩子反抗父母的要求时，他们反抗的通常是你提出的理由。如果你不说理由，他们就少了可以反抗的对象。

大多数男人在回应女人的要求时都有过这样的经历。女人经常会拿出一大堆理由，来说明他为什么应该去做某件事，其实男人只需要女人直接说出她想要什么就可以了。女人说的理由越多，男人反而越不愿意去做。同样，你的要求越简单，孩子就越愿意合作。

如果你想让小孩理解为什么要早点睡，那就等到你对他的合作满意之后再告诉他。等他上床以后，你可以这样说："我对你的表现很满意。你的牙齿刷得干干净净的。现在你的任务是好好地睡一觉，为明天作准备。明天事情很多，睡个好觉可以让你明天状态更好。"当孩子已经很好地完成了一件事后，他们就会比较愿意接受父母的碎碎念。

当孩子抵制父母或者当他们做了什么不好或错误的事情时，大多数父母总会给孩子讲一番道理。但这个时候的谈话只会让孩子的失败感和内疚感更加强烈，最终使他们失去合作的意愿。这种做法在孩子很小的时候似乎有效，但孩子进入青春期后，可就不愿意再顺从你的意志，做一个听话的好孩子了，他们会反驳你。所以要鼓励孩子合作，非常重要的一点就是放弃解释。

下面是父母常犯的一些错误，并且给出了一些可供选择的提要求的方式。

解释和更好的要求方式

◎你今天看电视时间太长了；该关电视了。我希望你做点别的事情。

• 关掉电视，做点别的事情好吗？

◎每次准备去学校的时候，你总是忘记你的鞋在哪儿。我希望你把鞋放在固定的地方，这样你就能记住了。

• 把鞋放在固定的地方好吗？这样你就能记住了。

◎我整个星期都跟着你后面收拾摊子，我希望你把这些东西马上收走。

• 马上把这些东西拿开好吗？

◎我今天真的很累了，没法做家务。我希望今晚你洗碗。

• 今晚你洗碗好吗？我会很高兴的。

避免唠叨说教

　　与在提要求时解释缘由相比，对孩子唠叨说教更让人反感。"打弟弟很不好。打人是不应该的。现在不要再打他了好吗？"这样的话只会起反作用，不仅听起来生硬、做作，而且没有效果。当然，以这种方式申明一项规则是可以的，但是不要用它来教育孩子。总是对孩子说教，他们就会失去合作的兴趣，非但不会听你的，还会不断为自己辩解，试图给自己的错误找正确的理由来颠倒黑白。9岁前的孩子还不能理解你说的大道理，而等到9岁以后，他们就不再听你说了。

　　不管孩子多大，父母都不要长篇大论地对孩子说教，除非他们自己主动要求。很多父母抱怨孩子不跟他们说话，最主要的原因就是父母说教太多。当父母用说教来让孩子做某件事情，或者告诉他们做错了什么的时候，孩子会感到特别厌烦。在这两种情况下，说教不仅没有效果，甚至还会起反效果。下面就是一个说教的例子："你弟弟不是故意要撞到你，他只是玩着玩着，一不小心撞到了你。你们要好好沟通，而不是用拳头。拳头只会让问题更加严重。如果学校里比你大的孩子打你，你高兴吗？同样你打你弟弟，他也会不高兴。比打架更好的办法是用言语说服。你不用打他，可以这么说：'我不喜欢被别人打，请你不要再打我了。'如果他还是不肯听，那就重复你的话。要记住你没有必要和他打，总是有其他办法的。有时候你走开了就好了。如果你想打架，我可以带你去看摔跤比赛，或者我们戴上拳击手套比试比试。学着如何保护自己并没有错，但和弟弟打架就不对了。你们两个人都知道怎么说话，任何时候都可以向我寻求帮助……所以不要打你弟弟了。"

　　除非孩子提出明确的要求，否则，这些话还是不要说了，不然可能会导致孩子更加强烈的抵触。

不要用感觉来控制孩子

感觉的分享要在同等地位的人之间进行。为了帮助孩子学会分辨、交流感觉，父母常会犯一个错误——说话时用"我觉得"。有很多书都给出这样的建议："要不断地跟孩子交流你的感觉。"尽管这个建议是善意的，但要让孩子合作时，这种方法却经常会起反作用。

有人指导父母们用下面这个简单的公式来让孩子合作。

当 abc 的时候，我觉得 123，我希望 xyz。

举个例子："当你爬树的时候，我觉得你会摔下来。我希望你下来。"

或者："当你打弟弟的时候，我觉得很生气，我希望你们不要打架，你们要好好相处。"

这个方式或者其他类似的方式可以帮助孩子们交流彼此的感受，或者帮助大人们交流彼此的感受。但在隔辈交流上用处就不大了。父母是主导者，与孩子交流自己的消极情绪无非是想让孩子做得更好，但这会让孩子感觉自己要为父母的情绪负责。孩子可能会因为自己让父母伤心而内疚，于是做出改变，也可能会感到自己被控制了，变得更加叛逆。父母不应该告诉孩子自己的消极情绪。对于主导者来说，与孩子站在同等地位是不合适的。一旦你表达了消极情绪，就意味着你失去了决定权和促使孩子合作的力量。

跟孩子交流自己的情绪的父母会很纳闷："为什么小孩对我的命令如此反感？"实际上，当孩子们到了青春期，他们便不再愿意与父母交流。很多成年男性在听妻子述说消极感受时很痛苦，因为他们觉得自己小时候就是这样被母亲的情绪控制的。有一个例子可以生动地说明这一点，母亲（父亲）会说："你这种做法让我们感到很失望。（我辛勤工作就是为了让你过上好的生活，但是你竟然……）我希望你按我说的去做。"这时孩子只有两个感觉：要么自责，要么无所谓。而这两种感觉都不好受。

如果父母感到烦躁需要聊聊时，应该到另一个成年人那里寻找安慰和支持。期望你的孩子在情感上给你支持是不合适的。当然，跟孩子分享积极的感受是没有问题的，但分享消极情绪则会被孩子误以为你是想控制他，从而引起他的反抗或拒绝。

有些父母以为，"我真的生气了"之类的威吓会让孩子害怕，从而让他们听话。这种方法肯定能威慑到孩子，但这是一种令人畏惧的方式，孩子即便与你合作，也是心不甘情不愿。用感觉来控制孩子可能会让某些孩子顺从，但却磨减了孩子真心合作的意愿。很多孩子，特别是男孩子，会对你置若罔闻。他们不再听你的话，甚至懒得理你。

很多父母用"我觉得"之类的话语来帮助孩子更好地意识到自己的感觉。如果这些话不是用来让孩子做某件事情，那么可能还有点效果。不过最好是当孩子直接问你或想要问你时，再这么说。

激发孩子合作的魔力词语

在提要求时，除了简洁、正面、直接的要求，以及运用"……好吗"的表述之外，还有一个心法。这个心法是最重要的，也是最有效的，它就是"让我们……"。

孩子在 9 岁之前尚未形成自我意识。命令孩子做这做那会使孩子对父母更加疏远，而不会加深孩子与父母之间的感情。

只要有机会，就请孩子和你一起做事吧。即使你已经要求过孩子做某个具体的事情，例如"请收拾一下你的房间好吗？"你也可以在提出这个要求的前后说 "让我们准备派对吧。"把要求放入邀请的语境中，孩子会更加愿意合作。

简单的回顾和练习

到目前为止，我们讨论了以下让孩子合作的基本方法：

请求，但不要命令。

一定要让孩子觉得他们是在合作，而不是必须服从；要允许他们说"不" (如果他们想说的话)。如果他们没有权力抵制、质疑或谈判，那么你的请求就和命令没有区别。

一定要用"……好吗"或者"……行吗"这样的问句，还要大量使用"请"。

不要反问孩子，也无须解释，更不要唠叨说教，不能向孩子表达你自己的"感觉"。

直截了当地提出问题，并尽可能正面提出。

尽量使用"让我们"的句型。

让孩子合作真的没有那么困难，只是需要很多练习。要求要简短，不要用命令，这样会使让孩子合作变得容易一些。下面的这些建议可以用来做很好的练习：

命令和请求

◎把这个收起来。

• 让我们整理一下房间。把这个收起来好吗？

◎不要把那个放在那里。

• 让我们把东西整理一下。请你把那个放好行吗？

◎不要那样和弟弟讲话。

• 让我们记住要尊重他人。请好好跟弟弟说话。

◎不要打你妹妹。

• 请不要再打你妹妹，让我们和睦相处好吗？

◎把你的鞋带系好。

· 让我们准备走吧。请系好你的鞋带。

◎扣好衬衫扣子。

· 让我们整理下衣服。请系扣好你衬衫的扣子。

◎去刷牙。

· 让我们准备睡觉吧。请你去刷牙吧。

◎把电视关掉。

· 让我们不要看太多电视。这个节目还有 10 分钟就结束了，到时请关掉电视。

◎过来吃饭。

· 我们开吃吧。请过来吃饭吧。

◎不要说话。

· 让我们安静点儿听妈妈说话。请不要再说话了。

◎吃蔬菜。

· 让我们记住蔬菜多有营养。请把蔬菜吃了好吗？

◎用叉子，不要玩食物。

· 让我们文明用餐。请用筷子吃饭，不要用手。

孩子抵制怎么办

当你第一次使用这些沟通方法时，可能会给孩子很多权利。他们可能会笑你，会拒绝。别急，这种情况是在预料之中的。他们可能会开心地合作，也可能会开心地拒绝。毕竟，我们也都一样不可能完全地配合或听从别人的要求，不是吗？

在孩子 9 岁前，用"让我们"这个短语提要求在大多数情况下效果都很好。但在孩子九岁之后，再说"让我们整理一下这个房间吧！"就不太合适了，除非你真要和他一起打扫。要想灵活运用"让我们"，还需要大量的练习，让它最终成为一种习惯。

当孩子拒绝你原先的要求时，就是该采取下一步骤的时候了。第一步骤的这些心法是用来创造合作的基础。在大量实践的过程中，孩子会逐渐适应积极养育的各种心法，第一步骤的效果也会越来越明显。如果孩子已经习惯了畏惧教育法，那么刚开始时就需要用第一步骤来为第二、第三和第四步骤打好基础。之后，你会发现大多数时候你只需要提出要求，你的孩子（包括十几岁的孩子）就会合作。在下一章里，我们将会讨论第二步骤，学习通过理解孩子来把孩子的反抗降至最低程度的心法。

第 4 章

应对孩子反抗的心法

允许孩子反抗可以保证孩子继续与你合作，而不是盲目服从。尽管有时候你心里宁愿他们能盲从些。积极养育的心法中有一些方法可以最大程度地减少孩子的反抗。孩子的反抗并不都是坏的，某些反抗也是积极的。因为反抗的过程会让孩子觉得你一直在倾听他们，也会帮孩子形成健康正确的自我意识。

如果父母允许孩子适当反抗，孩子就会逐渐了解自己内心的感受和需求，最终发展自我意志。这种坚强的意志可能会对他日后的成功产生深远的影响，而缺乏强烈意志的人往往会半途而废。他们在孩童时代就没有做好迎接挑战的准备，他们没有想过要把梦想变成现实，最终碌碌无为。

最大程度减少孩子反抗的四大心法

积极养育的心法不是要求孩子服从，而是将孩子反抗的力量转化为更愿意合作的意愿。惩罚的威胁或批评会不断削弱孩子的意志，最终导致孩子不愿意合作。只要孩子的意志得到培养而不是破坏，他们就会更加愿意合作，反抗的程度会降至最低。

在孩子反抗的时候，对他们的需要提供帮助和支持，我们就能有效地减少他们的反抗，同时，也不会损害他们的自我意志。这四个减少反抗的心法就是：

1. 倾听和了解

2. 准备和安排

3. 分散注意力和引导

4. 习惯和规律

要想让孩子放弃反抗并发自内心地感到需要合作，就要倾听他们、理解他们、帮他们安排活动，让他们形成规律的生活习惯，并引导他们。除非这些条件都得到了满足，否则孩子就不愿意合作。例如，运用新的倾听心法，父母就可以向孩子表明，他们看到了、听到了也理解了孩子的感受、愿望和需求。当这种被理解的需求得到满足后，孩子就会放弃反抗，变得更愿意合作。

尽管所有的孩子都有这些需求，但每一个孩子都是独一无二的，因此可能在某个方面的需求会更多一些。一个孩子需要更多的理解，但这并不意味着他或者她就没有其他的需求了。所有的需求都很重要，但其中的一两种需求可能对某个特定的孩子来说是最重要的。

有些孩子可能需要更多的倾听和了解，而另外一些孩子则需要你为他做好准备和安排。当你能熟练运用这些心法后，你会发现每一种心法效果都非常好。孩子的某个需求得到了满足，他可能马上就不再反抗了，当然这与他们的独特性情是息息相关的。

孩子的四种性情

孩子的性情可分为四类，所以有时候同样的孩子对某一种心法的反应会比另一种心法的反应更加强烈。这四种性情可以帮助你对孩子进行分类，然后根据不同的性情类型制定相应的心法来减少他们的反抗。尽管某个孩子可能会以某一种性情为主，但他们或多或少也会有一些其他性情。有些孩子拥有这四种性情的程度差不多，也有一些孩子是这种性情多一点，那种性情少一点。性情无所谓好坏，它们只是不同而已。因为这四种性情的组合不胜枚举，所以每一个孩子都是独立的存在。下面就让我们研究一下这四种性情。

敏感型的孩子需要倾听和理解

第一种性情是敏感型。这类孩子比较脆弱，容易激动，多愁善感。他们能非常敏感地意识到如何做能满足自己的需求和愿望，在生活中，他们非常重视自己的感受，如果他的感受被认同，他会更愿意做出改变。

尽管所有的孩子都需要理解，但敏感型的孩子需要更多理解来化解抵触的情绪。敏感型孩子通过明确自己的需求并倾诉他们对生活的情绪来了解自己。他们天性爱抱怨。当别人愿意分担他们的负担时，他们会很高兴。

例如，一个孩子可能会说："这一天过得糟糕透了，没有人愿意理我。"

父母说："那真是太郁闷了。"

之后，这个孩子会说："莎拉对我很好。她对我画的画很感兴趣。"

只要对他们的情绪有一点点认同，就可以让这些孩子重新振作起来，他们需要父母更多的同情和理解来认同他们内心的痛苦和纠结。他们通常需要更多的缓冲时间。急着让敏感型的孩子转换心情，只会让他们更加郁闷。他们的内心时钟和他人不同。

如果父母又急着说："如果莎拉对你很好，那这一天也不是那么糟糕。"那就错了。这时孩子就会说："就是很糟糕，根本没有人喜欢我。"

当敏感型孩子渐渐积极起来时，给他点时间。不要以为出现这种转变就意味着他们把起初的情绪都放下了。

如果不能获得同情，敏感型的孩子就会夸张地渲染他的问题有多严重，以获得所需要的同情。如果他们说"我肚子痛"没有获得热切的关怀，他们接着就会说："我的头和肚子真的很痛，你们谁都不知道关心我。"得不到理解，每一种痛都被夸大了。缺乏同情确实会加重生理上和心理上更多的痛苦。当父母忽略了敏感型孩子的感受时，他们的问题会变得更加严重。

父母常犯的最大错误是尝试着激励这类孩子。当孩子烦躁或沮丧时，向他们解释为什么不该有这样的情绪是没有用的。正面的暗示可能会使他们走向另一个极端，变得更加消极，并试图以此获得父母的理解和认同。父母必须要注意的是，要更多地倾听，不要为了使他们感觉更好一些而提供解决方案。

敏感型的孩子需要知道自己并不孤单，并且自己的父母也很痛苦。这个分寸不好把握。父母向这类孩子寻求情感上的帮助，是不可取的，但他们可以跟孩子交流一下自己内心的挣扎和痛苦。例如，当孩子抱怨某件事情多么困难、多么费力或痛苦时，父母可以说："我能理解，今天我也很郁闷，我遇到了严重的堵车。"这并不是向孩子寻求安慰，而是可以引起敏感型孩子的共鸣。

敏感型孩子需要感觉到并不是只有自己那么痛苦。

当敏感型的孩子出现叛逆时，他们需要得到别人的同情，例如"我理解你的失望，你想做这件事，而我现在希望你到这儿来"。只有得到适当的理解和支持，敏感型的孩子才会放弃反抗。没有同情，他们会觉得自己是一个受害者，会在抱怨中迷失自我。如果不被理解，他们会放大自己的痛苦，并很容易责备他人。

敏感型的孩子需要明确地知道有消极情绪没关系。他们往往需要更长的时间来消化痛苦和不安。然而，有人同情地倾听来分担他们内心的负担和痛苦会帮他们减轻压力，释放痛苦。不那么敏感的父母往往误以为孩子出了问题，从而把事情变得更加复杂。

倾听完敏感型孩子的倾诉之后，要给他一点时间和空间，让他平复当下的心情。当他心情好一点的时候，不要对这种转变过于关注。父母要有全然接纳敏感性情的态度，千万不要表现出他之前有问题，但现在好了的感觉。他自始至终都没有问题。

这些孩子往往很难建立新的友谊。他们在这方面所需要的时间通常要比其他孩子更长，他们需要更多的帮助。当与别人建立起友谊之后，他们会非常忠诚，而遭到背叛时，也会更加痛苦。学会原谅和遗忘是他们需要学习的一个重要技能。当父母倾听敏感型孩子的情绪并给予理解时，就会帮助他们应对生活中的不如意，并学会原谅他人。

这些孩子的需要得到满足后，他们特有的禀赋才得以显露。他们深思熟虑，悟性极高，创造力强，善于沟通，而且极富有创新精神。他们还很有修养，极富同情心，温文尔雅，乐于助人。他们愿意为他人和社会服务，并从中能获得极大满足。

活跃型的孩子需要父母为其做好准备和规划

第二种性情是活跃型。活跃型的孩子不太关心自己的内心，而对自己的影响力更加感兴趣。他们关心做事的流程、细节和结果。当他们对所做的事情有明确的规划时，他们会主动去做，而且愿意配合。他们随时准备好行动，引导大家按照自己的方式行事。

活跃型的孩子需要父母为其做好规划，否则他们将很容易脱离控制开始反抗你的权威。他们总是想事先知道活动计划、规则以及负责人。他们知道活动计划后，会变得更愿意支持和合作。要想把这些孩子的反抗降至最低程度，你最好要提前计划并制定好清楚的限制、规则和指导。

父母可以这样说："这就是我们要做的——我们先荡秋千，然后再去爬杆。两分钟轮换一次。"明确地为活跃型的孩子做好类似的规划，他（她）就会成为最愿意合作的孩子。

活跃型的孩子喜欢成为关注的焦点，喜欢参加各种活动。他们总是希望自己是对的。如果父母没有为其安排好，他们就会容易变得嚣张起来。这类孩子需要你给他机会，让他成为成功的领袖。他们尊重并追随有能力的领导者。父母必须要特别小心，不要流露出犹豫不决、优柔寡断或脆弱不堪的神情。例如，不要直接问孩子你觉得什么最好。如果给了他们指示之后，他们拒绝接受并说出了自己的想法，你可以先认同他们的想法，然后再决定该做什么。

如果你说："我们先去荡秋千，然后再去爬杆。"他们可能会说："爬杆更好玩，我们先玩爬杆吧。"这个时候，明智的父母可以说："好主意，就玩那个吧。"这些孩子喜欢得到肯定，当他们得到认同时会很兴奋。

要想尽可能地减少活跃型孩子的反抗，最好是让他们赢，也可以让他们自己负责一些事情。他们精力旺盛，父母安排得好可以帮助他们释放精力。给他们一些权力做事，他们会乐开了花。

活跃型的孩子需要感觉到被需要和信任。在上面的例子中，父母可以说："我们先去爬杆，每个人都可以爬到最上面。比利，我让你来负责确保每个人都能爬到最上面。你先爬，给大家做个示范。"

让活跃型的孩子当领导，并且给他们明确的指示，可以充分发挥出他们的能力。他们自然也会更加愿意合作。他们精力充沛，长时间坐那儿不动会让他们感到郁闷。他们需要有事可做，但常常会不加思考地立即行动，结果很容易惹上麻烦。所以需要有人事先为他们规划好，这样他们充沛的精力就能自由释放，又能避免惹麻烦。

减少活跃型孩子反抗的方法之一就是让他们忙碌起来，消耗他们的精力。比如说，如果你们需要在某个地方等候一段时间，这时活跃型孩子就会十分沮丧。你最好给他点事情做，或者想出一个游戏来分散他的精力。你可以让孩子沿着一段路来回折返跑并给他计时。活跃型的孩子喜欢突破自我，多肯定他们的成绩，他们自然就不会闹了。

活跃型的孩子是通过行动以及犯错误来了解自己的。他们需要父母肯定他们的成功，原谅他们的错误。这些孩子很容易遇到麻烦。如果他们害怕受到惩罚或者责备，就会隐瞒错误或者为自己的行为狡辩，这样他们就很难从错误中总结经验并更好地成长。

对于活跃型的孩子来说，坐着静静地听别人说话是十分痛苦的。他们需要四处走动，边干边学或者和大家互动，这样会学习得更快。当他们反抗时，你最好想出个活动让他一起来参与。长篇大论地说教反而会起反作用，他们会认为这是一种惩罚。

例如，如果他们不情愿打扫房间，你可以先认同他们正在做的事情，然后再让他开始打扫。你可以这么说："我知道你在玩，不想打扫房间。让我们一起打扫吧。我们先……"等着他们自己主动去做往往没什么效果。

只要活跃型的孩子参与到活动中，就会放弃反抗。就算他们只干了一点儿，也要对他们表示感谢，并告诉他们房间现在看起来不知道有多整洁。你可以说："我们太棒了！"活跃型的孩子总是希望自己赢。对他们来说，没有什么比成功本身更有吸引力了。

活跃型的孩子从他们已经做过的事情及其结果中来认识自己。他们喜欢权力。当他们反抗父母的要求时，你可以平和但坚决地告诉他们："你可以拒绝，但爸爸和妈妈才有决定权。"先认同，然后更直接地再次提出要求。

例如，你可以说："我知道你在床上休息，现在我希望你开始打扫这个房间。"如果孩子没有反应，那么你可以边开始打扫边说："让我们先从这儿开始打扫。"这个方法在市场营销中称之为"假设性成交"——你假设顾客同意了你的意见，并开始探讨购买的具体细节。

需要用明确而直接的信息告诉活跃型的孩子你想要他们干什么。"我想让你……"之类的话能够提醒孩子你才是最终的决定者，从而减少他们的反抗。没有正确的支持，活跃型的孩子会失去控制、行为不端，可能还会欺负他人。除了为其做好规划和进行监督以外，他们还需要明确知道一点——犯错误不要紧，你知道他们已经做得很好。

当这类孩子失控时，除非事事都能顺他们的意，否则他们就会欺负别人或者大发脾气。很多父母和成年人都害怕面对这样的孩子。父母会逃避这样的反抗，因为这需要太多的精力来处理。但逃避只会使问题变得更加糟糕。除了为他们清晰地做好规划外，还需要让这些孩子进行定期的"暂停"。他们比其他孩子更需要感觉自己处于控制之中。通过定期的"暂停"，他们才会记住谁是主导者，并听从主导者的安排。我们会在第六章更详细地讨论如何让孩子"暂停"。

活跃型的孩子比其他孩子更需要别人的认可，讨厌别人说他们错了。当着其他人的面让他们接受批评，尤其困难。若是在私底下教育，他们的反抗情绪就没那么多，反抗程度也会变弱。最好不要公开纠正他们的错误，可以用一些暗号来提醒他们。活跃型的孩子会非常感激父母帮他们保住了面子。

比如，你可以通过拉自己的耳朵来暗示孩子要和气一些。当他们说话声音太大时，你可以摸摸自己的面颊让他知道要小声些。他们会非常感激父母的暗号。这不仅帮助他们做得更好，而且间接地告诉他们犯错误和偶尔失控是正常的。

除非让活跃型孩子负责管一些事，否则他们会抱怨那些动作较慢的孩子或大人。他们希望事情进展得快一点，而且也具备这样的能力。只有当他们忙着帮助其他动作较慢的人时，才能接受这些人的慢动作。为他们安排一些活动，让他们从中感觉到自己的重要性，这样会更好。

让这些孩子按计划做事，他们会变得更敏锐、更富有同情心、更大方。定期"暂停"将会使他们变得更有耐心，并学会延迟满足。他们有责任心、能干，而且会成为出色的领导者。他们会开创自己的事业。当他们更有成就感、更加自信时，也会更能体谅他人的情感。

反应型的孩子需要分散其注意力并给予适当的引导

第三种性情是反应型。反应型的孩子喜欢交朋友，性情外向。他们通过自己对世界和他人关系的探索形成自我意识。他们会自动自发地观察、聆听、品尝、体验生活中出现的一切事物。他们兴趣广泛，因为相比于其他类型的孩子，他们需要更多的刺激。

每一次新的体验都会使他们展现出一部分全新的自己。遇到新鲜事物，他们会表现得生龙活虎。尽管这些孩子喜欢变化，但他们不愿意被迫做事。当被要求穿上外套或者按照特定的方式做事时，他们常常会生气。他们需要更多自由的空间。

他们经常半途而废，一件事还没做完就去做另一件事了。父母要理解这一点并且学会等待。反应型孩子需要不停地探索。混乱是他们学习过程中的一部分。如果他们可以自由地探索、改变并且按自己的想法去做事，他们会变得更加专注，研究得更深入，并努力完成工作。

反应型的孩子就像蝴蝶一样，会自然而然地从一处飞到另一处。他们需要探索、体验、发现生活。他们很容易分心，因此需要父母指引方向。当他们忘了你的指导时，并不是想要惹你生气或者反抗你，而是真的忘了，千万不要因此责备他们。他们会慢慢学会更专注地做事。他们容易被新事物吸引，父母实际上可以利用这一点来减少他们的反抗。

当反应型的孩子拒绝你时，你只需要把他们重新引向一个新的活动或者一个不同的体验方向。他们需要的不是理解或者规划，而是需要你分散并重新引导他们的注意力。这样他们就会更愿意合作。让我们看几个例子：

当三岁不到的孩子发脾气时，一些漂亮的、发光的小东西，比如钥匙、牙刷、小贝壳、玻璃球等很容易引起他们看、听、尝、摸、玩的兴趣，这能分散他们的注意力。我们的孩子发脾气时，邦妮就会拿出一个"小玩意儿"来分散她们的注意力。这种做法对所有的孩子都有效，特别是对反应型的孩子效果最好。

歌唱的魔力

唱歌能使各个年龄段的孩子把注意力从心烦的事情上转移开来，重新感受到关爱和支持。孩子们都喜欢听父母唱歌，大一点的孩子甚至还会跟你一起唱。我的妻子邦妮为每个孩子都创作了一首特别的歌。当她们要哭的时候，我们只要一唱这首歌，她们就不哭了。

为了更好地说明这个方法，我引用其中一首歌作为例子：

劳伦·贝丝，劳伦·贝丝，我多么爱我的劳伦·贝丝。

劳伦·贝丝，劳伦·贝丝，我多么爱我的劳伦·贝丝。

劳伦·贝丝，劳伦·贝丝，……（然后重复）

孩子情绪低落的时候，一首简单的歌即可让他们转移困扰的问题，重新感受到爱护和关心。唱歌比听音乐效果更好，因为唱歌能让孩子与父母更亲密。当然，用背景音乐营造一种更加放松或快乐的氛围也不错。

唱歌与谈话比起来没那么严肃、沉重，还可以把孩子的注意力转移到开心的事情上来。分散孩子的注意力，并引导他做你所希望的事情，这种方法十分有效。因为你无法沮丧地唱歌。唱歌或者听别人唱歌可以活跃气氛，让生活更有趣。它能激发富于创造性的右脑。这能让孩子更加灵活、游刃有余地应对事情，也更有合作精神。

每当我和我的孩子们一起洗碗时，我们经常会唱一首歌。我给这首歌起了个名字"五分钟清洗"。在我们比赛看五分钟能洗多少碗碟时，我会唱这首特别的歌。之后，我会对她们的帮助表示感谢，并独自做完剩下的工作。她们很喜欢这样，一直到现在还把它当成一个有趣而快乐的回忆记在心里。

从家务中寻找乐趣

洗碗时跟我的孩子们一起唱歌，她们就不再觉得洗碗枯燥无味。而且，把她们参与的时间限制在五分钟以内，也不至于让他们有过多的负担。让她们明白我们不会让她们在这么小的年纪做太繁重的家务，她们就不会拒绝帮忙。她们现在已经长大成人了，很乐意做辛苦的工作，而且知道如何从中寻找乐趣。

我在一个有七个孩子的家庭中长大，我还记得我洗碗的那些日子。我一个星期只洗一次碗，这并没什么，但每次轮到我洗碗时，我的感觉是："总是让我洗碗，烦死了。别人都在高高兴兴地玩儿，我却不能。"

孩子们认为当下就是永恒，当长时间做一件家务时，孩子就觉得好像"我们永远都在忙。"让家务事变得容易点儿，并给予他们更多的帮助，他们就能学会如何从中寻找乐趣。等到他们长到十几岁时，也会自然而然地从学校的功课中找到乐趣。

理想的情况是，孩子在七岁前应该感觉到被照顾，在 7-14 岁之间他们专注地从玩耍、唱歌、动手、画画、学习乐器、运动、戏剧、家庭作业以及少量家务劳动中找到快乐。帮着洗碗、打扫卫生以及照顾宠物也还好，不会带给他们"太多负担"。父母要根据孩子的意见来考虑和调整他们做家务的量。要成为合格的父母，就需要懂得灵活地调整每一阶段孩子要做的事。

孩子学会了如何快乐地生活，等他们长到十几岁时，才能做好全力工作的准备。如果孩子从小被迫做一些工作，不能从中找到快乐，他们就永远学不会在工作中寻找快乐。到了十几岁时，他们可能会抵制工作，也可能会努力工作但却感到痛苦不堪。

一百年前，工厂还会雇佣童工，不过后来社会逐渐意识到了这是一种虐待行为。现在，我们需要意识到，在家里让孩子过多劳动也是一个错误。照顾孩子是父母的本职，孩子要做的就是接受。孩子到了七岁左右时，就有新的需求，他们需要和家人、朋友一起玩耍。这时培养孩子寻找快乐的能力是最重要的。

大多数成年人从来不知如何快乐做事，享受人生。那是因为他们在这方面没有获得必要的帮助。寻找快乐是一种能力，这种能力是在7-14岁之间形成的。然而，青春期之前，来自学业或工作的过多的压力，会阻碍一个人在以后生活中找寻快乐的能力。他们到了十几岁时，要么不愿工作四处玩乐，不负责任；要么会努力工作，但因为太严肃，很少感到快乐或者满足。

大多数父母以为他们只需要教孩子努力工作并且负责任就好了，这显然是错误的。孩子是通过观察父母负责任来学会负责任的，也是观察父母努力工作来学会努力工作的。他们通过模仿来学习一切。看到父母做什么，他们自己就会做什么。认识到这一点，父母就可以满怀自信地按照自己的想法做事，为孩子创造一个幸福、快乐的童年。没有必要让他们在青春期前努力工作。

讲故事的魔力

如果孩子睡觉前一直哭闹，除了唱歌之外，还有一个非常好的方法就是读故事书，可以帮助孩子舒缓情绪，睡个好觉。在床前给孩子讲故事可能是父母能给孩子的最重要的礼物，对反应型的孩子尤为重要。他们特别渴望听故事、神话和传奇。他们很想知道遥远的地方那些神秘的人和事。

在九岁之前孩子都生活在一个奇幻般的世界里。社会现实不断地催促他们醒来，回到真实的世界。父母不必担心。孩子会慢慢发展，等他们准备好了自然能轻松地适应真实世界。孩子在7岁之前甚至还没有逻辑思维的能力，13岁后抽象思维才开始形成。

当孩子们看新闻时听说有一个凶手在逃，他们会以为自己和其他人都处于危险之中。想用逻辑推理帮孩子减少这种恐惧是毫无用处的。对他说"我们社区很安全，你是安全的"，也是没用的。神奇的想法需要神奇的解决办法。你可以为孩子的安全祈祷，也可以挥舞一根魔法棒，让孩子确信他或者她是受到保护的。要想避免这种情况的发生，最好的办法就是在孩子7岁之前不要让他们看新闻。

讲故事，可以让孩子容易把注意力从现实生活的负担中转移。孩子会通过故事丰富自己的想象力、创造力以及形成更加强烈的自我意识。成功的人觉得是自己的想象力、创造力以及更加强烈的自我意识创造了自己的生活，而失败的人往往会觉得自己是个受害者，被生活中的挑战和挫折折腾得精疲力竭。不断发展自己的想象力和创造力,孩子可以为应对日后生活中的难题做好充分的准备。

给反应型和敏感的孩子讲故事,效果更好。他们听故事时会在心里构建图像,这样就能形成更强烈的自我认识和创造力,并会很自然地在生活中更关注"现象发生的原因"。而看太多电视和电影则会减弱孩子的想象力。

分散孩子的注意力并给予适当的引导

分散注意力对所有的孩子都是有好处的。孩子 8 岁之前,你可以给他讲一个有很多形象、颜色以及形状的小故事,他们的注意力就会从对你的反抗上移开。故事情节无关紧要,只要能转换话题并开始讲故事就可以了。

例如,孩子不愿意穿外套时,你用讲故事的口吻对他说话,就可以打破僵局。你可以这样和他讲:"哦,看那树上的绿叶多漂亮啊!记得有一次我正在一片美丽的森林中散步,到处都是高大的树木。蔚蓝的天空是那么美,我头顶上是一团团白色的浮云,我走了一整天,一直走到我累得不行为止。那次走了很远,但感觉很不错。现在让我们穿上外套吧。"

这会营造友好的氛围,对方会乐意合作。因为在你的故事中可以看到各种色彩和物体,孩子自然就会放弃反抗,融入与你的友好关系中,并愿意与你合作。

任何年龄段的孩子,当他们感到心烦或者有抵触情绪时,都可以用诸如"现在让我们做这个……"或者"现在我们要……"之类的话,引导他们改变思维,这通常都会有很好的效果。父母不要问孩子想干什么,喜欢干什么,而是应该要引导孩子。当孩子有了自己的愿望和需要时,他们会反对你的观点,并提出自己的想法。这个时候,父母可以说:"好的,主意不错。就按你自己的想法办吧。"不要直接问他们想要什么,或者喜欢做什么,而是要提出建议,让他们通过接受或抵抗来间接表达自己的意见。

看下面例子:

母亲:吉米,我们去公园走走。

吉米(8岁):我不想去公园。

母亲:为什么不想去呢?

吉米:因为想待在自己的房里玩儿。

母亲:好的,我没意见,拿出你的彩色笔画画吧。

吉米:我现在不想画画,我想玩我的新飞机模型。

母亲:玩新飞机模型也很好啊,我待会儿进来看你玩得怎么样。

这个例子中,母亲没有直接问孩子,而是提出了孩子可以拒绝的建议,逐步明确了孩子的想法。不直接问孩子想要什么、喜欢什么、需要什么、想干什么，甚至不要问他们感觉怎么样——这对各种性情的孩子都很实用。父母向他们提出建议，他们可以接受或者拒绝。这样他们就会清晰地意识到自己的需要、感觉和想法。

反应型的孩子非常快乐、轻松、热情，对生活的幻想激励着他们，对于他们来说，生活就是一种探险。他们喜欢与别人交流，愿意交朋友，喜欢身边的每一个人。他们通常不会拒绝，充满魅力，乐于助人，从不嫉妒别人。

他们不太依恋别人，也不太容易受到伤害。当他们被要求做他们不想做的事情或者要求他们集中精力的时候，他们会发脾气，会反抗。生活中他们很情绪化，他们散漫、健忘并且不可靠。为某件事善后对他们来说是难以忍受的，需要父母不断地提醒。认识到这一点，父母就能用平和的态度对待这一切。不要指望反应型孩子更有秩序，那是父母的责任。例如，反应型的孩子不会保持房间整洁，除非有人帮他们打扫。和他们争论是没有意义的，跟他们一起做就行了。

当反应型孩子有机会很开心地研究一些事情时，他们会集中注意力更深入地研究下去。用不了多久，他们就能学会如何完成任务。7岁以后，他们需要不断的鼓励来保持注意力。花点时间帮助他们，相信这个不难做到。

没有正确的支持，反应型的孩子很容易背负生活的包袱，容易变得逃避责任或者过于散漫。当获得了所需的支持时，他们会变得可靠、负责任、独立、专注、自信，并获得成功。

接受型的孩子需要规律和节奏

第四种性情是接受型。接受型的孩子更关心生活的规律，他们想知道接下来会发生什么，有什么值得期待。如果他们了解了生活的规律，他们就更愿意合作。

当突发新情况，不知道接下来会发生什么事情时，他们就会反抗，他们通过期待着即将发生的事情来认识自己。这类孩子在期待爱的时候，会感觉到被爱。他们需要规律的生活。

他们需要在固定的时间吃饭、睡觉、玩耍、跟爸爸妈妈在一起、挑选第二天要穿的衣服等等。他们会对安慰及鼓励的话做出积极的回应，例如："现在是做……的时候了"或者"现在我们要……"

他们脾气非常好而且善于思考。他们需要花很多时间按部就班地做事，讨厌变化。他们不能快速做出决定，不要去问他们想要什么或者感觉怎么样。你只要告诉他们该做什么就好。

只要变化不大，他们就非常愿意合作。时间上的变化意味着行动上的调整。用"现在是做……的时候了"这样的句子会让这些孩子认为一切就绪，感到放心。他们希望身边的事情总是可以预测的。

尽管他们喜欢你告诉他们该做什么，但如果强迫或者催促他们，他们也会反抗。和敏感型的孩子一样，他们需要更多的时间做事或者做出改变。他们需要确保所有的事情都预先计划好，并经过深思熟虑。他们习惯这样。重复会让他们安心。他们不像其他孩子那么好动，更喜欢静静地坐着，享受着当下，休息，饮食，看，听，睡觉。

他们可以简单地享受时光。他们不会主动做事，不懂得自我指导，也没有创新精神。他们需要有人告诉他们"现在是做……的时候了"，否则他们宁愿只是待在那儿做白日梦。他们喜欢舒适的生活，讨厌冒险。

不同于活跃型的孩子，他们不愿意做领导，甚至不愿意参与活动。小时候，他们经常只是在旁边看。他们可能会看着别的孩子做某个活动 50 次后，突然间自己也开始那么做。对他们来说，这已经足够了。

一个 4 岁的孩子盯着其他孩子玩儿，并不会感到自己被排斥了。对他来说，看本身就是参与。当然这个问题不大，最终，他（她）会参与进去。在 7 岁左右的时候，可以鼓励他融入他人的活动，但如果孩子不愿意，那就算了。

你鼓励他们时，最好不要问："你想参与吗？"而是说："现在是你参与的时候了。"

如果孩子不愿意，那么就说："好吧，我知道你喜欢看着他们玩。你想加入的时候告诉我一声。"

接受型的孩子经常被大人忽略，因为他们太安静、太随和，不提任何要求。他们偶尔会挣扎和反抗。如果不给他们温和的刺激和挑战，他们宁愿睡觉或者待在家里。

父母必须给接受型的孩子安排各种任务，否则，他们可能无法培养任何兴趣。常规、习惯和规律会让他们觉得很安全，在此基础上才会逐渐愿意冒险去尝试新的事物。

通常来说，他们讨厌变化。

接受型的孩子讨厌做事，但不能因为这个就不让他们做事，否则的话他们就永远都不会去做。当他们拒绝尝试新事物时，你的态度要温和，不要强迫他们参与。记住，对他们来说，看着别人做也是一种参与。要坚持给他们机会，让他们培养自己的兴趣，但不要强迫他们参与。看和观察对他们来说也不错。

这些孩子讨厌被打断，他们希望一直做完最后一个细节。重复会给他们安全感。当你试图阻止他们的时候，他们会抵触，而且常常是用沉默来抵触。他们往往会忍气吞声，因为不想引起麻烦或给别人带来不便。他们非常害怕令父母失望，被父母拒绝。

充满爱的习惯

接受型的孩子在期待中感受到爱和被爱。创造一些充满爱的习惯，会让他们感觉到自身的价值以及与父母间独特的联系。不用为培养这些习惯花太多的时间，只需要确保它们是独特的，然后就是无休止地重复。

　　我们和女儿劳伦之间有一个独特的爱的习惯：我们会穿过树林走到城里，然后去当地的书店休息并吃一块玛德琳饼干。在她很小的时候，我会把她放在婴儿车里，等她长大一点之后，我们就步行或者骑自行车，整个活动大约要25分钟。来回各10分钟，另外5分钟用来吃饼干，和那里的小狗玩上一会儿。

　　如今已是青少年的她，依然清晰地记得这些经历，我们之间充满爱的联结。很多成年人不记得童年时代的欢乐，这真是个巨大的损失。能够记住被爱、被支持的感觉，会让我们一直拥有深深的安全感。

　　挑某一个固定的时间里来做一些事，就可以把它们变为最容易记住的习惯。反复谈论一件事，也可以变为一种习惯。例如，你可以说："今天是星期六，我们可以走到城里去吃饼干。"为了感觉到父母对孩子特别的爱，孩子需要在特别的时间和父母一起做一些特别的事。下面是一些例子：

- 星期六早上，爸爸用特别的方法在吐司上加鸡蛋。
- 星期天早上，我们全家都睡到很晚才起床，然后妈妈要做美味可口的华夫饼干。
- 当爸爸接孩子迟到的时候，他总是会带我们去糖果店，作为补偿。
- 爸爸出门在外时，总是会打电话回来指导我做作业，或者道晚安。
- 睡觉前妈妈总是会给我讲一个故事。
- 睡觉前，妈妈或爸爸总会给我唱一首歌。
- 当孩子肚子痛的时候，妈妈总是为他准备一个热水袋，并在上面抹一点麻油。
- 爸爸高兴时，总是唱着他最喜爱的一首歌。
- 每个星期四晚上8点，我们全家人会聚在一起看一个非常搞笑的家庭节目。
- 每天晚上睡觉前，孩子会和父母聊天，说说这一天都做了些什么。
- 春天的时候，每天晚饭前全家人都去摘花。
- 晚饭前全家人都要带着狗去散步。
- 每年夏天我们全家都要去度假，去同一个地方，住同一家酒店，这将是一个特别的假期，我们都很喜欢。（当然，你可以去别的地方玩儿，但度同样的假期可以成为一个特别的习惯。）
- 星期天我们全家人会外出散步，或者去野外野餐。
- 夏天的周末，我们会去海滩玩儿。
- 每年7月我们都会去乡村的市集。
- 每个月我们都会花一天的时间跟爸爸或者妈妈单独相处。
- 我们会在每晚睡觉前祈祷，爸爸或妈妈会唱摇篮曲。

　　这些有趣而又充满爱意的习惯让我们拥有了特别的记忆和期待，给我们的童年及以后的生活创造了极大的安全感。还有一些无趣和独特的习惯，也能帮我们形成强烈的安全感，最重要的是，这些习惯本身就是一种规律。大自然中万物都有规律，冬去春来，周而复始。

生活中的每件事都有自己的季节。该活跃时活跃，该休息时休息，该吃饭时吃饭，该玩耍时玩耍，该开始时开始，该打扫时打扫。潮涨潮落，日出日没。就连我们的身体，也要呼吸有序，醒来睡去。

所有重复的行为、常规和喜欢都提供了一种规律的生活，我们会知道接下来要发生什么，这让我们感到安心。所有的孩子都需要规律和习惯，但对于接受型的孩子来说这一点尤为重要，这样他们才能够从自己的壳里孵化出来并展现他们特有的天赋和才能。

形成规律生活的重要习惯

这里有一些帮助孩子保持规律生活的重要习惯。当然，不是所有的习惯都适用于每一个家庭。这里给大家一些例子做参考。

每天早上在同一时间起床去上学。

吃饭的时候坐自己固定的位置或椅子。

每天早上在同一时间去学校。

每天放学后让同一个家长去接孩子。

在同一时间去接孩子。

每周二和周四去公园玩。

每周六洗车。

同一时间吃晚饭；每天晚上用一种特别的方法比如说摇铃或者用对讲机叫孩子来吃晚饭，只需要简单地说一句："饭做好了，吃饭的时间到了。"

头天晚上选出第二天要穿的衣服。（当孩子早上不肯穿衣服时，这个建议很有用。）

养成一个小小的生活习惯，比如每天晚上睡觉前在同一时间洗脸、刷牙，换上睡衣。（这种规律是非常重要的，所有的孩子都需要睡眠，在某一时间准备睡觉的生活习惯可以提高他们的睡眠质量，让他们精神抖擞。）

帮助接受型的孩子形成生活的规律，可以激发他们自身巨大的潜力。他们可以创造并且维持秩序。他们热爱和平、脚踏实地、不畏困难去实现自己的目标。他们非常擅长用爱来支持和安慰他人。他们虽然进步缓慢，但非常踏实、沉稳。

给孩子真正需要的

　　你可能会想，现在的父母决定少生孩子真是太幸运了。其实"给孩子真正需要的"并没有你认为的那么难。刚接触时，这个新观点也许让人倍感压力，因为以前根本没有人这么提过。但当你逐渐熟悉了这些想法，并开始实施后，你会发现养育孩子原来可以如此简单轻松。

　　上述这些不同的养育方法确实能减少孩子的反抗，但需要很多时间去学习，而有时候我们既没有时间，也没准备好。下面将要讨论的心法不需要我们花很多时间，也能发挥良好的效果。下一章将会阐述如何在倾听孩子心声，表达自己要求的过程中，减少孩子的反抗，最终成功地让孩子与你合作。

第 5 章

提高沟通能力的心法

倾听和了解是减少孩子反抗并让他们合作的最重要的心法。孩子不肯合作，表明他们想要些东西，但没得到。父母要倾听、理解孩子需求未得到满足时的心情，通常就能最大程度降低他们的反叛性。通过学习改善沟通的心法，父母就能立即减少孩子的反抗，并且提升他们合作的意愿。

孩子天生需要听从父母的领导，他们最大的愿望就是让父母高兴，与父母合作。然而，这个天性与其他天赋或者能力一样，需要我们去唤醒并很好地培养它。积极的养育方法不是通过让孩子感到害怕和自责的方式来管教孩子，而是注重唤醒孩子的合作意愿。利用让孩子感到害怕和自责的方式在短期内可能会有效，但从长远来看，这会削弱孩子合作的愿望。

为什么孩子们会反抗父母

孩子反抗父母，通常是因为他们另有所求，而且他们认为如果你理解他们，就会满足他们的需求。身为父母的你是否会常想"我的孩子需要什么？想要什么？"然后再付出行动呢？有时候，他们的反抗只是想试图告诉你他们更想要的是什么。

理解的作用在于它能马上降低孩子的反抗程度。当孩子知道你能体会他们想要什么以及这些东西对他们多么重要的心情时，他们的反抗程度就会减弱。当然光是这样还不够，我们还需要向他们表达我们真的理解他的心情。孩子之所以反抗，往往是因为他们误会父母不理解他们。

例如，一个 5 岁的孩子想要吃饼干，但他的母亲希望他饭后再吃。

博比：妈妈，我想吃饼干。

母亲：快吃饭了。我希望你等到饭后再吃，那时我可以给你一块。

博比：但我现在就想吃……

博比很生气，发起了脾气。母亲先倾听并了解了博比的心情。之后她平静地说："我知道你现在就想要饼干，为此你真的很生气，因为我没有把你想要吃的饼干给你。"

这时，博比平静了一会儿，这是因为他认为妈妈既然知道了他想要饼干，就会把饼干给他。但母亲接着又说："你还是要等到吃完饭后才能吃饼干。"

有时候，这种程度的理解就足够了，但也有些时候，孩子还可能需要得到更多的理解，才愿意与你合作。大多数时候，孩子反抗父母只是因为他们认为父母没有倾听和关注他们的需求。

让我们看一下当博比需要更多时间和了解时会发生什么样的情况。博比的怒气平息之后，他感到了失望和伤心。尽管博比对母亲依然很生气，但此时已经自然而然地由生气转变为伤心或者是失望了。博比开始边哭边说："我从来都得不到我想要的东西。我不想再等了。"

母亲再次对他未满足的愿望或者需求表示了理解和认同，她说："我知道你很难过。你想要一块饼干，不想再等了，因为等的时间太长了。"

博比的反抗明显减弱了，更重要的是，一种更深层的感觉出现了。哭了一会儿之后，博比开始表现出害怕。他说道："我从来要不到饼干。我从来得不到我想要的东西。我只是想要一块饼干，为什么就不能给我？"

这个时候，母亲不必做出任何解释，应继续理解和认同孩子的感受和需要。

她可以说："我知道你担心永远拿不到饼干。但我向你保证你一定会得到饼干的。过来，亲爱的，妈妈抱抱，我爱你。"

这时博比依偎在母亲的怀里，不再生气了，获得了一开始就需要的爱、安慰和支持。通常来说，当孩子不愿意合作时，他们往往期待被理解、被关爱，他们需要的可能只是一个拥抱。

耐心聆听孩子的心声

看了这个例子之后，你可能会想："不是每次孩子反抗时都要这么做吧？你不了解我的孩子，他们的反抗会折腾得我筋疲力尽。"我承认有时会发生这种情况，但倾听的方法效果确实不错，它能减少孩子的抵触心理，使得他们更愿意合作。如果你花时间倾听，并且做法正确，那么下一次你的孩子会少一些反抗，多一些合作。有时候，确实需要多花 5 分钟的时间，但这是你的孩子需要的。我们每周花很长时间出游、购物、照顾孩子。这些事情虽然很重要，但效果都不如从内心给孩子温暖。花几分钟时间听听孩子的心声，接纳他们的感受和需要，不仅能满足孩子对爱的需要，也能让父母有更多属于自己的时间。

花时间倾听孩子，比按时去参加足球训练重要得多。

尽管粗暴地压制孩子的反抗看上去更省时间，但从长期来看，这种方法只会导致孩子在其他事情上反抗得更多。母亲们经常抱怨："我的孩子在最不应该的时间来反抗我，好像我没有时间的时候正是他们反抗得最厉害的时候。"

当孩子的反抗总是被压制时，他的挫折感就会不断累积，然后在父母心情最差的时候表现出来。实际上，你在有空的时候花一点时间听听他们的意见，就可以避免这种情况的发生。要不断地传达给他们一个信息：你在关注他们的感受，倾听他们的心声。

如果你从来都没有时间倾听，那么你就没有给予孩子所需要的东西。一盎司的预防胜过一磅的治疗。不要让孩子的抵抗逐渐累积直到最终爆发。平时尽可能多花一点时间来倾听他们的心声，那么他们的愤怒就会化解很多，当然要是你真的需要他们合作但又没时间和机会倾听、支持他们的时候，他们也可能会爆发。

记住，只需要多花五分钟，但这五分钟是值得的。倾听孩子的心声永远比按时去某个地方更重要。他们在你倾听的时候会得到更多的激励，也能够使你拥有自己的时间。合作意味着你和孩

子都要付出。更多地理解孩子，他们就会更听话、更合作。

倾听和理解的两个条件

想让孩子明白你听到了或者理解了他的需要和愿望，必须满足两个条件：父母传达的信息要明确，而孩子也必须意识到他需要的是父母的倾听，而不仅仅是想要一块饼干。通过被限制（也就是"你现在不能吃饼干"），孩子感觉到了自己的愤怒，但还没有意识到自己被倾听的需要。

父母下一步要做的是平静而温和地接纳孩子生气或者失望的情绪。当父母接纳这种情绪时，孩子就会意识到自己的感觉。他们可能没有意识到自己会生气，但他们的确是生气了。

意识到自己的感觉后，就等于为孩子打开了另一扇门。这个时候，孩子就能够感觉到自己想要被倾听。当孩子感觉到自己的需要被理解并得到满足后，他就不会再抗争。孩子意识到了父母在倾听自己的心声。当父母准确说出孩子的需要时，他们就进一步肯定了这一点。

这一切很短暂，就在父母说这段话时："我知道你现在就想要一块饼干。你真的很生气，因为你想要一块饼干，而我不给你。"孩子的反应是"你说对了"。当他们感觉到对方是在倾听和理解时，他们可能会放弃反抗。

饼干的例子同时满足了两个条件——母亲表达了她的理解，且孩子也感觉到他的需要得到了理解和满足，所以效果不错。这个方法对敏感的孩子最有效，当然也同样适用于其他三种类型的孩子。敏感的孩子由于太需要理解，所以对他们花费的时间会长一些。

孩子越敏感，可能就越需要更深入地了解自己的感受。父母只需要记住下面这个简单的情感模式，就能帮助孩子了解他们更深层次的感觉。他们抗争的背后首先是生气，接着是伤心，最后是害怕。通过给孩子一个深入了解这些感受的机会，他们内心世界的大门就会对你敞开，他们就能感觉到自己真正的、最重要的需要得到了满足。孩子只有更深入地了解自己内心的感觉，才不会只是反抗，只想要饼干。

对敏感型的孩子，父母要引导他们说出自己的愤怒、伤感和恐惧，同时告诉孩子自己非常理解他们的感受。

对活跃型的孩子，父母也需要注意引导他们说出这几种主要的感觉，但更重要的是认可孩子在做或者想要做的事情。例如，你可以说："我知道你放下所有的事情不做，只想要一块饼干。但是我想等到饭后再给你，所以你真的很生气。"如果孩子是活跃型的，你只需要稍微详细地说一下具体发生的事情或者没有发生的事情，让孩子知道你想要他做什么，就可以了。

对于需要指导的反应型孩子，你可以这样和他们说："我知道你现在就想要一块饼干，而我不给你，所以你很生气。我们去那儿，给你把饼干包起来，晚饭后再吃。今晚我们要吃大马哈和土豆，看看这些土豆……"

对于接受型的孩子，可以告诉孩子事情发生的时间顺序。你可以这样说："我知道你现在就想要一块饼干。因为不想再等了，所以你很生气。但马上就要吃晚饭了，晚饭后就可以吃饼干了。我们先吃饭，然后再吃饼干。"接受型的孩子体会到生活的规律后，就会放弃反抗。

对于不同性情的孩子要用不同的表达方法，才能收到更好的成效。记住，每个孩子身上都有那么一点其他类型的性情，所以上面的每一种方法都会起作用。

严厉型养育

对于孩子的抵抗，父母通常有两种不同的应对方式：溺爱型和严厉型。严厉型的父母错误地以为："如果我允许孩子反抗，他们就会被宠坏。他们必须知道谁才是决定者。"尽管这种想法现在已经过时了，但有时的确是这样。要想拥有安全感，孩子要始终记住父母才是主导者。

尽管孩子可能喜欢什么事都按自己的方式来，但这对他们没有好处。孩子需要在没有负担的神奇的儿童世界里玩耍，太多的选择反而会让他们感到不安，引发一系列问题。孩子会失去天生的合作愿望，变得刁蛮、自私、贪婪、更加任性。俗话说："不打不成器。"我们可以换种说法："当孩子忘了谁说了算时，你就把他惯坏了。"我们需要告诉他们：你可以说"不"，但要记住爸爸和妈妈才是主导者。

对前人的智慧必须不断进行调整和更新。维护社会秩序，我们不再需要把通奸的人扔到城墙外，朝他们扔石头。同样，我们也不需要再打孩子，或者是不允许他们抗争。我们必须重新考虑严厉型的养育方法，然后做出调整，因为每一代人的需求是不同的。

严厉的方法可以让孩子明白谁才是主导者，但却抑制了孩子自然的反抗。尽管基于让孩子感到害怕和自责的方法在过去起到过作用，但现在可能已经行不通了。正如我们之前讨论过的那样，不需要用惩罚或者打骂的方式来让孩子合作。孩子一生下来就有合作的意愿，但如果不允许他们反抗，那么他们要么会变得软弱、顺从，也可能会试图通过叛逆追寻内心的自由。

惩罚可能会让孩子在短期内顺从，但最终他们还是会反抗。现在的孩子开始反叛的年龄越来越小。孩子的反叛不仅要花费父母更多的时间，而且父母和孩子都很痛苦，更糟糕的是这会阻碍孩子的健康发展。

某些专家说，青春期的孩子不愿意跟父母说话或者不再向父母寻求爱和帮助是正常的，这有好处。虽然青春期的孩子会发生一些变化，但这并不意味着孩子必须反叛父母或者不再向他们寻求支持。父母和十几岁的孩子之间有代沟很常见，但并不健康。

十几岁的孩子更需要同龄人的支持，但这并不代表着他们不再需要父母的爱与指引，也不意味着他们一定会反抗父母。这个年龄的确是他们发展自己个性的时候，但如果说发展个性就是要反叛，不愿意与父母合作，让父母高兴，不想遵从父母指导，也是不准确的。

如今，守规矩、听话、只会一味顺从的人，无法过上自己想要的生活。削弱孩子的意志并让他们盲目、怯懦地守规矩，对他们毫无益处。现在的孩子有潜力创造自己想要的生活，实现人生梦想，但这是后天习得的能力——创造力，必须加以培养。在遇到问题、阻碍时，有创造力的孩子或者成年人不会就此屈服，而是会努力寻找能让自己获得想要的东西，又能满足他人需要的途径。唤醒孩子的合作精神，也就唤醒了这种创造力。如果只是教育孩子顺从，就会剥夺孩子立于当今社会所必须具备的竞争优势。

人生的成功不是因为守规矩，而是来自于独立思考并倾听自己内心的愿望。这种天然的能力首先是通过加强孩子的合作愿望来培养的。顺从只会削弱他们内心的意志。这会封闭孩子的心灵和头脑，使他们无法发挥潜能创造想要的生活。当孩子知道自己可以说"不"，并记住父母才是主导者的时候，他们的思维和心智就会被打开，同时也会了解到自己的梦想和期待。

如果父母能够不用惩罚，平静地对待孩子的反抗，那么孩子就能够逐渐学会如何应对自己在生活中的困难。遇到别人不配合的情况时，他不会盲目地屈服或者强求对方屈服，而是会从容地去应对。

积极的养育能教会孩子用理解和出色的谈判心法来解决生活中的难题，知道倾听可以减少反抗的程度，增加对方的合作意愿度。父母怎么对待孩子，孩子就会学着用同样的方式去对待他人。当父母更多地倾听孩子时，孩子自然也就学会了如何倾听别人。

溺爱型养育

很多父母已经放弃了严厉型的管教方法。他们意识到倾听和理解的重要性，却疏忽了自己才是主导者。他们想通过倾听、安抚孩子，来化解孩子的反抗。他们虽然倾听了，但当孩子反抗他们的权威时却屈服了，只是为了让孩子高兴。他们不能容忍自己的孩子伤心难过，因此，他们不惜一切地取悦孩子。这种溺爱型的养育方法不仅不起作用，反而使得很多父母对积极养育的心法产生了怀疑。幸运的是，积极养育心法的效果立竿见影，不管是短期内，还是从长远来看效果都很不错。

溺爱孩子的父母有时候因为不知道怎么做才能平息孩子的怒气，所以就会去满足孩子的需求和愿望。他们不想采用自己小时候受到的严厉的教养方式，但又不知道其他有效的办法。于是在他们的纵容下，孩子开始认为发脾气和无理取闹是得到想要东西的最佳途径。

溺爱型的养育靠取悦和安抚孩子来避免和孩子对抗。每当孩子反抗时，父母显得不知所措。

溺爱型父母没有建立起自己作为主导者的权威，仅仅向孩子传达了"允许说'不'"的信息。

一些好心的专家告诉父母，为了避免孩子的反抗，要始终给孩子一个选择。尽管这多少会减少孩子的反抗，但这种方法给了孩子太多权力，而且削弱了父母作为主导者的权力，孩子往往也不会合作。

九岁之前，孩子不需要选择。太多选择只会迫使孩子过早成熟。直接问一个小孩子想要什么，反而会给他带来压力，同时也削弱了父母的控制力。

除非我们做好了准备，否则给孩子的权力和自由越多，他们会越感到不安。不到 9 岁的孩子还没有准备好接受这些。他们需要强大的父母，因为强大的父母知道对他们来说什么是最好的，同时又能够倾听他们的反对意见，理解他们的需求和愿望。而理解了孩子的需求和愿望之后，父母可以选择做出改变或者坚持原有立场。但不管怎么做，都是父母说了算。

这个概念和我们的法院制度有点像。一旦案子审理完毕，除非有新的证据，否则就不能重新开庭。与此类似，尽管孩子可以反抗，但并不意味着父母要改变自己的立场。如果父母倾听孩子后改变了想法，重新考虑该做什么是可以的。父母改变主意是因为对情况的重新了解使得他们改变了观点，而不是因为害怕孩子反抗。

溺爱型的父母不知道反抗是孩子的一个重要砝码。孩子需要试探父母的容忍限度，看看父母说的话算不算数。否则，他们会认为不听父母的也没什么。允许孩子反抗，我们就可以试探加在他们身上的限制是否过重，同样他们也需要强有力的父母去倾听他们，然后为他们做决定。

奉行积极教育的父母，会一直为孩子做决定。在孩子还没准备好独立自主之前，他们需要引导。没有主导者，孩子就会开始堕落。虽然溺爱型养育在短期内可以最大程度地减少孩子的反抗，但同时也会削弱孩子的合作意愿。严厉养育往往会导致女孩缺乏自信心，男孩缺乏同情心；溺爱养育的结果是，女孩容易缺乏自尊心，付出太多，而男孩会变得过度活跃、缺乏耐心和纪律。

积极养育的心法就是要倾听孩子的心声，然后决定怎样做才对他们最好，这并不是说父母不能改变想法。当孩子越来越清醒地意识到自己的需求时，他们往往能够说服你改变主意，从而变成一个出色的谈判者。

向孩子的感觉或期望屈服与自己主动改变想法之间是不同的。虽然父母是主导者，但也不能总是刻意坚持自己的要求和观点才是正确的。父母应该倾听孩子的反对意见，考虑孩子的感受和期望，然后再决定怎么做最好并一直坚持下去。

对于 9 岁及以上的孩子，可以直接问他们的感受、需要或者期望。孩子到了十二三岁时，就可以询问他们的想法了。青春期的孩子抽象思考能力开始发育，他们有能力自己做决定了。与孩子沟通时，要考虑到沟通方式是否适合他的年龄。

事实上，父母并不总是正确的，也并非始终知道什么是最好的。如果他们考虑并倾听了孩子的反对意见，就能更理解孩子的想法。如果父母了解了一些新的情况，并愿意改变观点，这不是很好吗？但父母不应该为了减少孩子的反抗而改变观点。以安抚来减少孩子的反抗只会带来更多的反抗。

学会延迟满足

无论是严厉型还是溺爱型的养育方法，孩子都没有机会体会和应对反抗。把反抗表达出来，不仅能使孩子明确自己应该受到的限制，而且还有助于孩子自我调整。学会接受时间和空间的界限与限制是人生的一项重要课题。触及生活中的限制，能教会孩子在不否定自己的前提下接纳这些限制。把反抗表达出来并在之后放弃反抗，能够使孩子获得延迟满足的能力。

很多研究表明，能够延迟满足的孩子的人生往往更加成功。其实，不需要研究就可以认识到这一点。看看周围的人，你就会发现——那些在实现目标的过程中坚持不懈、不屈不挠的人往往在最后获得了巨大的成功。他们不会因为没有立即得到自己想要的东西就承认失败。也不会因此放弃或者否认自己的需求和愿望，他们能够从挫折中很快振作起来，抖擞精神，重燃热情。

延迟满足的能力也是一种在没有得到想要的东西时，仍能获得快乐和保持心态平和的能力。当孩子能够反抗父母并在之后逐渐放弃反抗时，他们就学会了接受必须面对的事实。他们相信一切都会好起来，会更合作地面对一切。讽刺的是，正是表达反抗意见的能力使我们在生活中更加游刃有余。对现实的清醒认识使我们更清楚地看到什么可以改变。这不仅使我们更淡定，而且让我们拥有努力去改变可以改变的事情的勇气。

每个人天生就具有抗挫折的能力。当孩子因为想要得到某样东西的愿望没有得到满足时，他们就会反抗。父母可以认同并理解他们反抗背后的感觉，然后与孩子沟通，此时孩子会发现即使想要的东西没有得到也是可以接受的。

孩子需要约束。没有约束，就会感到焦虑。如果一直满足他们的需求，他们就永远不会满足。只有当感觉到自己的需要来之不易时，他们才能珍惜所拥有的。反抗可以让人们重新审视自己的需求，而不是执着于想要的东西。

当父母倾听孩子的反抗并帮助他们意识到自己的感觉、愿望和需求的时候，孩子就能更清楚地知道内心的需求，就不会被生活的种种所影响。

现在的大多数成年人之所以遭受着头痛、心痛、焦虑、背痛及其他病痛的折磨，是因为他们过度关注自己想要的，却忽略了自己真正需要的。

了解并满足孩子的真正需要

父母无法满足孩子的每一个需求，但父母可以满足孩子真正的需求。如果你不关心他们真正需要的是什么，孩子的反抗就会不断升级，你和孩子都会感到很痛苦。孩子之所以反抗是因为他们需要被关注、被倾听、被关心、被爱护。父母对孩子的关注和倾听越多，孩子对自己就越了解。当孩子不愿去上学、拒绝吃蔬菜或者拒绝你的要求时，这是一个清晰的信号：他们需要更多时间、关注、理解和引导。你的孩子需要你清楚并满足他们的需要。

很多时候，仅仅是倾听孩子的感受或反抗这个行为本身，就已经满足孩子的需要了。但如果一个孩子需要父母做出更多安排，那么倾听的作用只是暂时的。请看这个例子。

一位母亲叫她两个儿子（一个 6 岁，一个 9 岁）停止打架。母亲听了他们的想法，给予充分的理解之后，孩子暂时回到合作的状态。然而，如果母亲没有能够在 5 分钟或者 10 分钟内很好地引导这两个孩子去做点别的什么，他们还会再打起来。

孩子们除了需要感觉到被倾听之外，还需要父母为他们做出安排。从这个例子可以看出，光靠倾听是不够的。

如果你不能立刻满足孩子的需要，还可以采取一些激励孩子的心法来让孩子合作。在下一章中，我们将讨论如何激励孩子。

第 6 章

更有效激励孩子的心法

过去，父母主要靠惩罚来控制或激励孩子。当孩子做得不好或者不肯合作的时候，大多数父母就会出自本能地威胁孩子："你要是不听话，就会有麻烦。"或者"随便你怎么哭我都不会管你。"对于很小的孩子，如果他们不听话，我们可能会扬起手给他们一巴掌，或者用眼神告诉他们：不听话，就没有好果子吃哦。

这种方法表面上看起来有用，但对于唤醒孩子愿意合作和帮助父母的天性毫无用处。之前的章节也曾提到过，顺从和合作有着天大的差别。用惩罚来削弱孩子的意志不能从根本上解决问题，真正的合作需要孩子出于自愿。但要放弃惩罚又很难，因为这种方法在短期内很有效。惩罚虽然不好，但不惩罚，孩子就会被宠坏，会变得任性、刁蛮、难以管教。

有些专家建议让孩子"知道行为的后果"。例如，以拿走某样东西作为孩子做出不当行为的后果，这不叫做惩罚，而是叫做"后果"。这可以消除惩罚给孩子造成的羞耻感。传达给孩子的信息不再是"你很坏，所以应该受到惩罚"，而是更正面的信息"你犯了个错误，没关系，但现在你要明白这种行为所造成的后果"。尽管这种方法减轻了孩子的负罪感，但依然是建立在让他们害怕的基础之上。这种方法虽然比惩罚好得多，但它也无法唤醒孩子天生愿意合作的欲望。其实从某种意义上说这种方法更狡猾，是变相地说"你要受到惩罚"。

惩罚还有用吗？

我们过去五千多年的历史中，人们将惩罚作为控制和改造错误行为的主要方式——以牙还牙，为受害者伸张正义，让罪犯付出代价。在过去，复仇者会感到复仇的快感，但现在受害者并不会因此而感到满足，因为报复只是一种暂时的解脱。

我们的惩罚制度从实际操作的角度来说是不起作用的。在监狱里，一个犯人在监牢里每年要花费 25000 美元。假设一个 20 岁的人被判入狱二十五年，这个人最终将花掉 625 000 美元。这笔钱无法让他们赎罪。但如果将这笔钱用于预防犯罪，效果会好很多。

当前，我们的许多做法仍然是以这种惩罚为基础的。现在，如果你以"以牙还牙"为行事心法，那么这个世界上的每一个人最后都会受到伤害。哪怕我们还没有找到一个更好的办法，我们也得在心里默默承认这种方法的确过时了。

现在，尽管规矩依然重要，但惩罚已经没有以前那么重要了。相信随着观念的不断演化，在不远的未来，规矩也将变得不再重要。过去，人们还不能根据自己的心智判断什么是正确的，所以惩罚就显得尤为重要。在那个年代，"向上帝奉献,对邪恶惩罚"是激励人们做好事的唯一方法。

曾经我们用惩罚来唤醒感觉

不人道的惩罚方式会直接导致痛苦（切断一根手指、鞭答、用石头砸），而文明一些的惩罚方式则是剥夺钱财（罚款）或者剥夺自由（监禁）。在更人道的方式中，文明的惩罚会使人们承受失去的痛苦。为了不犯错误做个好人，很多人愿意倾其所有或牺牲自己的利益来信奉上帝。通过为上帝做出牺牲，感受失去的痛苦，来分辨是非曲直，知道该怎么做才是最好的。

尽管这看起来有点奇怪，但你可以回想一下自己的经历。我们通常会在遭受某种损失之后感觉到失去的痛苦，感觉到后悔，进而反思并修正自己做事的方式，从错误中吸取教训。痛苦的感觉会刺激我们做出改变，避免这样的痛苦再度发生。而且，通过更清楚地意识到自己的感觉，我们能够挖掘出潜能中更多的直觉和创造力。正确行事的能力来自于我们的感觉——不管是消极的（痛苦）还是积极的（愉悦）感觉，都能够帮助我们更好地适应生活。

在感觉的促使下，我们会反思并重新审视自己的行为。内心的质疑是自我纠正的基础。除非做出改变，否则我们会在狭隘而局限的思考方式中越陷越深。痛苦会刺激我们调整自己的做事方式，它是我们人生的伟大导师。痛苦使我们质疑并反思怎么做才是对自己及他人最好。

几千年前，人们根本不明白自己的感觉，那时他们需要用惩罚来唤醒自己的感觉，这样他们才能明辨是非。渐渐地，在被惩罚了这么多年后，仅仅是惩罚这个想法就足以唤醒我们的感觉了。

惩罚的积极作用

惩罚或者是失去所引起的痛苦能唤醒人们的感觉，同时可以增进人们对是非曲直的了解。在这个角度看，惩罚变成了可以在一定程度上唤醒人们内心的痛苦，促使人们改变思想和行为的方法。

基督教的修道士为了让自己更加圣洁，经常惩罚自己，这种做法甚至一直持续到 20 世纪。他们每天鞭打自己就是为了加深和上帝的联系。这种自我鞭答的做法可能非常极端，但却被广泛应用。与之相仿的各式各样的自我禁欲行为依然存在，为了心灵而放弃舒适和享受是很正常的。

如今这些做法已经不可取了。为了上帝而放弃个人生活的时代已经过去了。

现在，为了上帝，我们要生活得更充实。每个人都应该得到财富、成功、幸福、健康和关爱。我们没有必要为了信仰上帝而剥夺生活的快乐。我们必须找到其他方法来激励我们的孩子，让他们过得幸福充实。否则，他们还是会在犯错误以后用惩罚来折磨自己。

通过自然地去感觉损失，我们能更清楚地意识到是非曲直，从而做出改变。正如《圣经》所云，"更清楚地意识到对错"就是"更清楚地意识到上帝的意志"。

现在，我们不需要为了配合上帝的意志而惩罚自己或者孩子。我们天生就有判断是非曲直的能力，我们必须发展和培养这种能力。

如今的孩子有了新的需求。通过满足这些需求，我们可以唤起他们合作的能力，增强他们配合父母的动机。现在的孩子不需要旧式的惩罚，他们的潜能比我们想象的要大，他们需要的是一种全新的支持。

这种新能力的形成需要很长一段时间。耶稣在两千年前就向世人告知了这一点：

当你向上帝、自己或者是你周围的人敞开心扉，你就会明白上帝的意志；你的内心沉静下来时，你会听到一个无声的声音在与你交谈。向内看，你就找到了自己的天堂。

在很多宗教著述中经常被引用的"无声的声音"其实就是你敞开的心扉和思想、你的感觉。当父母能够满怀爱意来说话、行事时，孩子会察觉到父母和自己心里涌动的爱。这样，他们就受到来自爱的激励。

当父母以开放的心胸以及强有力的意志来养育孩子时，这一"无声的声音"就变为激励孩子的日常行为的动力，而不是只有圣人才能体会的经历。当我们向内"感觉"时，会发现天国就在我们身边。如果我们依照内心意愿生活，就能成功地把人间变成天堂。

两千年来，我们努力去理解如何去爱并获得我们需要的东西，最终我们做到了。现在可以运用爱的心法来抚育我们的孩子了。即使几千年前这些心法就存在了，其作用也不明显，甚至 50 年前也不是适用于每个人。只有当全球的观念都改变时，这些心法才能发挥作用。无论如何，这些基于畏惧的惩罚方法在现在已经不管用了。

实践证明惩罚已过时

在专制制度下，惩罚的威力非常大，大家对此感到恐惧，这是专制社会维持秩序和低犯罪率的手段。而在自由社会里，这已经行不通了。现在，我们没有建更多的学校，反而建立起了更多的监狱。但很多罪犯受到惩罚后不但没有改过自新，反而变得更加狡诈。很明显，过去那种用惩罚维持秩序的方式在一个崇尚个人自由、尊重人权的社会中已经行不通了。我们不能一边鼓吹人权，一边惩罚社会中的弱势群体。幸运的是，现在有些监狱不再只是注重惩罚，而是更加重视劳动改造的方法。

惩罚在自由社会中不起作用，同样也不适用于温馨的家庭。孩子感受到的呵护与关爱越多，对惩罚就会越发感到困惑。我们不能一边开启着他们的思想和心灵，使之具有开放的心胸和坚强的意志，一边又像对待动物那样对待他们。我们不能一边努力让他们对自己充满信心，而当他们犯了错误时又让他们讨厌自己。

让孩子敞开心扉，然后又惩罚他们，这比忽略他们的感受以及偶尔惩罚他们以保持控制更加有害。我们必须学会有别于惩罚的激励孩子的其他方法，只有这样才能让他们敞开心智，又能培养他们坚强的意志。

就连驯兽师也在学习用非惩罚的新方法来训练狗、马、老虎以及其他动物。在与他们的交谈中，我学到了比很多养育书籍中还要多的有关养育的知识。关于养育，有很多概念还不清晰，其中最具争议的就是惩罚。

所有人都觉得惩罚不可行、不人道，但却不知道其他更好的方法。溺爱型的养育显然行不通，所以很多人不愿意放弃惩罚。因为没有受到过惩罚的孩子通常不守规矩、不尊重同伴，甚至不尊重父母和老师。冥冥中我们都觉得一定还有其他更好的养育方法。幸运的是，我们的确可以有其他选择，而且，人们观念的更新已经为接受这些新方法做好了准备。

用奖励替代处罚

现在的孩子需要用奖励来激励。积极养育注重的是用正面的结果来激励孩子，而不是用消极行为的后果让孩子害怕。

可以引发孩子合作的最佳方法就是奖励。很多时候，正是外在的奖励或者对孩子的认可唤醒了孩子内心合作的愿望。每个孩子都希望能有时间与父母在一起。每个孩子都会在你提起点心的时候欢欣雀跃。每个孩子都爱自己的父母。每个孩子都渴望派对或者庆祝活动。所有的父母都会发现，当孩子能得到自己想要的东西时，他们是多么热情、友好且易于合作。

想得到"更多"或者对想得到更多的期待让孩子激动不已。这种对奖励的期待会给孩子以动力，使得孩子能够积极而专心地与父母合作。不论年龄大小，这种期待可以激励任何人进行合作。

一般而言，父母对于新观念的接受程度和速度比不上成功的企业。为了生存和发展，企业必须迅速适应变化，否则就会落后。例如，航空公司利用额外的补贴、奖励、航程里数、额外里数等来刺激人们搭乘其公司航班，而奖励优秀的员工则是很多企业成功的关键。

在商业社会，激励是一种习以为常的心法，但涉及养育，我们可能会觉得奖励孩子就是在贿赂孩子，有些人觉得这代表了父母的软弱，表明孩子才有决定权。抱有这种观念的人习惯用惩罚来让孩子守规矩，他们不知道其实惩罚也是一种反向的贿赂。

这些人很难听进去劝告，他们用理性来惩罚孩子，却背离了自己的内心。他们甚至会在打孩子的时候说"打在你身，痛在我心"。这是他们的心在说话，但他们的大脑却意识不到。他们爱孩子，却只能采取他们知道的最好的做法——惩罚。

数以千计的孩子没有受到惩罚或威胁，他们也成长得很好。他们的父母不惩罚他们，这些孩子也能成长为懂规矩、有教养的好孩子。然而，另一方面，有数以百万计的父母，他们在教育孩子方面采用溺爱或严厉的养育方法或者在两者之间摇摆，但却出现了明显的失败。

造成孩子行为偏差的两大因素

为了理解为什么奖励的方式可行，我们首先需要探讨孩子行为偏差的两大因素。第一个也是最重要的因素是，孩子们通过得到自己所需要的来保持与自己内心感觉的联系。要记住，对感觉麻木的孩子才需要通过惩罚来唤醒他们的感觉。而现在的孩子只需要你的理解、规划、引导和规律，他们就能逐渐与内心的感觉相连接。

孩子需求得不到满足时，就会脱离父母的约束，甚至造成行为失当。这都是因为失去了你的控制，而不是因为他们品行不好。只有孩子获得需要的东西了，才会重新回到你的管束下并与你合作。孩子就像一辆性能出色的好车，但如果你放开方向盘，很快就会撞车。父母一定要小心驾驶才能避免撞车。

第二个导致孩子行为偏差的因素是父母处理孩子犯错的方式。如果总是把焦点放在孩子的错误行为上，孩子就会不断犯错。惩罚往往会使孩子产生更多的消极行为。

为什么奖励更有效果

对于孩子值得奖励的行为给予鼓励，是指把焦点放在孩子正面的表现上。惩罚孩子就是把焦点放在孩子所犯的错误上，并会强化你固有的观念：他们有问题，需要你的改造。把重点放在孩子的错误上，他们的优点就无法表现出来。你关注哪种行为，哪种行为就会增多。当你惩罚孩子时，注意力就放在了孩子的负面行为上。父母甚至可能会说："我要惩罚你，让你永远记住。"与此相反的做法是抱着一种宽容的态度，明确告诉孩子犯错误没关系，忘掉不快继续向前走。对现在的孩子来说，最重要的是满足他们内心的需求，以能帮助他们成功的方式进行引导。

如果你奖励孩子的正面行为，他们的正面行为就会增加。专注于孩子的错误，不如"收集"孩子优秀的表现。只要孩子做得好，请不要吝啬你的鼓励，这是使孩子继续朝这个方向前进的一大动力。

给4-9岁的小孩子做一张表，写下孩子完成的家务事及良好的表现。让他们在睡觉前看一下这张表，在当天完成的那些家务事的旁边贴上小星星或明亮的小贴片。如果他们当天没有做任何家务或者正面的行为，那就让它空着，也不用太注意它。要用中立或淡然的态度对待这些空白，用热情、积极的态度对待良好成绩。每个星星可以代表一分，当积分累积到二十五分时，你应该给孩子一个特别的奖励，例如给孩子讲故事的时间增加一倍或者带他去打棒球。这会变成另一种特殊的记忆，孩子会感到自己被认可，自己很成功。

　　表格可以帮助父母记住并认可孩子的做对了的事情，即使是偶然做对的。大多数父母甚至没有意识到孩子做错事情时他们有多么唠叨。明白了这一点，也就能明白孩子为什么不听话了。如果孩子的周围整天充满负面的评价，那又怎能期待孩子的合作意愿会提高呢？

　　下面是33种常见的表达，可以帮助你更清楚地了解你的话所产生的影响。

负面评价

你没有把书收拾好。

你有问题。

你太吵了。

不要对你妹妹那么小气。

你的房间太乱了。

这是你第几次忘了穿外套？

你什么时候才能长大啊？

你把我的话当耳旁风。

不要去那边。

不要玩食物。

要是你是个男孩子就好了。

别做白日梦了，专心做你正在做的事。

别到处乱跑了。

你玩疯了。

你又不讲道理了。

你那样没人会喜欢你。

你又忘了说谢谢。

你老是忘记说"请"。

吃东西的时候把嘴巴闭起来。

我叫你做的事情你一件也没有做。

你看电视的时间太长了。

把音乐关小点声，这让我头疼。

不要再抱怨了。

你什么都做不好。

不要再忘记了。

慢一点，你走得太快了。

你太无趣了。

别傻了。

你太孩子气了。

我拿你没办法了。

不许你那么做。

那样做行不通。

都是你的错。

了解了这些负面的批评，可以让我们每次开口时能更谨慎。与其将精力花费在对孩子的负面批评上，不如引导孩子解决问题。如果不能说一些肯定的话或者用积极的方法引导他们，那就最好什么都不要说。不要只盯着孩子的毛病，想办法惩罚他们，下面是一些正面教导孩子的例子。

负面批评和正面教导

◎你根本没在听我说话。

• 请专心听我说。

◎真拿你没办法。

• 我想请你配合我。

◎看看你的衣服，怎么穿的呀？

• 穿那件新买的蓝色衬衫好吗？那件衣服配这条裤子很合适。

◎不许你那么做。

• 让我们看看还有没有其他办法做这件事。

◎别傻了。

• 让我们再详细地来一次。

◎慢一点，你太快了。

• 可否请你放慢一点？

◎你没有把书收好。

• 请把书收起来好吗？

◎吃晚饭的时候不要唱歌。

• 请不要在吃晚饭的时候唱歌。

◎不要再抱怨了。

- 我不想再说这件事了。

◎你又自私了。

- 我希望你记住要礼貌。

　　孩子犯了错误，我们当然要纠正，但是，与其将焦点放在他们的错误上，不如给孩子改正的机会。就算用肯定的态度来纠正孩子的错误也会起到反作用。我们更需要的是承认他们的正面行为，更多的正面评价才能抵消负面评价。孩子之所以经常不再听父母说话，常常是因为无法从父母的话中得到足够的肯定。

　　下面是 33 个例子，告诉你如何捕捉孩子的好行为并夸奖他们：

"收集"孩子的良好表现

你的书收拾得很好。

你房间里看上去很整洁，很干净。

你真是太聪明了。

你做得非常好。

谢谢你那么小声说话。

你完成得十分出色。

你帮了一个大忙。

一切都很顺利。

你很懂礼貌。

你是我的好帮手。

跟你玩真是太有趣了。

我爱你，我很高兴做你的妈妈（或爸爸）。

这球击得不错。

谢谢你安静地听我说话，没有打断我。

你的确是按我说的去做了，这样很好。

今晚你用餐具用得很好。

你很努力。

你做得很对。

你真是个好帮手。

这画画得真好，我很喜欢，你太棒了。

没关系，我知道你已经尽力了。

你真的记住了餐桌礼仪。

今晚你很听话。

我注意到你分享了你的玩具，真是个好孩子。

你可以自己穿衣服了。

你独立完成了那件事。

你请求帮助，过来找到了我，这很好。

你做了件非常棒的事。

你很合作，谢谢你。

你对动物很有爱心。

谢谢你的帮助，我知道我可以信任你了。

你今天看上去神采奕奕。

多肯定孩子的正面行为，他们就会从成功、正面的角度看自己。让孩子常保有良好的自我意识不仅可以激励孩子的合作意愿，而且让孩子更自信、更肯定自己。溺爱型的教育法通常赞同给孩子更多肯定性评价的观念。当这些被溺爱的孩子感觉到不安全、不自信的时候，有些专家就错误地认为肯定性的评价没效果。

肯定性的评价当然有作用。前面已经说过，溺爱型的方法之所以不起作用，是因为当孩子反抗父母的要求时，父母不敢和孩子正面交锋。溺爱型的父母害怕冲突，并习惯性地屈服于孩子的要求，以避免孩子发脾气。这样一来，孩子自然就会被宠坏了，这与肯定的评价无关。

奖励的神奇力量

积极的养育方法以各种不同的方式激发孩子合作的意愿：请求，而非命令；满足孩子的需要而不是"修理"他们；倾听孩子反抗的声音但不说教，不动怒。当这样做不起作用时，我们用奖励来激励孩子合作。如果父母只使用奖励的方法，也会起反作用。奖励能够激励孩子，但不能满足孩子所有的需求。不过当我们没有时间或机会满足孩子的需求时，奖励就特别有效。

下面是一些孩子因为没有得到所需要的东西而不合作的常见例子。

孩子为什么不肯合作？

- 孩子感到失望，需要倾听和理解的对象，而你没有时间听。
- 孩子感到很疲惫，需要休息一会儿；他们原有的生活节奏被打乱了。
- 孩子感到很饿，需要吃东西。
- 孩子感到不知道接下来会发生什么事，需要更多的时间来准备。

- 孩子感到还没有对你所期待的事情做好准备，而且不知道如何去做。

- 孩子受到太多的电视节目、太长时间的购物、太多的人、太多的玩乐、太多的甜点或者太多的活动刺激。

- 孩子有烦心事，他们需要交谈或者帮助。他们可能耳朵疼，或者那天被人欺负了。

有时候，一些无法控制的外界因素和压力会使孩子烦躁不安，他们会产生抵触情绪。例如，在杂货店或者在飞机上，很多人对孩子的哭声很厌烦，这时候你的孩子肯定会受到极大的影响。

在家里有父母的安抚，孩子没机会发脾气，一旦到了在公共场合或充满压力的情况下，如果父母不能及时安抚他们，他们可能就会变得失控。

孩子反叛的理由当然不止以上所列，但基本上都是因为他们的需求没有得到满足。我们不是生活在一个完美的世界里，作为父母，我们也不完美。不管我们知道多少，给予多少，我们都无法永远满足孩子的需要。而当父母没有时间给予孩子足够的注意力、了解、引导或者他们需要的规律时，孩子反抗父母的情况即可能会出现。

我们不能错误地认为孩子不想合作，而要认识到他们缺乏合作所需要的东西。就像车子因为没有油而不能继续运作，我们不该认为是车子坏了。当孩子反抗的时候，他们只是当时不想合作；他们没有得到自己所需要的来重新燃起内心想要合作的欲望。奖励孩子的目的就在于给他们一点燃料，燃起他们合作的意识。

在孩子不肯合作的时候，不要试图用惩罚或者责打等威胁让他们顺从，我们可以用奖励的方式重新让他们合作。

理解型的奖励

想象一下，当你被要求加班时，你肯定会觉得很不情愿。然后，当你被告知加班每小时可以获得两倍的薪水时，你立刻就愿意合作了。正如更多加班费会激励你一样，奖励对孩子也同样非常有效。让我们看下面的例子。

当孩子不肯刷牙时，你可以说："如果你现在去刷牙，那么我们今晚可以多讲一些故事。"

我记得那时，我刚开始尝试以奖励的方式鼓励我的孩子。我的小女儿睡觉前总是不肯刷牙。什么办法都没用。后来，我参加了一个亲子的工作坊，课上建议用奖励的方法，于是我在孩子睡觉前，告诉她要是她去刷牙，我们就有更多的时间讲故事了。没想到她立即就去刷牙了，一点脾气也没发。我大为惊讶。这段小插曲让我的教育方式有了180度的转变。

给孩子一些小奖励，父母的养育工作就变得非常轻松了。很多情况下，一个奖励就可以让孩子的反抗烟消云散。偶尔奖励一下孩子，他就重新感到了让父母高兴的自然愿望，变得更加合作了。然而，有些父母担心这样的奖励会让孩子得寸进尺，生怕孩子以后会要求用奖励来换取合作。幸运的是，这种情况并未发生。当与积极养育的其他心法一起使用时，奖励确实唤醒并加强了孩子在没有奖励的情况下也乐意合作的意愿。一旦孩子能够被奖励激励着去做某件事情，并自发重复这种行为，奖励便不再是引发孩子合作的唯一诱因了。

当孩子处于控制之中的时候，他们不需要奖励。只有在孩子脱离了控制或者是反抗时奖励才会起作用。一旦某种行为形成了习惯，孩子就不再需要奖励来继续这种行为了。睡觉前讲 3 个故事的奖励不会使孩子在其他时候为了合作而要求奖励。

之前我一直拒绝给孩子奖励，因为我觉得那是一种贿赂。当发现它的效果那么好之后，我就开始思考它的优点，并重新思考我为什么会反抗奖励。当我的一个孩子反抗我的指导时，我内心的反应是吓唬吓唬她，因为我的父亲就是这么养育我的，同样在受到挫折的时候，我的反应也是吓唬孩子。当我发现了更好的管教方法之后，就放弃了用惩罚来威胁。

现在我面临的挑战是寻找适当的奖励方法。奖励必须与要求孩子需要修正的行为有相关性。理想的情况是，奖励是合作的自然结果。如果孩子马上去刷牙，那么睡觉前确实有更多时间可以读故事。但如果要让不肯穿上外套去上学的孩子点头，而他所得到的奖励只是这样可以避免上学迟到，对孩子而言就不具备吸引力了。你可以说："如果你现在穿上外套，到学校后我就有时间看看你的画了。"有一个奖励在任何时候都有效果，无须你费心。那就是时间的奖励，你可以说："如果你现在听我的话，我们就可以有更多的时间一起做点儿特别的事情了。"

任何时候，只要孩子合作，你们就会有更多的时间一起做他们真正喜欢的事情。所以让孩子知道这个简单的道理，他们很快就会按照你的话去做。你可以用更有吸引力的方式告诉孩子，这样可以让奖励更加有效。

根据孩子的性情进行奖励

接着，我们要探讨如何依据孩子的性情把同样的奖励用不同的方法表达出来。奖励敏感型的孩子时，要把描述重点放在奖励听起来的感觉上。例如："如果你愿意的话，待会儿我们可以一起到花园里给妈妈摘些花儿。我们还可以把将它编成一个大花环。"

对活跃型的孩子，要更注重行动细节的描述："如果你现在听我的话，那么待会儿我们就有更多的时间做点儿特别的事情。我们可以到外面的花园里去玩，给妈妈摘一束花。我们还可以拿梯子，爬到树上摘盛开的花。"

对于反应型的孩子，要更注重感官细节，你最好能讲一个故事，例如："如果你愿意的话，那么待会儿我们就有更多的时间做点儿特别的事情。我们可以到外面的花园里给妈妈摘些漂亮的花儿。我们可以用红色、白色和黄色的花儿做一个花束。我想我们会看到很多蝴蝶。当妈妈看到我们为她新摘的花儿时，她一定会很高兴的。"

面对接受型的孩子，要更加注意事情的节奏和对时间的把握。例如，你可以这么说："如果你愿意的话，那么待会儿我们就有更多的时间做点儿特别的事情。放学回家后，我们可以到花园里给妈妈摘些花儿。现在，我需要你的帮忙，之后我们就有更多的时间到花园里摘花儿了。"

针对孩子不同的性情，用不同的方式说出奖励会增加奖励的效果，提升他们合作的意愿。而你只不过是传达出这样一个简单的信息：如果你现在与我合作，等一会儿我会有更多的时间陪你一起玩儿。

运用奖励的实例

下面是一些奖励的例子。花几分钟时间思考一下，用哪种方式对孩子说出这些奖励效果最好。要考虑孩子的性情。另外，还要考虑一下什么时候用哪种奖励会更有效。

如果你现在就收拾好你的玩具，我就有时间跟你玩牌了。

如果现在你帮我一起收拾好玩具，我就有时间跟你玩游戏了。

如果我们现在把房间收拾干净，我们就可以做手工了。

如果你今晚选好明天上学的衣服，明天早餐我们就有时间吃巧克力饼干了。

如果你现在准备好出发，我们就可以早一点儿回来了。

如果你现在穿好衣服，一放学我们就去好好吃一顿。

如果你现在保持安静，我们就可以一起去遛狗了。

如果你现在上车，待会儿我就跟你一起玩传接球。

如果你现在听我的话，待会儿我会为你做件特别的事情。

如果你现在做家庭作业，待会儿我们可以吃点儿茶点，聊聊天。

如果你把盘子里的菜吃完，我们今晚就可以吃点儿点心了。

如果你现在来吃晚饭，晚饭后我们可以一起唱歌。

如果你现在过来，待会儿你可以玩你的游戏。

当你的孩子反抗时，别为了惩罚他而把东西拿走，可以给他们点奖励，这样他们就会重新感觉到想要合作的心愿。不要用痛苦来阻止他们，观察什么是孩子最喜欢、最感兴趣的，然后适时地鼓励他们。

常备一些奖品

要让奖励有效，父母必须熟知什么可以引起孩子的兴趣。一旦你发现了能激励孩子的东西，就要记在心里，便于随时可以使用。对某个孩子来说，你每次可能只需要讲一句："如果你现在听我的话，我就有时间给你讲更多故事了。""如果你现在听我的话，我们就可以一起到厨房做蛋糕。"另一些孩子可能需要多种多样的鼓励。奖励的秘诀在于留心孩子的真正需求，来达到最好的奖励效果。

如果孩子确实喜欢听故事，你可以控制一下讲故事的量。当然，不是不讲，只是不要讲得太多。这样，讲故事才能成为更有效的奖励。让我们再看一个例子。当一个孩子说："我们星期天去公园好吗？"你说："好主意。如果我们有时间当然会去。"如果他们在另一个时间反抗你，你就可以说："如果你现在听话，我才会有更多的时间带你去公园。"虽然你早已计划带他们去公园玩了，但现在你可以把它作为奖励品。

从某种意义上来说，当孩子反叛时，你可以把原本想要惩罚他而准备拿走的某样东西作为奖励。如果父母原本想让孩子听话，把不带孩子去散步作为惩罚，那么也可以把散步作为激励孩子的方式。不要说类似于这样的威胁的话："如果你再不把这些玩具收起来，就不许你再玩儿了。"而换成说："如果你把这些玩具收起来，等一会我就陪你一起玩儿。"花更多时间跟孩子在一起就是最好、最容易的奖励。

从根本上来说，奖励需要一定的逻辑性、相关性和合理性。奖励的逻辑性是："如果你为我做这件事，那么我就可以为你做些其他的事情。"你为我做一些事情，我会为你做更多事情，这是符合逻辑的。奖励的相关性是："该回家吃晚饭了。我知道你想玩儿，但是该离开了。如果你现在回家，那么我们就能很快再回来玩儿。"这个奖励和你希望他们停止的活动就联系在了一起。奖励的合理性是指要根据孩子的反抗程度来给予。挑战越大，给予的奖励就应该越多。

有准备的父母总是会常备一些奖励，在孩子反抗的时候就拿出来。下面是一些奖励孩子常见例子。你可以考虑一下哪种奖励最适合自己的孩子。

奖励清单

我们一会儿有更多时间做一些特别的事情。

你以后可以骑自行车。

我们可以摘些花儿来布置餐桌。

我们可以一起遛狗。

我们可以一起喝一杯热巧克力。

我们可以一起享受下午茶。

我们可以一起打篮球。

我们可以投会儿篮。

我们可以烤饼干。

我们可以在睡觉前读三个故事。

我们可以去好好吃一顿。

我们可以吃点心。

我们可以去游泳。

我们可以唱歌。

你可以叫一个朋友过来玩。

我们可以一起开车去兜兜风。

我们可以一起去逛街。

我们可以爬会儿树。

我们可以去荡秋千。

我们可以去公园玩。

我们可以做手工。

我们可以画画。

我们可以一起去散步。

我们可以玩牌。

我们可以拥抱。

我们可以看录像带或者表演。

提示时间也是一种有效的激励方式。特别是对于接受型的孩子而言，他们需要多一点的时间来做出改变。聪明的父母永远为未来计划，协助孩子准备好应对将来的改变。不要说："穿上你的夹克。"可以说："还有五分钟我们就要出发去学校了。我希望你到时候穿上夹克。如果你穿上夹克，我们就能一路开心地去学校了。"

晚上陪孩子睡觉时，如果他不希望你离开，你可以说："好吧，五分钟之内我就会离开。如果你听话，安静下来，那么我就陪你五分钟。如果你一直说个不停，我现在就离开。"尽管"现在就离开"听起来像威胁，但没有关系，因为很显然，你已经给了他们一个正面的奖励——你会多陪他们五分钟，如果他们安静地躺着。

如果你希望孩子们五分钟后开始整理房间然后吃晚饭，你要事先发出提醒。你可以说："你们可以再玩五分钟，然后就要收拾一下，过来吃饭。"五分钟后，当你再次要求时，他们就会更加合作了。

在没有其他方法可行时，奖励可以发挥最大的效果，这就是奖励神奇的所在。没有这种清晰的认识和心法，积极养育就很难成功。如果你不会通过奖励激励孩子，那就只能靠惩罚来威胁孩子了。

重复的奖励

提前奖励可以缓解孩子的一再反抗。在一次长途飞行中，我费了很大的劲儿让女儿劳伦合作。从那次以后，我们都会提前为她准备好奖励，这轻松解决了问题。劳伦非常喜欢巧克力糖果条，我们许诺如果她在整个航程中都很乖，我们就奖励她巧克力糖果条。从去机场的路上到飞机起飞，她都很合作，于是她得到了最喜欢吃的巧克力糖果条的 1/4。旅程到一半的时候，她得到了第二个 1/4。飞机降落的时候，她得到了第三个 1/4，到达目的地的时候，她拿到了最后的 1/4。

这个奖励计划每次效果都非常好。出发前，我们会把整个巧克力糖果条给她看。每当我们向她解释在旅程的每个阶段她能得到多少时，她的眼睛都睁得大大的。尽管她在飞机上忙着玩儿一些东西，但她一次也没忘记要自己应得的那一份糖果条。这件事给她留下了深刻的印象，促使她一直与我们合作。除了奖励之外，我们还很明智地为她安排了一些活动，让她在旅途中有事可做。期待一个小孩子在 5 个小时的飞行中只是开开心心地坐在那儿可不现实的。

除了一定的逻辑性或者相关性，奖励还应该具有合理性。如果你让一个孩子做一件他不喜欢做的事情，奖励就得丰厚一点。例如，如果你的孩子不喜欢你的客人，你可以这么跟他说："我知道你不喜欢他们，但他们是我的朋友。如果你能友好礼貌地对他们，下个周末我就带你去动物园玩儿。"

在这个例子中，你要给孩子丰厚的奖励，因为这件事对他来说很难。

当孩子意识到如果我们让他们做的事很难时，我们会相应给他们更多的奖励，孩子就会更加愿意合作。一旦发现了孩子一再反抗，我们就应提前做好准备，下次给孩子一个大大的奖励。

如何奖励十几岁的孩子

奖励需要考虑年龄的因素。对青少年而言，以给予更多的时间作为鼓励，可能已经不太合适了，他们有了新的需要。他们需要钱和帮助。一旦这么大的孩子开始挣钱和花钱，金钱对他们来说就是吸引力十足的奖励。从理想情况来说，奖励孩子钱的时候金额最好不要太大，如果谨慎使用，也会产生很好的效果。

如果一个十几岁的孩子不肯做某件事，你可以给他两倍的零钱或者薪水。父母也可以开车送他们去某个地方，或者协助他们做一件家务事。

有些父母认为，以金钱奖励孩子在功课上的努力有着显著的效果。不过并不是所有的孩子都需要这种奖励。考了好分数也许可以奖励孩子一些钱或者给他们些特权，比如更多的自由。例如，如果孩子考了好分数，这说明他很有责任感，因此更信任他，可以允许他在外面待得晚一点再回家。

如何在公共场合应付孩子吵闹

如果你的孩子在公共场合发脾气，而你又无法当场满足孩子的需要，这时孩子最喜欢吃的巧克力糖果条就可以派上用场了。也许你没办法倾听他们的感受，但你可以给他们一个奖励，换取他们的合作，快速地圆场。如果你手头没有孩子想要的东西，也不要马上拒绝孩子，看看孩子需要什么，尽可能满足他们的需求。尽管这像是溺爱孩子，但只是偶尔为之，没有太大关系。这也是在提醒你，在家的时候要对孩子管严点，不要太迁就。

下一次，要告诉孩子在杂货店收银台等候要很长时间，让他做好心理准备。然后告诉他你也不喜欢排长队。接着你就可以和他谈判："如果你在杂货店听妈妈的话，我们就有时间回家给你做一碗你最爱吃的麦片粥。"在商店里买一盒孩子爱吃的麦片，让孩子相信他的奖励一定会兑现。在购物的过程中，也要鼓励孩子他表现得很好，很快就可以回家吃一碗他最喜欢的麦片粥了。

奖励就像甜点

在奖励孩子的时候，他合作的愿望就会被唤醒。奖励或者额外报酬就像甜点一样。如果你所吃的全是点心，就不能从正餐中获得所需要的各种营养。我们之所以在餐后才吃点心，主要是因为光吃点心，你就不想再吃对你的健康有好处的其他食物了。同样，只靠奖励激励孩子，那他合作的愿望就会慢慢消失。

当一个人只为奖励而工作时，他就会错失一些东西。这些人工作只是为了得到想要的，却忘了自己内心想要服务他人的愿望。他们不在乎是否要将工作做好，他们只在乎是否能得到想要的东西。显然这是极不健康的想法。

相反地，如果你的家庭需要你的收入来维持生计，你却把工作当成一种服务而不想得到应有的报酬，这也是不健康的。成功的人既想着自己，也想着他人。他们既想出类拔萃，也要得到自己需要、想要的东西。恰当地对孩子进行奖励能够帮助他们将来更加成功。

重要的是，要让孩子明白，生活就是一个有取有舍、有失有得的过程。有付出就会有收获。要想有更多收获就必须付出更多。你每次要求孩子付出多一点的时候，就要保证给他们的也要多一点，这样他们就学到了生活中很重要的一课。如此，他们也会明白如何为了将来更大的收获而放弃眼前暂时的满足。

从自然后果中学习

很多父母总是误以为不肯合作的孩子就是坏孩子，好孩子应该会自动合作。其实孩子不合作并不是因为他们坏，只是需求没有得到满足罢了。在孩子反抗的时候，父母可以满足孩子的需要，或者用奖励来激励他们合作。

有些父母错误地认为当孩子反抗时，就让孩子尝尝他们为所欲为所带来的苦果，这样他们自然就会吸取教训。例如，如果孩子不肯穿外套，那就让他不穿外套到寒冷的外面去，让他挨冻。这样，他就会吸取教训了。这种想法是不正确的，只能让孩子觉得父母的指导不可信。

就在我写这一段的时候，我妻子走了进来。她说我们的女儿劳伦非常用功地按时完成了一篇有关计算机的作业，但是却把作业忘在了家里的电脑里。我和妻子邦妮准备把这篇论文给她送到学校去，以免她因为迟交作业而被扣分数。

有些父母可能会说，不要给她送过去，应该让她从忘记带作业这件事中吸取教训。可是为什么不让她从自己获得的东西中学习呢？为什么不让她知道父母关心她，会尽全力帮助她呢？如果你的伴侣忘了什么东西，你会尽全力去帮助她，难道不是吗？我们的孩子也需要这样的支持啊。知道会从家人那里得到支持，要远比从努力按时完成了作业却丢了分数中得到教训重要得多。

支持"自然后果"的人会说这正是使她知道忘了东西的严重后果的恰当时机，这样以后她就记住了。确实，以后她会害怕忘记什么东西，但恐惧真的不是最好的激励手段。你可以无须害怕就记着带东西。积极的养育不需要用害怕来让孩子记住。成功的经验同样能让孩子知道以后要小心谨慎。

我们越害怕犯错误，就会越容易犯错。我们都曾有过这样的体验，我们越害怕的事情就越有可能发生。例如，当我戴一条新领带时我一直在想我的领带多漂亮啊，那么身边自然就会有很多人注意到它，并称赞它；如果我很紧张，害怕食物弄到上面，然而结果往往就是如此。害怕犯错误的感觉，不仅会在生活中带来不必要的焦虑，也会使我们犯更多的错误。

了解行为的正面结果是更好的激励方式，没有必要让孩子在意识到后果的时候感到害怕。把"自然后果"留给自然吧，不要扮演上帝。父母应该尽力支持孩子。如果你不能给他们特别的支持，那就算了；但如果你能，那就尽力去做。

当然这又会引发一个难题：我是不是为孩子牺牲太多了？当父母牺牲了自己的太多需求时，那就是给予太多了，容易让孩子变得过分苛求。

不过这很容易得到纠正。如果孩子不断提很多很多要求，或者他们的要求让你感到很过分，那么这个时候，你就不能付出那么多了。这种调整是正常的，也是必要的。

对奖励的担忧

有时候，父母会担心奖励孩子是否会让他们失去合作的自主性。一直奖励孩子，会不会以后每次要求孩子做某件事情的时候，孩子都会说："我这么做有什么好处？"其实发生这种噩梦的可能性不大，除非孩子的其他需要也没有得到满足。

你要求孩子合作的时候，虽然他们大多数的反应都会是"我可以得到什么奖励"，但只要他们得到了自己需要的东西，就不会再提更多要求了。孩子之所以合作是因为他们天生就有以合作换取所需及被爱的需求。当孩子意识到了自己的需求并相信他们能得到所需的支持时，他们会心甘情愿地合作。

只要孩子内心的需要得到了基本的满足，他们就不会执着于得到想要的外在的东西。当他们意识到需要父母的爱的支持时，他们就会更加体谅，更加合作。而不会想要这要那，也不会只想着"我有什么好处"。通常来说，只有在孩子感觉不到内心真正的需要时，才会想要得到更多外在的东西。

当孩子没有立刻得到他们需要的东西时，才需要奖励。答应给他们奖励意味着他们会得到更多，这样他们愿意合作的天性才会回来。协商与奖励不是屈服，也不是孩子要什么就给什么，事实上正好相反：奖励是让孩子服从你的意愿，其回报是以后会得到更多。通过这种方式，可以教孩子学会延迟满足。

当奖励没办法奏效时，父母就应该维护自己作为主导者的领导地位了。当什么事都偏向以孩子为中心，他想要什么就得给他什么时，父母一定要重新夺回主导权。在接下来的两章里，我们将讨论如何做到这一点。

第 7 章

维护父母主导地位的心法

父母拥有的最大权力就是教育孩子。而孩子也天生希望让父母高兴并与父母合作。认识到这点，父母就可以放弃让孩子感到害怕和自责的过时的教育方法了。如果父母不懂得如何使用这种力量，就会对孩子失去控制，而反遭孩子的掌控。

孩子想让父母高兴，但同时也有自己的需求。当父母给孩子机会让他感觉并表达自己的需求，同时明确知道父母希望他们怎么做时，孩子就会合作，服从父母的意愿。

如果父母采用恐吓威胁的方式让孩子屈服，只不过是削弱了孩子的合作意愿罢了。面对父母的怒气、沮丧和失望，孩子可能会顺从父母，但如此不仅阻碍了他们自我的发展，而且他们长大后往往会成为讨好别人的人。他们没有健康的自我意识，愿意过分付出。

学会如何命令孩子

在使用命令之前，我们可用之前探讨过的激励孩子的那些心法。第一步是请求孩子合作，不要强求。如果孩子拒绝了你的要求，第二步就是开始倾听和理解他们。如果倾听还不起作用，就用奖励来激励他们，这是第三步。如果奖励也没效果，可以运用第四步——维护你的主导权并命令他们做事。当前三个步骤制服不了你的孩子，无法让他们合作时，你就必须像将军命令军队般下达命令。

命令就是直接告诉孩子你想要他干什么。你可以用一种坚决而平静的语气说："收拾好你的衣服。"或者"准备去上床睡觉"，或者"别在那儿说话了，去睡觉"。

当你用命令的语气说话时，就必须保持强硬的态度。说话时带情绪，给出理由或解释，争论、责备、威胁只会削弱你天然的权威。这时你生气或想说服孩子，只会让他们觉得你对自己作为将军、主导者或父母的角色没有信心。如果孩子经过前面激励他们合作的三个步骤后仍拒绝合作，那就必须让孩子清楚地知道谁才是真正的主导者。

很多父母省略前三个步骤直接命令孩子，这样效果不会太好。过去，孩子会顺从于父母的命令，但现在的孩子还需要你的理解和倾听。

让孩子从以前的经验中了解到你在命令的时候不会让步，所有的谈判都结束了。如果孩子仍然反抗，为了巩固你的掌控权，你可以倾听孩子反对的声音，但命令无须改变。有效的维护父母权威的心法就是自信地重复你的命令，孩子很快就会让步。如果孩子继续反抗，你就要继续坚持，不带情绪，不必解释，你就会取得最终的胜利。

命令时，不要带着情绪

如果父母大叫大嚷、大发脾气、表情沮丧或者威胁要惩罚孩子，就自动放弃了命令的力量。

不良的情绪会把你的命令变成强求，你的正面形象也岌岌可危。或许孩子会合作，但却无法激发他心中天生愿意合作的意愿。

如果你不带情绪，命令的威力就会增加。记住这一点，有助于你保持冷静。当孩子拒绝合作时，不是父母分享或流露感情的时候，而是应该倾听孩子声音的时候。这时候，如果父母做出情绪化的反应，只会得到反效果。积极的养育不是以害怕为基础的，所以威吓毫无益处。

一些"有效的养育培训课程"也鼓励父母通过多和孩子交流自己感受的方式来激励孩子。即使是非常平和地交流感受，也会让父母和孩子处于平等地位，这也会慢慢地降低父母作为主导者的地位。尽管意图是好的，但最好还是让孩子自由地表达他们自己的感觉，而不是让我们的感觉成为他们的负担或者操纵他们的工具。

在孩子不肯合作时，父母不应该先表达自己的感受，而是要倾听孩子的感受。父母把自己的愤怒、沮丧或者失望告诉孩子，只会适得其反。当孩子反抗时，需要确认并且认可他们的感觉以及他们想要什么。让孩子诉说并许诺奖励后，父母就该动用自己作为主导者的力量来命令孩子了。孩子的反对意见得到了倾听，他们也更愿意接受父母的命令。

允许孩子犯错误

当然，父母肯定有在情绪失控的状况下大发雷霆地命令孩子的时候。正如同在运用其他积极养育的方法时，你不必做得非常完美。如果你忘了克制自己或者情绪失控而犯了错误时，最好事后道歉。

这很重要，你可以这样对孩子说："我为刚刚对你大声吼叫道歉。我不应该冲你吼，吼叫不是沟通的好办法，我错了。"

也可以这样道歉："我为刚刚向你发脾气道歉。我需要你的合作，但不是故意冲你发火的。我发脾气是因为心里还有其他的事情在烦，不是因为你我才生那么大的气。"

不要对孩子表达出你的消极情绪

每当父母表现出负面情绪时，孩子都会觉得自己没有达到父母的期望或者某个方面做得不够好。他们会觉得没有让父母高兴，自己很失败。这种挫败感最终会使孩子失去坦诚回应的愿望。如果父母事后对孩子道歉，将可避免孩子产生这样的挫败感。当我们做的事情让孩子误以为自己很差时，就很难培养他们的优点。

事实上，与人交流自己的情绪有助于减轻来自负面感受的压力。但是，为了让自己心情愉悦而向孩子倾诉是不合适的。需要孩子合作可以，但把他们当做医生或者好朋友就不对了。孩子自

己还在学习如何应对自己的感觉，又如何能了解父母的情绪呢？

成年人需要到另一个成年人那里寻求支持，而不是从孩子的身上找寻。

父母负面情绪的表露，只会给孩子感情受到操控的感觉。他们不但不会听话，而且也不愿再倾听自己的感觉。

在控制和压抑下成长起来的孩子，到十几岁时会特别叛逆。儿时他们有多顺从，长大就会有多叛逆。而具有合作精神的孩子可以自由地游离于父母与寻找自我之中，而无须放弃或拒绝父母的支持。

吼叫是没用的

显然，吼叫是最糟糕的交流方式之一。人们吼叫时，只不过是无效地传达没人想听的声音，以致必须不断提高嗓门。对儿童或者十几岁的孩子吼叫只会传达出这样的信息："你没有在听。"结果，他们真的就不听了，甚至会转过身去不再理你。

以吼叫的方式下命令是最大的错误，这意味着孩子不愿听你指挥。吼叫是最软弱的命令方式，它会削弱你作为主导者的地位。只有当孩子清楚地、反复地听到一个命令时，他们才会不再反抗，听父母的话。

当你吼叫的时候，你就不再是下达命令，而是强求了。它隐含了这样的威胁："你最好听着，否则……！"这表示你在强求他们顺从。虽然以惩罚为基础的要求在过去数百年来一直有效，但在今天这样的自由社会里已不再可行。如果你希望孩子拥有追求自己梦想的自由，那最好先让他们拥有与你合作的自由。不能强求，要命令。

肯定性命令

虽然我们总是想给孩子清楚、肯定的命令，但从我们口中说出的往往是负面的。如果确实如此，一定要在否定性的要求或者命令后面加上一句肯定性的命令。下面是一些否定性的请求、命令以及相应的肯定性命令的例子。尽管否定性命令比否定性的要求相比效果更好，但父母最好还是用肯定性命令要求孩子。例如：

否定性要求

否定性命令

肯定性命令

◎不要打妹妹。

▲我要你别再打你妹妹。

· 我要你对妹妹友好。

◎不要说话了。

▲我要你别再说话了。

· 我要你现在安静。

◎不要再无所事事，收拾一下你的房间。

▲我要你别再乱晃了，收拾一下你的房间。

· 我要你马上去收拾你的房间。

◎不要那样说话。

▲我不要你那样说话。

· 我要你尊重别人，说些好听的话。

◎穿上你的外套。

▲我要你停止和我争吵。

· 我要你配合，穿上外套。

◎你最好听我说，否则……

▲我要你不要再玩牌了，去刷牙。

· 我要你现在就去刷牙。

如果你已经习惯了以要求或否定性命令开始，别忘了随后加一句肯定的话。例如，你可以说："我不喜欢你打妹妹。我要你善待他。"如果孩子继续反抗，就重复肯定性的命令。

下面看一些例子：

父母：把衣服收起来好吗？

孩子：哦，我不想收。太累了，我想明天再收。

父母：我知道你很累了，想明天再收。但我要你现在就收。

孩子：但我真的太累了。

父母：如果你现在把衣服收起来，那么我们就有时间讲 3 个故事了。

孩子：我无所谓，我只想上床睡觉。

父母：我要你现在就做。我要你现在起来把衣服收起来。没得商量。

孩子：你太狠了。

父母：现在我要你把衣服收起来。

孩子：我恨你。

父母：现在我要你把衣服收起来。

孩子：（起来把衣服收好）我简直不敢相信你会这么狠心。

当你看到孩子开始按照你的意愿去做时，你需要离开几分钟或者静静地看着他。然后再回来，向他表示感谢，并且清楚地让孩子知道，即使历经这番纷扰，他的合作仍然让你感到满意。

很多父母不得不重复命令时，不会对孩子的顺从表示感谢。这就像一些女人，丈夫在她的要求下做了某件事，她不会因此而感激丈夫，因为她觉得这是丈夫应该去做的。父母应该永远记住，孩子尽力了，无论花了多久时间孩子们才愿意走上正路，我们都必须给他们感动的回应。

在上面的例子中，父母可以在事后或者第二天早上在他们觉得有必要的时候对孩子说："我知道你非常累，感谢你的合作。"当你不责怪孩子的反抗时，孩子就不会怨恨你的命令，不会继续反抗。

有些父母担心，命令孩子是否将导致孩子与他们疏离。而事实上，孩子需要态度坚决但慈爱的父母。他们需要父母用命令激励他们。他们会抱怨，但很快又会像以前一样爱你。积极养育的五大心法之一是"允许孩子说'不'，但要始终记住爸爸妈妈才是主导者"。通过命令维护权威，父母才能重新掌控全局。

上面的例子，其实是双方意志的较量。如果你坚持重复你的命令，不讨论或争论，你就会赢。一旦你赢了几次，孩子就会变得更加合作。温和的父母经常担心这样似乎太不近人情，但这是必要的。这并不是因为不爱孩子，态度才如此强硬的，你只是在坚持你对孩子的要求。

命令但不必解释

除了发出命令时带有情绪之外，父母们常犯的另一个错误是试图解释自己的命令有多么正确。除非孩子是在平静的情绪下，想知道为什么要这么做而问你，你可以作答解释。但如果孩子是以充满挑衅的口气问你时，你大可告诉孩子："我们可以以后再谈，但现在我要你停止打你弟弟。我要你们俩友好相处。"

解释意味着放弃了你的命令。如果孩子能够理解对错、区分好坏，他们就不需要你或你的引导了。当你和一个理性的人处于同等地位时，解释才是有用的。一般而言，必须等到孩子 9 岁时才可与之理论。在孩子可以离家的 18 岁之前，他们与父母是不平等的，所以父母也无需试图给予孩子平等的地位。

孩子有判断是非的潜力，但只有通过配合父母的要求来行动，才能唤醒这种能力，而不是通过你的说教。当你让一个小男孩不要再打他弟弟，然后用"我要……"来命令他时，他会去做。如果他看见因为他的合作，使你脸上出现笑容时，你就知道了哪些行动是好的、正确的。

下命令时，父母必须避免试图为自己的命令找支撑的理由。一旦父母开始重复一个命令，谈判的时机就过去了。孩子在头三个步骤中有权质疑你的要求，和你协商，但一旦你开始命令，谈判就结束了。如果你跟孩子解释为什么命令他去做某件事，就会削弱你的权力。此时，最好的办法就是重复你的命令。孩子有权反抗，但你才是决策者。只要父母坚持执行命令，孩子总会听话的。

当你发出一个命令，孩子愿意遵从的唯一原因就是你要求他们这样做。如果你不允许他们反抗，那么就是在强求他们顺从。而每个孩子内心深处都深藏着让父母高兴并与父母（或主要看护人）进行合作的愿望。

孩子天生就准备好了遵从我们的命令，只是需要我们给他们机会。在孩子遵从你的观点之前，如果你倾听他们的请求和反对意见，他们就不会盲目地放弃自己的意愿来顺从你的意愿，而是遵循你的指导并让你高兴。

孩子不需要过多的解释，需要的是有力的领导。让孩子了解谁是主导者，要远比当孩子反叛时向孩子解释什么是对错重要得多。即使是能够推理并进行抽象思考的十几岁的孩子，在命令他们时，他们愿意合作也是因为你是父母，并且你期望他们那么做。

如何命令十几岁的孩子

我还记得我第一次体验到命令的威力时的情景。那还是我还没有孩子，正在为离异家庭的孩子举办的工作坊授课。这些孩子大多都很难管教，这也是他们的父母让他们来上课的原因。

其中最让我头疼的是年纪最长的 14 岁少年。有一次我让他到隔壁的房间里去反省。他不肯，说："你想怎样？"尽管当时我还不知道积极养育的心法，但我知道处罚是不可能奏效的。他一直瞪着我，我知道不管我说什么，他都会用一句"那又怎样"来回敬的。

经历了父母离异这个最大的痛苦，一次惩罚对他来说也没什么。他已经不在乎了，也习惯以敌对的态度对待身边的人和事。而且，他比我强壮得多。我不知道怎么办，只能注视着他的眼睛，用清晰、坚定的声音命令他："我要你一个人去房间里冷静 15 分钟。"我们进行了一番谈话：

他：如果我不呢？

我：我要你到隔壁教室去冷静 15 分钟。

他：你不能逼我。

我：我要你到隔壁教室去冷静 15 分钟。

他：你是胆小鬼，你不能逼我。

我：我要你到隔壁教室去冷静 15 分钟。

他：我就是不去，你能怎么样？

我：我要你到隔壁教室去冷静 15 分钟。

他做出一个厌恶的表情，到隔壁教室去了。

15 分钟后，我去隔壁教室友好地对他说："如果你想加入我们，很欢迎，但如果你还要单独待会儿，我当然也会理解。"

他默默地点头，好像要考虑一下。我离开了那个房间，过了一会儿他自己回到了教室，加入了班上的活动。这个宝贵的经验让我在应对自己孩子的反抗时，更加从容了。

你可以看到，如果我回应了他的话或者回答了任何问题，我的权威就会削弱。可见，每个孩子都需要父母的指导和权威，直到他们成年之后离开家庭。在面对命令清楚、坚定的父母时，再顽固的孩子也会合作。

父母的解释让孩子反抗变本加厉

十几岁的孩子经常把父母逼到崩溃的边缘。无论父母的命令如何，他们都会提出质疑和挑战。父母再通情达理都无济于事。儿童和十几岁的孩子会不停地问为什么，但你每回答一次，你的权威就削弱一分。他们要做的就是不停地问，而他们也正是这么做的。

我们来看一个例子。卡罗尔想看电视，而妈妈想让她去做作业。

妈妈：卡罗尔，我要你关掉电视。

卡罗尔：为什么？

妈妈：你该去做家庭作业了。

卡罗尔：今天没家庭作业。

妈妈：但你有研究项目啊，你总是等到最后一分钟，然后抱怨功课太多。如果你没有家庭作业，正好可以提前完成科学课的研究项目。

卡罗尔：我已经做了可以做的。我必须等到相片洗出来才能继续。

妈妈：无论如何，你电视看得太多了。

卡罗尔：我没有。

妈妈：有，你整个下午你都坐这儿。

卡罗尔：你都不在家，你怎么能知道呢。你才刚刚回来。

妈妈：是的，可我离开前你就在看电视了。

卡罗尔：但这段时间我并没有一直看电视。

妈妈：看太多电视对眼睛不好。再说，今天天气很好，你应该到外面去。

卡罗尔：我不想到外面去。今天上体操课，我的腿现在还酸着呢。

妈妈：你最好听我的话，小丫头。否则就不准你再看电视。

卡罗尔：你太狠心了，这不公平。

妈妈：你再这样就不许你再看电视。

卡罗尔：随便你。

妈妈：那好，两个星期内都不许你看电视。

如果妈妈不是试图说服孩子，让她按照父母的话去做，争论其实是可以避免的。如果孩子可以接受你的好意，这当然是最好的情形，但这却不常见。如果孩子反对你的要求，他们就会使出全力反抗，下面是母亲运用积极养育的心法避免和孩子吵架或者争论的例子。

更有效的命令方式

第一步：请求（不要命令）

妈妈：卡罗尔，你可以关掉电视吗？

卡罗尔：为什么？这部电影很好看。

妈妈：什么片子？

卡罗尔：《夏洛克·福尔摩斯》。

妈妈：是部好片子（停顿），但我希望你关掉电视。最近你看电视太多了，我希望你做点儿别的事情。

卡罗尔：哪些事？

妈妈：你可以做作业，或者到外面去。

卡罗尔：我不想去。我就想看电视，你吵到我了。

第二步：倾听和引导（不要长篇大论地说教）

妈妈：我知道你想看电视，不想做作业，也不想去外面玩（停顿），但我希望你关掉电视，干点儿别的。

卡罗尔：我不想去。

妈妈：我知道这令你失望，但现在该做点儿别的事情了。

卡罗尔：但我还没看完。

妈妈：我相信很快就会重播的。

卡罗尔：才不会呢。

第三步：奖励（不要惩罚）

妈妈：如果你现在关掉电视，我明天会带你去租一盘录像带。

卡罗尔：我不想租录像带，我只想看这部片子。

第四步：命令（不要解释或生气）

妈妈：我要你现在关掉电视。

卡罗尔：但我没有其他事情做。

妈妈：我要你现在关掉电视。

卡罗尔起身关掉了电视，气呼呼地离开了客厅。大约 15 分钟后，她回来了，好像什么都没有发生一样，要求母亲陪她玩牌。她的母亲欣然同意。这次小小争吵就这样过去了。

增强孩子的合作意愿

积极的养育心法的结果是孩子将来会更加合作，争吵、惩罚的结果是孩子渐渐形成不健康的怨恨、拒绝和反叛的心理，越来越反抗。当你带着情绪、理由、逻辑、争论或者威胁来命令孩子时，这只会削弱你的权威，增强孩子的抵触心理。

采用上面提到的积极养育的四个步骤，过不了多久，孩子在大多数时候都会配合你提出的要求。当然，有些时候你可能四个心法都要用上。不断运用这些心法，你会越来越熟练。它们不仅能让孩子更加合作，而且还会帮助孩子形成鲜明的个性。

因为是新方法，所以实践起来可能会有点费力。但只需要多加练习就会容易得多，会慢慢变成习惯。抚养孩子始终是有挑战性的。积极的养育从长期来看，更容易帮我们达到目标，也更有成效。

父母会遇到各种各样的挑战。我们要么战胜挑战，要么被它们打败。命令孩子在某些溺爱型的父母看来可能过于严苛，但和用威胁和羞辱来强迫孩子顺从相比，命令却好得多。

选择适合自己的方式

在发出命令之前，要考虑到孩子的性情。

敏感型的孩子需要更多的帮助。与其要他们打扫自己的房间，不如请他们与你一起合作。这样，通过一起做事，他们会变得越来越独立。在命令他们帮助打扫房间之后，你只要加入行动并开始打扫就可以了。

反应型的孩子可能觉得打扫整个房间这个活儿太多了，他们想要做其他比较简单不花时间的事情。父母要为他们提供从一件事转移到另一件事的机会。记住，他们就像蝴蝶一样，需要不停地飞来飞去。

接受型的孩子一般不需要父母的命令，他们乐于助人。如果他们反抗，通常是因为在他们还没有做好充分准备时，父母就要求他们做出改变。一旦获得了所需要的理解并做好了准备，他们就会更愿意配合。

父母与其命令接受型的孩子，不如对他们对规律和重复的需要给予更多理解。这些孩子面对突然的改变、打扰或者要求时，往往不知所措。

活跃型的孩子在私下里最容易接受命令。父母可以把他们带到一边或者一个房间里，再发出命令。他们喜欢在公开的场合被赞美，面对这类孩子时，父母应该善用他们的特点。

第 8 章

保持控制的心法

不能因为孩子反抗或者拒绝父母的控制，就认为孩子不好。此时，父母需要做的是让孩子回到父母的控制之中，而不是评判、惩罚或对孩子进行长篇大论的说教。当孩子失控时，父母需要克制，不要让他们继续反抗或者拒绝父母的控制。

让孩子"暂停"，目的不在于惩罚或威吓孩子，只是为了再次让他们知道父母仍然是主导者。孩子们需要了解自己行为限制的边界，了解正确的行为方式，并重新与父母合作。

孩子行为失控时，常常会忘了父母是主导者，忘了他们需要父母来掌控一切。当孩子不受父母控制时，他们天生的合作意愿和能力也会消失。孩子需要指导。当感觉不到对指导的需要时，他们马上就会失控。

请求孩子合作、倾听孩子的需要、奖励孩子，可以使孩子与父母合作。但当孩子或者父母的压力增加时，这种内在的意愿会被暂时打断。就像车子失去控制，必然会发生车祸。

失去控制的父母容易影响孩子，导致孩子也失去控制。相反，紧张的孩子也容易让父母失去控制，除非父母清楚地知道如何重拾或维持掌控的权力。

"暂停"的必要性

有了激发孩子合作的积极养育的新方法，父母不仅可以控制自己的情绪，同时也可降低孩子失控的概率。不可避免的是，有些孩子经常会失控，而积极的父母就能做好准备。几乎所有的孩子在情绪太激动不能自已时，都需要一段时间的"暂停"。

很多成年人在压力大的时候也不能控制自己的情绪，我们不能指望孩子能够做到。在向数万名成年人讲授如何控制情绪的课程时，我发现了能够控制情绪的心法。当父母受到不满、焦急、失望、冷漠、批评、困惑或者内疚等情绪困扰时，可以通过审视自己的内心来控制消极情绪。

现代社会之所以有很多家庭暴力，主要就是因为太多人不知如何控制自己的情绪。人们得到支持时，情绪会变得温和；得不到支持时，情绪就会失控。解决冲突和暴力的第一个要务就是当情绪、反抗或拒绝太过强烈时，应该要"暂停"，借此来冷静一下。

难以控制自己情绪甚至产生暴力行为的成年人，可以用"暂停"的方式来感受并释放消极情绪。不仅成年人需要"暂停"，儿童和青少年也需要。孩子和成年人在这方面的区别在于：成年人知道自己何时需要"暂停"，而孩子不知道。但如果父母对孩子经常使用"暂停"，等他们到了 10 岁左右，在感到压力、消极情绪或想吵架时，会自然而然地采用"暂停"，只要多加练习就可以熟练掌握这种方法。

"暂停"之所以有效，是因为有时候它可以让父母重新回到主导地位。当父母开始感觉到失控时，孩子也会失控。通过"暂停"，父母就有机会冷静下来，重新感觉到控制。这往往正是孩子所需要的。一个充满沮丧情绪命令孩子做这做那的父母很容易让孩子情绪失控。"暂停"不仅能让孩子回到控制中，也能帮助父母重新感觉到控制。

允许孩子抒发反抗的情绪，是为了让他们经历其内心感情的不同层面——反抗、愤怒、拒绝或反叛。孩子需要感觉到对生活中不可避免的限制和界限的抵制。他们需要面对这些限制，感觉到自己的反抗，这有助于孩子形成强烈的自我意识。最后，真实自我中所有的积极的一面会得以显露。反抗背后的消极情绪也一定会先被感知并释放出来。

孩子需要时间来面对自己的行为受到的各种限制，从而帮助他们感觉到隐藏在反抗、不满、拒绝背后的不同层次的内心感受。当愤怒、悲伤等消极情绪都得以释放，自然就会减少反抗。

如何释放消极情绪

当孩子坚持反抗，对促进合作的四个步骤毫无反应时，父母就需要采取第五个步骤了。父母可以把房门关上，让孩子在房间里独处。这样可以帮助孩子听见内心深处对生气、悲伤及害怕这3种负面情绪的感受，进而得到缓解。

"暂停"能使孩子首先感受到愤怒和挫折感。过一会儿，孩子会开始哭并感觉到难过或者受伤害。再过一会儿，孩子会感觉到内在的恐惧和脆弱。只需短短的几分钟，这些内心的变化将扫除孩子的不愉快，让他们重回父母的掌控之中。

在"暂停"时，通过感觉到自己压抑的情绪，孩子会重新感觉到自己内在的需要。通过"暂停"，孩子可以发出反对的声音，进而开始感觉到自己的情绪。他们不仅发泄情绪，而且还"感觉到"自己的情绪。"暂停"的行为实际上增强了孩子们的感受能力。通过认识自己的感觉，他们开始感觉到对父母的爱、理解、支持和指导的需要，这样就唤醒了他们与父母合作的意愿。

孩子来自天堂。孩子需要爱和支持才能生存，因此，他们天生就有与父母合作并让父母高兴的愿望，以此来获得父母的爱。因此，提升孩子对情绪的敏感度可激发他们对爱的渴望，而这渴望能唤醒孩子内心合作的意愿。

有时候，这种感觉会出现在孩子反抗我们要求的时候，或是出现在我们聊天的时候。还有一些时候，当孩子没有得到他们需要的东西或者生活压力太大时，他们需要更多的"暂停"来经历愤怒、悲伤和恐惧的情绪，才能被再次唤醒。

理想的"暂停"

理想的"暂停"是父母把房门关上，让孩子一个人在房间里独处。孩子刚开始可能会从房里跑出来，这很正常。记住，孩子反抗是自然反应。不过锁上门让孩子一个人待在房间里，会让孩

子有种被抛弃的感觉，因此，父母待在门外对有些孩子是非常重要的，至少在他们刚开始"暂停"时，父母应该这样做。几次之后，孩子就不会再想方设法出来了。

"暂停"所需的次数是一岁一次。4 岁的孩子需要 4 分钟，6 岁的孩子需要 6 分钟。父母第一次听到时，都不相信这么短的时间会对孩子有效，但确实有效，而且对所有 2 岁以及 2 岁以上的孩子都有效，不管他们的性情如何。

14 岁以后，"暂停"基本上就没作用了。当然如果你从来没有对孩子使用过"暂停"，那么可以试一下，尤其是在孩子特别不听话或反抗的时候。

我们看一下一个 4 岁的孩子在理想的"暂停"中会如何表现。首先，4 岁的孩子会反抗，你可能得把他抱回自己的房间，也可以是其他房间。刚开始的时候，他会生气，大发脾气，要跑出来。大约 2 分钟后，他就不再跑了，而是会开始哭。1 分钟后，他会变得脆弱和恐惧。这时候，他甚至可能会把小手放在门那儿，求你让他出来。

这个时候，你答应他再过 1 分钟他就可以出来了。事实上，你可以不断地告诉他，你就待在门外不动，很快就可以放他出来。

向孩子解释"暂停"

当孩子问为什么必须要"暂停"的时候，你可以很简单地回答："情绪失控时，我们需要'暂停'。"告诉他需要冷静一下想想自己做错了什么，没有任何意义。其实，反省在"暂停"时是不需要的，最重要的是，孩子能倾听内心深处的感受，然后自动地回到父母的掌控中。

孩子无须反省他们所作所为的对错，当父母过于关注孩子的对错时，孩子唯一能学到的就是内疚。与其告诉孩子他做错了什么，不如让他们去做具体的事情。当孩子在遵从父母的要求下做事，慢慢就能学会分辨是非对错的能力。

要用"暂停"取代惩罚或者责打。"暂停"也能让孩子重新感觉到合作的需要，但方式与惩罚却完全不同。当孩子受到惩罚或者责打时，他们在情绪失控时就会惩罚自己或者他人。经常接受"暂停"的孩子不会为了重新获得控制而惩罚自己或他人。

成年人也是如此。没有受过严重惩罚的成年人有更好的自我意识，自我价值很高。他们在对别人付出的同时，也能成功地获得自己需要的东西。

通过经常性的"暂停"，孩子学会了控制自己的情绪。当生活的事情使他们的情绪起伏不定时，他们会自觉地"暂停"，释放消极情绪，恢复真实的自我。他们会变得更有爱心、快乐、平和并且自信，也更愿意和他人合作，而不会强求或控制他人。

四种常见错误

很多父母觉得他们已经给了孩子有效的"暂停"，却无法获得预期的效果。"暂停"有用，但必须使用正确。下面就是父母常犯的 4 种错误。

1. 滥用"暂停"。

2. "暂停"执行次数不足。

3. 期待孩子在"暂停"时安静地坐着。

4. 将"暂停"视为惩罚手段。

正确使用"暂停"会让孩子重新回到你的控制之中。他们会重新感觉到内心的天生心法，即遵循你的指导并跟你合作。下面让我们分别具体地讨论一下这四个错误。

滥用"暂停"

未与其他积极养育的方法相互配合使用时，"暂停"心法的功效可能会在无形中减弱。"暂停"只能被用作最后一种手段，或者在你没有时间采取积极养育的其他四个步骤时使用。要想让孩子合作并健康成长，光靠"暂停"是不够的。

即使人体再怎么需要维 C，其他需要也不能忽略。光有维他命 C 不能确保身体的健康。缺乏维生素 C 的人，补充维生素 C 将为身体带来明显的改变。如果你只食用含维生素 C 的食物，而忽略了其他需求，那么摄取再多也没多大作用。同理，积极养育的这五个步骤缺一不可。

"暂停"执行次数不足

有些父母过度依赖"暂停"，而有些父母则犯了执行次数不够的错误。他们抱怨自己的孩子就是不听话。例如，一位母亲抱怨说："我让他不要在床上跳，他对我的话充耳不闻，还冲我大笑。"

显然，这位母亲对孩子使用的"暂停"次数不足。"暂停"能够使父母获得控制。如果孩子只是笑而不听你的话，很明显他已经脱离了你的管束，因而需要更多"暂停"。这位母亲应该立即将孩子关在房间里，让他"暂停"。

有些父母认为"暂停"没用，因为第二天孩子又故伎重演。世界上没有一劳永逸的养育方式，"暂停"也不例外。它不是为了削弱孩子的意志，强迫他们顺从，而是为了在强化孩子的意志的同时培养他们合作的精神。

孩子毕竟是孩子，总是会不受管束。需要多次"暂停"并不意味着它不起作用。特别是活跃型的孩子以及年纪小的孩子，他们需要"暂停"的次数肯定比其他类型的孩子要多。这就是说，并不是你的孩子出了问题，也不是你的养育方法出了问题，只是你的孩子在这个成长阶段的需要罢了。"暂停"也没有所谓的标准,可以是一天两次,一周两次,或者一个月两次,或者一年两次。每个孩子都不相同。

溺爱型的父母采用"暂停"的次数通常都不够。他们一般不会命令孩子合作,而是容易屈服并给予孩子太多。他们受不了孩子的尖叫声,他们对安抚孩子已经习以为常。

这些父母的孩子可能会激烈地反抗"暂停",导致父母极力避免冲突,不惜自己屈服并顺从孩子的意愿。如果父母没有采用足够的"暂停"来维持控制,孩子就会变得蛮不讲理。

期待孩子在"暂停"时安静地坐着

有些父母没有弄明白"暂停"的目的。他们误以为"暂停"就是为了让孩子安静地、冷静地坐着。这些父母让孩子"暂停"是为了避免让孩子烦躁,而不是为了让他感觉并释放消极情绪。

"暂停"之所以有效,是因为它让孩子有机会去反抗。鼓励孩子放弃反抗并安静地坐着并不是"暂停"。他们不会喜欢被隔离的感觉,也应该不会安静接受,相反他们会尽情地反抗。

要给孩子一段冷静的时间,这是一种调整方式和养育心法。如果孩子情绪激动,拒绝合作,就让他们坐在一边或者坐在长凳上平息一下情绪。这和当孩子吵闹不休时让他们去睡觉是一个道理。

但冷静时间跟"暂停"不同。在冷静时间里,要鼓励孩子安静,必要时还需给他们一点小小的奖励。学会处理消极情绪的第一步就是感觉并释放消极情绪。当孩子长大一点时(大约9岁),他们无须"暂停"就能做到这一点。

父母可能会对喜欢争辩的十几岁孩子说:"这没用。我要你到自己的房间里冷静一下,我们待会儿再谈。"所有十几岁的孩子都需要这种冷静期。它和"暂停"的区别是:它只是让孩子去做另外一件事情,以减少他的反抗。

如果是几岁孩子的反抗,他们在父母下命令后依然我行我素,就要对他们执行"暂停"了。孩子最终会满怀怒气地冲回自己房间。这时,父母必须注意,千万不要因此而训斥孩子,而是要继续向孩子重申命令,直到他进入自己的房间,等他出来时,他看上去就会像变了一个人似的。

将"暂停"视为惩罚手段

父母常犯的第四个错误,即是将"暂停"视为处罚的手段。虽然对孩子而言,"暂停"的确就像是处罚,但父母必须小心地不将它视作惩罚手段。我们前面已经讨论过,用惩罚的威胁是不能减少孩子的不当行为的。"暂停"的威胁很容易被误用来管束孩子。父母们经常警告孩子:"如果你再不停止,就要让你'暂停'。"这种警告就等于说:"如果你不停止,等你父亲回来我就告诉他。"或者"如果你再不停止,我就揍你了"。

虽然威吓的养育方式行之已久,但在这个自由的社会里,小时候被威吓的记忆会长久留在心里。父母惩罚得越厉害，孩子就抵制得越强烈。现在，很多成年人因为小时候受到过父母的惩罚而丧失了跟父母亲密的愿望。

拥抱父亲

长大后，我与父亲的关系很好。在我讲授人际关系的讲习班上，父亲是第一名学员。他甚至从得克萨斯飞到加利福尼亚来听我讲课。在这些课程中，其中一个练习就是要学会拥抱他人。

我发现，在与他人拥抱时，我可以很容易地感觉到人与人之间的温暖。虽然我和父亲之间充满了爱和支持，但拥抱父亲时我却只能感觉到一点点联系，我们之间似乎有什么隔阂。拥抱陌生人时我反而能感觉到更多的温暖和联系。

我问拥抱过我父亲的朋友们有什么感觉。他们说他很热情、很亲切。我无法体会到他们所说的那种联系。我意识到，这是因为多年以来我一直感觉不到自己需要父亲指导的内在愿望。在我的记忆中，为了避免父亲的惩罚，我一直很听话。

成年后，我用了长达十年的时间进行自我治疗，并通过参加研习班来治疗我的情感问题，之后在拥抱父亲时我才感觉到了跟他之间的联系。如果在我小的时候父亲就懂得如何进行积极养育，那么我长大后就不需要治疗这些情感问题了。

把"暂停"作为一种威胁手段来使用，在短期内会起作用，但从长期来看，效果会适得其反，孩子和父母之间会产生隔阂。当然，用"暂停"来惩罚孩子比拿走什么东西或者打孩子要好得多，但这对孩子来说依然不是最好的做法。

调整意愿 ≠ 屈服

调整你的意愿，给孩子想要的东西，这么做显然是对的。因为这样会传达给孩子一个明确、健康的信息：父母在倾听、了解他们，说明父母尊重他们。当你只是为了不与孩子发生正面冲突时，调整意愿就变成了屈服。屈服于孩子的要求是不健康的。

屈服会宠坏孩子，使他们得寸进尺。但是给予孩子更多不会宠坏孩子，只有为了避免正面冲突而给予孩子更多才会宠坏孩子。孩子需要反复体验到父母才是主导者。要是父母对孩子言听计从，孩子就会被宠坏。被宠坏的孩子感受不到让父母主导他们的必要性。

没有经历过足够的"暂停"，孩子会更容易发脾气。这意味着，当最终要接受"暂停"时，他们会发更大的火。有了定期的"暂停"，孩子最终会重新归于平静并更加合作。已经被宠坏了的孩子，只要采取更多的"暂停"，他们也会焕然一新。孩子从来都不会真正被宠坏，只是失去了控制而已。

之后，你很容易就能感觉到孩子何时需要好好地大哭一场。哭是释放压力、改善情绪的最有效的途径之一。当你经历了巨大的损失时，悲伤是再次获得认同的必要环节。当孩子经历失望和损失时，尽管对我们来说，这些伤痛微乎其微，但对孩子来说却很大。孩子也需要以痛哭或悲伤的方式来接受世间的无奈和局限。

有些父母错误地以为把孩子弄哭是在伤害孩子。由于没有正确理解积极养育，他们错误地认为让孩子哭过于残忍。但当他们无计可施时，他们只会责打、吼叫或者惩罚孩子。

短短几分钟的"暂停"不会伤害孩子，反而确实有助于孩子宣泄堆积已久的情绪。"暂停"使那些痛苦的情绪喷涌而出，让人感知到以后才能得以释放。尽管孩子永远不会喜欢"暂停"，但他们需要好好地哭一场，让情绪平静下来。

何时"暂停"

与其将"暂停"视为惩罚的工具，威胁孩子将遭受"暂停"的处分，不如直接让孩子进入"暂停"时间。最好的时机是在给了孩子机会对你的命令做出反应之后。如果在你反复重申一个命令之后，孩子依然抗拒，这意味着他需要"暂停"了。这不是惩罚，只是因为孩子需要而已。即使孩子可能会把"暂停"当作惩罚，但只要你不把它当作惩罚就可以了。

如果你采用"不听话就'暂停'"这种惩罚的口吻执行它，对你而言"暂停"仍是用来威胁孩子、使其服从的手段。这种基于害怕的方法只会削弱你以后命令孩子的能力。

给孩子三次机会

孩子 9 岁以后，情况就不同了。他们已经不需要如此频繁的"暂停"，他们已经学会倾听内心的声音，也知道如何缓解自己的负面情绪。在这种情况下，应该给孩子机会，让他们发现自己回归父母管束之下的能力。给孩子三次机会然后再采取"暂停"。

当孩子反叛时，父母可以简单地说："我数到 3、1。"言下之意就是，如果孩子可以自己控制自己，就不需要"暂停"了，如果在几分钟后他依然反抗，父母可以说："2。"意思是孩子还有一次合作的机会。再过几分钟，如果孩子继续反抗，父母就可以说："3。"然后就让孩子"暂停"。

对于九岁的孩子，你可以跟他约定一些暗号。比如，用拉拉耳朵的做法来代替说"1"，或者简单地竖起一根手指、两根手指、三根手指。一旦你开始采用这种方法，就要坚持下去。在宣布"暂停"之前，孩子会等待信号，这很好。学习如何不压抑自己的感受并重整自己是非常重要的。

当"暂停"无效时

有些父母在研习班上抱怨说："我的孩子青春期了，'暂停'对他不起作用，他根本就不听我的。他只是笑笑，然后就走开了。我都是用拿走他东西的方法来惩罚他。"这一例子表明，青春期孩子的叛逆只不过是回应过去所受的惩罚。幸运的是，你现在可以完全摒弃过去的畏惧激励法了，你可以开始使用积极养育的五个步骤和五项心法，它们会起到更快更好的效果。

在上面的例子中，父母把"暂停"当作了一种惩罚的方式，这显然是错误的。如果他们先采用头四个步骤，并配合"暂停"使用，那么孩子会在很短的时间里变得更加合作。"暂停"对年纪小的孩子最为有效，但在面对青春期的孩子时，父母要学会倾听他们的内心，要用鼓励的手段来激励他们合作的意愿。

上文中曾经提到："暂停"之所以有效，是因为它给了孩子一个反抗的机会。有些孩子在开始的时候不会反抗"暂停"，因为他们还没有让父母高兴的强烈愿望。他们甚至很高兴地接受"暂停"，宁愿独处，也不愿跟父母在一起。有些孩子觉得听从父母的指导，就相当于受到了控制和操纵。他们不介意独处，并喜欢用这种方式来向父母示威。通常，当孩子和父母吵架时，为了显得不在乎，他们会很高兴地回到自己的房间。

这种情况下，父母需要一一审视前面的三个步骤，让孩子重新感觉到让父母高兴以及与父母合作的欲望。然后，孩子对"暂停"的反应就会有所不同，并从中受益良多。即使孩子表面看上去很开心，有时候他们还是无法控制自己的情绪，还是会重新回到你的掌控之中。如果孩子喜欢回自己的房间，那就让他们去另一个房间，在那儿他不能玩游戏、玩玩具，也不能打电话。

你也可以把孩子打发到自己的房间里去玩游戏，但那样做的话"暂停"就变味了。如果他们不肯接受"暂停"时，就让他们在"暂停"的过程中玩游戏或者玩具。如果他们很高兴接受，就让他们去卫生间或者其他房间。

这五大心法起作用的原理

积极养育的五大心法之所以能发挥功效，是因为当今世界与以往大不相同，生活在现代社会的孩子也是如此。在自由社会里，我们必须采用新的养育方法。这些心法可以概括为：

1. 为了让孩子合作，请求而不是命令。

2. 减少孩子的反抗，使之最小化，采用沟通、倾听及培养的方式。

3. 想激励孩子，要奖励，不要惩罚。

4. 想维护你的主导地位，要命令，不要强求。

5. 想保持控制力，就要让孩子"暂停"，不要责打他。

这五项心法旨在唤醒孩子合作的愿望。没有这些心法，我们就无法有效地把积极养育的 5 大心法付诸行动，而五大心法反过来也促使这些心法生效。它们是相辅相成的。

第一个心法：接纳孩子的与众不同——培养孩子对爱的感受，认识自己的不同。如果父母不了解孩子都是独一无二的，就无法帮助和培养孩子进行合作。

第二个心法：允许孩子去犯错——让孩子自我感觉良好，并以积极正面的方式激励他们与父母合作，让父母开心。若是不允许他们犯错，孩子要么放弃尝试，要么就会在尝试中放弃自己。

第三个心法：允许孩子表达消极情绪——使孩子在意识到自己内心的感受时不会感到害怕。意识到内心的感觉对孩子极为重要，这使他们始终都渴望父母的指导和支持，从而也会愿意让父母高兴，与父母合作。

第四个心法：允许孩子要求更多——打开让孩子发展自我意识的门，了解他们的需求，为他们提供指引。知道自己需求的孩子最容易激起他们合作的意愿。他们不仅想要更多，而且学会了在不能马上得到时，如何延迟满足。当孩子允许去要求更多时，他们马上就会对奖励做出响应，他们很愿意让父母高兴。

第五个心法：允许孩子说"不"，但父母才是主导者——这对积极养育的所有心法来说都是不可或缺的。要想让孩子合作，就必须给他们反抗的机会。如果他们想感觉到自己的情绪，了解自己，也让别人了解自己，就必须要能够反抗。这个心法强化孩子的意志，进而增强孩子取悦父母、与父母合作的意愿。

以这五大心法作为父母养育孩子时的方向及基础，积极养育的五项心法才能发挥最大的功效。在下面的五个章节里，我们将更具体地讨论这些心法。明白了这一点之后，父母将能够做出决定，用培养、支持孩子的方式回应孩子，让孩子做真正的自己，发展自身独特天赋。

第 9 章

接纳孩子的与众不同

每个孩子都是特别且唯一的存在，也就是说，每个孩子都可能与父母原有的期待大不相同。每个孩子皆有自己的特殊天赋，皆需面对不同的挑战。为了迎接这些挑战，他们的需要也各不相同。作为父母，我们的任务不仅仅是容忍他们的不同，还要接受它们。只有当我们能够认识每个孩子独特的需要是什么，并让他们的需求得到满足时，我们才能最有效地完成养育这件人生大事。

父母面对孩子的多样性时，最可能产生的误解是："我的孩子有问题。他需要我的'修理'，而不是任其发展。"或者"我的孩子很坏，他在某方面需要改进。"有这样的想法是父母最大的错误。孩子需要一个明确的信息：他们很好，和别人不同并无大碍，这很正常。

"我的孩子有问题"这种说法表明父母缺乏对孩子的认同。

父母应该运用积极养育的五大心法来接受孩子的不同。通常是当父母觉得孩子不听他们的话时，他们会觉得孩子不好或出了问题。如果能更清楚地认识到孩子的独一无二，父母就会认同这些差异。父母不要对孩子的不同大惊小怪，而是要认同孩子独特的天赋，培养他们独特的能力，并帮助他们克服弱点。

每个孩子都是独一无二的，他们组成特质不同，而这些特质是由性别、体形、个性、智力和学习习惯决定的。所有这些特质之间可能出现各种差别和排列组合，意识到这一点，有助于父母接受这些差异，从而比较容易承认一个孩子并不比另一个孩子好，也不比另一个孩子差。

与别人不同并不意味着这种风格好于那种风格。

父母往往误以为他们最清楚什么最适合自己的孩子。即使孩子是一棵苹果树，父母却坚持要帮助孩子成为一棵枝繁叶茂的梨树。这种帮助限制了孩子的发展。孩子天生就具有一张成长蓝图，上面规划好了他们是什么样的人，他们来到这个世上要做些什么。尽管如此，他们依然需要父母的肯定、爱、支持、时间、关注和对其潜能的培养。

虽然孩子长大后的成就不完全取决于父母的教育，但父母却有绝大的责任激发出孩子最大的潜能。父母需要时刻铭记，每一个孩子来到这个世上都有自己独特的旅程和目的。

孩子来自天堂。他们带着一颗与生俱来的种子，来成就伟大。父母无法决定孩子的命运，但父母却可以为孩子创造良好的成长环境，让孩子心里的种子发芽、成长、茁壮。这种特别的支持和对孩子独特性的认同，给了孩子去实现其梦想的力量和信心。

性别差异

性别差异在青春期特别突出，从出生的第一天起，孩子的性别就确定了。但每一个孩子，不管男孩还是女孩，他或者她身上都带有不同比例的男性和女性特征。接受这一点很重要。

父母通常认为，适合自己的东西也适合孩子。这显然是不对的。承认普遍的性别差异，有利于父母接受并尊重那些看起来似乎不合常规的行为和需要。我们认为对我们有效的东西对孩子也有效，这显然是不对的。

对性别差异缺乏理解也会导致母亲无法了解父亲应该给孩子提供什么，反之亦然。母亲常常凭直觉就会知道什么对女儿最好，而对儿子却缺乏这种直觉。相反，父亲凭直觉就会知道什么对儿子最好，但对女儿就往往会犯糊涂。这是因为我们倾向于从自身出发去联想孩子的所需，但事实上父母的这种感觉并不准确。

如果不能正确对待这些差异，人们往往会认为其他人的反应和行为应该跟自己的一样。认识到这种可能出现的差异后，当别人对生活表现出跟自己大相径庭的反应时，我们就不会认为这有什么问题，一切还是那么正常。

对信任和关心的不同需要

性别的差异让男孩和女孩的需求重点有所不同。然而，不管是男孩还是女孩，父母的爱都是他们最主要的需求。但爱有很多不同的表现方式。父母主要通过关心和信任来表现对孩子的爱。

关心是愿意陪伴孩子的表现，是一种写在脸上的爱。出于关心，父母会愿意参与孩子的生活，对孩子的经历感兴趣，也连带地受到孩子生活经历的影响。

信任则是相信孩子具有在错误中学习及成长的能力，相信孩子将尽其所能做到最好。信任让孩子做回自己，给他们独立和自由的空间。

当然，每个孩子都需要关心和信任，但需要的多少却不尽相同。一件好的事情，做得太多反而不好。9岁前的孩子需要较多的关心、较少的信任。9岁之后，孩子会很自然地开始脱离父母并变得更加独立。当你的某些行为会让孩子感到尴尬时，你就可以判断出他或者她需要脱离父母了。

9岁左右时，孩子们开始发展自我意识。从这个时候开始直到18岁，孩子需要父母给予越来越多的信任。

若不考虑年龄，基本上男孩需要较多的信任，而女孩则需要较多的关心。男孩往往可以从独立完成一件工作中得到相当大的满足和对自我的肯定。例如，在穿鞋的时候，他可能会固执地拒绝母亲的帮助，这样就会获得信任并自己承担责任。而对于女孩子来说，她们会接受父母的帮助并从这些帮助中感受到更多的爱。帮助女孩子是关心的表现，而让男孩子自己做某件事情则是对他们的信任。

给予男孩子过多关心的母亲，容易让孩子误以为你不信任他能独立处事；给予女孩过多自由、信任的父亲，容易让孩子以为你不关心她。当女孩有太多空间时，她可能会觉得被孤立、伤害或者抛弃；相反，男孩则会认为他的能力被父母所认可，他能够照顾好自己，能把事情做好，而且他也的确做到了。

儿子的能力往往会因为母亲们的过于担心而被削弱，他们往往被压得喘不过气来。而父亲们则经常因为给了女儿太多的空间，相信女儿能够自己处理事情，而忽略了她们有多需要关心和关注。父母必须了解，男孩子的自我意识多建立于他们拥有多少的信任之上，女孩的自我意识则来自于她们得到多少关心。

重建信任和继续关心

对女人来说，最大的挑战无非是在受到伤害后重新去信任他人；而对男人而言，最大的挑战则是在受到伤害后仍能接受激励或者继续去关心别人。当在人际关系中遇到困难时，女人最常抱怨的是"我想要却得不到"，而男人抱怨的是："我做什么都不能使她开心，那我还做来干什么。"

这种不同的性情早在童年时代就已形成。女孩和男孩初临人世之时，对信任和关心有着同等需要。如果他们被忽略或者他们的需求得不到满足，男孩就会对身边的一切漠不关心，女孩则不再相信任何人。此时父母应该更关心理解和尊重女孩子，帮她们建立起信任感。对于男孩子，父母要做的是给他们更多的信任、接受和赞赏，以使他们继续受到激励。

女孩子们更需要感觉到父母会帮助她，理解她的感受、期望和需要。这是因为她们脆弱，需要依赖他人。当她得到父母的支持时，会感到十分安全。她通常通过分享情感以及寻求帮助来满足自己的需求。当她痛苦的时候，她需要父母陪在她身边，给予她很多很多的关心。当她感觉到被关心时，就会重新信任他人。安全感可以为女孩带来幸福感和满足感。安全感对于女孩子发展自己的天赋和才能至关重要。否则，她会觉得自己毫无价值、一点儿也不可爱，甚至对别人的支持有抵触情绪。

有时，如果女孩子在面对自己所需感到强烈的无力感时，她可能会抑制自己女性的脆弱，变得更像一个男孩子，去争取更多的空间、信任、接受和赞赏。对这种女孩子来说，最大的痛苦是身边缺乏关心和爱护，于是她们会隐藏自己女性的一面。

当然，并不是说具有男性特点的女性都是因为其女性的一面受到了伤害，也可能是因为她性格活跃，才会显现出较多的男性特征。尽管她们行为更像男孩子，但她们总归是女孩。她们依然需要更多的关心、理解和尊重。

这一切，男孩子也同样需要，但对他来说，激励更为重要，如果得不到必要的激励，他就不会再去关心他人。当男孩对他人漠不关心的时候，他会变得厌烦一切，不服管教，还会产生学习问题。得不到激励的他会失去自己关注的焦点，从而变得情绪低落或者过度活跃。是的，男孩子更需要激励。

关心一个男孩，就要用成功和奖励来激励他。他需要清楚地知道：他能够并且的确做到了让父母满意和高兴。当他成功地做到这点，而且父母对他表示赞赏的时候，他就会感觉受到激励，反之他们会变得冷漠。对正确行为的正面奖励就是明确的信号——他成功了。

帮助一个女孩子会让她觉得自己很特别，并且有种被照顾的感觉，但对男孩子而言那可能只是侮辱。帮助他可能相当于暗示"我不相信你能够完成这件事"。有时候，对男孩最大的关心就是给他空间，让他自己去做。即使他可能会失败，也要相信他能够从中学习更多，得到更多。切记，如果他失败了，千万不要对他说："我早就警告过你了。"

当然，女孩也需要信任、认同和赞赏，但很显然男孩子对这一切的需要会更多。当男孩的能力得到认同时，他会关心更多事物。充足的信任让男孩觉得自己很能干，赞赏就是给他们最大的激励，他们也会更加自信。没什么比成功更能促使男孩子成长了。

男孩来自火星，女孩来自金星

了解男孩子的不同需要，可以帮助父母（特别是母亲）选择合适的支持方式。同样，明白女孩子的特殊需要，也可以帮助父母（特别是父亲）在给予女儿所需要的东西时做出调整。光爱孩子，给他们父母自己最想要或者最需要的东西是不够的，我们必须根据孩子的独特需求来选择如何最有效地支持他们。别忘了，男孩来自火星，女孩来自金星。

如果男孩期望得到父母的信任、肯定及认同，却没有得到，他可能会压抑自己的男性特征和弱点，而性格逐渐趋向于女性化——需要感觉到被关心、理解和尊重。这样的男孩子需要信任却始终得不到，他们觉得这太痛苦，于是，他会克制自己男性的一面，而其女性的一面也越来越明显了。一旦得到关心，他的反应可能是索取更多的关心，逐渐超过了对自由和空间的渴望。

这也不意味着所有具有较多女性特质的男孩子都是因为其男性的一面受到了伤害，也可能是他天生敏感，并在很多方面表现得更为女性。敏感的男孩子往往有较多的女性荷尔蒙，而男性荷尔蒙相对较少，因此，自然会表现出更多的女性倾向。

研究表明，同性恋者、天才及左撇子男性的脑部构造与其他男性有着显著的不同，他们的脑部结构类似于女性，两个大脑半球之间的神经连接细胞比其他男人要多出数十亿，再加上荷尔蒙的不同，使得这类男孩表现出较高的敏感度。尽管这些更敏感的男孩有更多的女性特征，但他们依然还是男孩，依然需要更多的信任、认同和赞赏。

下面是一些简单的区分，提醒你记住：男孩来自火星，女孩来自金星。

男孩来自火星：在所做的事情、独立做事的能力以及自己的独特性等方面，男孩需要更多的

爱、关注和认可。

女孩来自金星：在自己是谁、自身的感受和需要等方面，女孩需要更多的爱、关注和认可。

男孩来自火星：男孩需要因为做了更多事情而受到赞赏，要认可他做的事。

女孩来自金星：女孩需要更多的珍惜，要称赞她本人。

男孩来自火星：男孩更需要激励和鼓励。

女孩来自金星：女孩更需要支持和安慰。

男孩来自火星：当男孩或者男人感觉到自己被需要，且也能为他人提供所需要的支持时，是最幸福的。当他觉得他不再被人需要，或者没有能力完成眼前的任务时会变得情绪低落。

女孩来自金星：当女孩或者女人感受到需要的支持时最幸福。当她觉得没法获得这些支持，必须自己独立完成时会变得情绪低落。

男孩来自火星：男孩首先需要信任、接受和赞赏，他才会变得关心他人并且受到激励。

女孩来自金星：女孩首先需要关心、理解和尊重，才会开始信任他人并且更加自信。

"答疑先生"

父亲最常犯的错误是直接给予建议，而不知当孩子生气、需要有人倾听时，最需要的是父亲的同情。男人们喜欢解决问题，并经常为自己是个"答疑先生"而感到自豪。父亲们不明白有时候孩子只是希望有人理解他们心情不好的原因，而不是甩给他们一个心情马上好转的解决办法。一旦孩子得到了答案，他就不再愿意向父母袒露内心的感受。

在男人的世界里，他们只在寻找答案时才讨论问题，否则他们就会保持沉默。"当你什么也不能做的时候，就忘了它吧。"女人则正好相反，她们的态度是："即便什么也做不了，至少我们可以谈谈这件事。"男人经常很费解，为什么女人能从交流痛苦中获得巨大的快乐。这件让男人无法理解的事，对女人来说却很常见。

同理，父亲往往会直接给出解决方案，又或者觉得这没什么大不了的，而忽略了孩子遇到的问题本身，更没有意识到自己这么做会让孩子感觉被贬低或被轻视。有一次，我的女儿告诉我她不喜欢我的一个朋友辅导她做数学作业，我问她为什么，她说："每次我一有问题，他就说'这很简单'，这让我觉得自己很笨。"

当父母没有倾听孩子对生活的抱怨，也没有表现出同情时，孩子往往会曲解父母的意图。当父母说出的解决方法很简单时，孩子可能就会觉得"天啊，我怎么这么笨啊""看来是我小题大做了"，反而没有安全和受教的感觉。父母应该首先让孩子感觉到能够自由地体验自己的情绪。如果父母理解这一点，孩子就能获得他们所需要的关心和信任了。

下面是父亲可能会说的伤害孩子脆弱情感的一些话：

不要担心。

这不是什么大事。

那么你是什么意思？

这不难。

没那么糟。

这些事情是会发生的。

那很荒唐。

这才是你应该做的。

做点别的事情吧。

做就好了。

我不明白。

说到点子上。

没事的。

没那么重要。

去处理就好了。

你想要我做什么？

你为什么要告诉我？

这些话可能会在无意中伤害孩子的感情，父亲们如果能意识到这一点，就能够更有效地支持孩子了。而母亲们在希望丈夫倾听她们说话的同时，自己却常常忘记倾听孩子想说的话。她们太想解决孩子的情绪问题，根本不想让孩子感到心烦或失望。

当孩子要求你帮着解决问题时，做一个"问题解决者"无可厚非。但大多数情况下，父母需要多听少说，让孩子尽情地倾诉。不要只想着设法帮孩子解决问题，你的任务会轻松很多，这样对你的孩子也会更好。

"纠错女士"

母亲最常犯的错误是，当孩子行为不当、犯错或看似需要协助时，总喜欢提供不请自来的建议或忠告。女性对于改善生活或改善房子周遭的环境永远有用不完的精力。这倒不是说男人不想让事情得到改善，他们的态度是"等东西坏了再修理，不然就由它去"。

女人认为事情不管有多么好，总有可以提升的空间。

当女人爱上一个男人时，她的改善重心会转移到那个男人身上。但男人经常拒绝她主动提出的问题和建议。当她成为母亲时，她会把改善家庭的重心转移到孩子身上。所以女人需要记住的是，就像男人不需要被修理一样，孩子也不需要被纠正。

母亲过度的担心和太多的建议会让孩子感到窒息，还会剥夺孩子所需的信任。妈妈的担心、纠正和规劝，对男孩子的影响非常大。这里有一个很好的方法，就是每当你要指出孩子的问题时，要先确定孩子是不是已经被肯定了三次。三次肯定评价对一次否定的评价是比较好的比例。

比纠正或规劝孩子更好的方法是直接引导孩子做出正确的行为。比如，与其说："你应该对你妹妹好一点儿。"不如说："你对妹妹好一点儿行吗？我希望你们两人和睦相处。"

告诉孩子正确的行为，可将眼光从孩子犯下的错误转移至正确的行为上。把重心放在你想要孩子做的事情上，创造让孩子改过的机会，孩子的抵触心理就会慢慢减弱。当孩子做好充分准备去听你的解释时，他会问你并且接受你说的话。

下面是一些例子：

你把盘子留在了桌子上。

你把盘子放到洗碗槽里，好吗？

不要在屋子里大喊大叫。

请小声点，不要喊叫（对大些的孩子）。

你的房间还是很乱。

请收拾一下你的房间，好吗？

你的鞋带没系好。

请把鞋带系上，好吗？

我已经等了半个钟头了。如果你要晚到，给我发个消息或打个电话。

如果你知道你要迟到，给我发个消息或者打个电话，好吗？我已经等了 30 分钟了。

如果你更有条理些，就不会忘了。

请多花些时间整理一下，那你可能就不会忘记了。

运用积极养育法的五大心法，就能创造亲子间的合作空间，妈妈们也可以省掉说教或纠正孩子的时间。孩子成功地完成了父母要求他们做的事情后，自然就会知道什么是正确的，什么是好的。

当母亲一味纠正孩子的行为或者未经请求而主动提供建议时，孩子往往会认为是自己太笨或做错了什么。孩子会感到关心，但却不会感觉到信任。跟成年人一样，这个孩子一方面感觉到母爱，另一方面又不明白为什么会这么害怕，为什么如此缺乏自信，不敢冒险。

在合适的时间提建议

　　给予孩子忠告是父母的责任，但能让规劝发挥最大效应的是时机，是孩子主动向父母寻求帮助的时候。但如果母亲给的建议太多，孩子就不会听了。尤其是当孩子处于反抗的状态下，再好的建议也会起反作用。只要你不要用过多的建议压得孩子喘不过气来，他们以后就会更多地向父母寻求建议。

　　男孩子对于父母给建议的反应，要比女孩子更加敏感。当你给出解决办法时，女孩虽然会反抗得更厉害，但还会继续与父母交流；而男孩则会失去沟通的动力。当父母未经请求而主动向男孩子提出忠告时，他往往不愿意谈论自己的问题、不再寻求帮助，甚至不愿再听父母的规劝。

　　母亲为了不让孩子受到困扰，总是主动给孩子出主意。然而这种好心的建议只会让男孩们封闭自己。于是，母亲就会抱怨"他什么事都不告诉我"或"他都不听我说"。其实母亲应该更加信任孩子，相信他能自己解决问题，倘若需要，孩子会主动求助。

男孩会忘记，女孩会记住

　　男孩和女孩之间有一个显著的差异：男孩容易忘记，女孩则会记住。母亲常常会因儿子总是忘记她的要求而感到沮丧。父亲则经常因为女儿会过多地谈论问题而感到失望，他可能觉得没必要说这么多。为什么会出现这种差异呢？

　　男人处理压力的办法是更加专注地去做一件事情：一个亟待解决的大问题，或者手头的一项重要工作。压力越大，他们越倾向于专注于手头的工作，从而忘掉其他事情。男人往往会因为更关注自己的工作而忘记自己的生日、纪念日甚至孩子的生日。

　　女人把男人的遗忘误解为不关心。当她压力重重时，反而会记住更多。处于压力之下的女人是很难忘记重要的事情和责任的。故而在一天紧张的工作之后，女人经常想谈谈这一天所发生的事情。而男人却想忘记所有的工作和压力，看看电视或读读报纸。

　　对男人来说，看报这种全神贯注的行为最能令他放松，而女人总是希望聊聊今天的事情，甚至每一个细节，才能舒缓压力。男人通过忘记来释放压力，而女人则是通过记住来释放压力。

　　正是因为这种基本的差异，男人和女人之间才会经常产生误解。理解这种差异不仅让男人和女人相处更加容易，而且对我们更好地理解和支持孩子也有很大的帮助。

　　当一个小女孩看起来像是在抱怨的时候，实际上她只是需要时间记住并聊聊当天所发生的事情。了解这一点，父亲就会明白为什么他不应该等着女儿说到重点，然后给出解决方法。女孩需要时间，需要关注，需要父亲专心地听她说的每一个字。全神贯注地听她说话，她的需要就可以得到满足了。

女孩子需要父亲全身心地关注来释放她一天的压力。在运用积极养育的心法时，父母一定不要跳过前面的步骤，直接进行奖励或者"暂停"。女孩需要更多的时间倾诉并表达她的反抗。她们一般通过谈话来释放压力。

通常，当一个小男孩忘记了母亲的叮嘱时，母亲会觉得他不专心。其实，很多时候他听了，但是后来又忘了。当男孩遇到压力时，他自动屏蔽掉所有造成压力的信息。当母亲强加给男孩子一些事情或者喋喋不休时，就会给他造成很大的压力，因此他往往会忘得一干二净。

母亲越烦躁地要求男孩子顺从，他们就容易忘记母亲的话。如果认识到这一点，妈妈们会轻松很多。她可以直接正面提出要求，来让孩子记住。如果她释放掉消极情绪，并做出正面的要求而不是强求，那么儿子记住并给予响应的可能性就会更大。9 岁之前，男孩子忘记你的要求，这绝对不是他的错。他本来就是会时不时地忘记，更何况那些唠叨让他倍感压力。

每一代人都与上一代不同。如果父母以更宽广的心胸看待每个孩子间存在的差异性，那么当孩子到了少年时，就会从多个维度来考虑事情。很多人错误地以为，现在孩子的问题是因为他们太自由了。这只是原因的一部分。即便如此，剥夺孩子的自由不是解决问题的办法。只有运用积极养育的心法，加强父母和孩子之间的纽带，才能彻底解决问题。

与别人不同并没有对错。如果父母能以多样的角度更宽容地养育下一代的青少年，孩子也无须以脱离父母的方式来满足需求。然而，思想保守的父母即使内心充满了爱与关切，他们的孩子还是经常会有想要反抗和叛逆的冲动，想要挣脱父母狭隘的限制。如果你坚持自己的价值观，同时又尊重其他价值观，那么你的孩子就会觉得向你求助是安全的。否则，他们就会中断与你的交流。

剥夺孩子的自由无法解决问题。只有运用积极养育的心法，加强父母和孩子之间的纽带，才能彻底解决问题。

暴力文化

十几岁的孩子比任何时候都需要与父母进行开放的交流。孩子面临的挑战是巨大的。没有父母的开导，他们很容易被一些负面影响所左右。十几岁的孩子很容易受到同龄人的影响。如果不与父母进行积极的沟通，孩子就无法保持自己的本色，也很难坚持自己的价值观和需求。

缺乏与父母的交流，他们很容易跟着社会的危险势力随波逐流。有些十几岁的少年，甚至更小一点的孩子，可能会出现问题。缺乏家庭的强大支持，孩子就会容易在同龄人压力的迫使下去尝试毒品、酒精、暴力、团伙、偷窃、说谎、欺骗以及乱交，以此获得同龄人的接纳。如果十几岁的孩子在家里不被接受，他们的价值观会发生质的变化，他们只能去寻求被同龄人所接纳。

现在，十几岁的孩子普遍处在暴力文化中。他们比之前的任何一代人都更敏感，更容易受到身边环境的影响。一粒老鼠屎会坏掉一锅粥的。

一方面，十几岁的孩子想要更加独立，这很正常；另一方面，他们也比以往任何时候都更加需要我们的支持。要想有效地支持他们，父母必须思想开放，放弃纠正、改善的做法，这样，我们的孩子才会对我们的积极支持感兴趣。

在表达观点的时候，我们也必须小心维护孩子发表不同观点的权利。一旦父母固守"单向思维"，孩子就会坚持另一种思维；如果你思想开放，你的孩子可以自由地做出自己的选择，而不会只是一味地听或一味地反对你的话。如果孩子是在一个接受差异的家庭氛围中长大，他们就不会觉得自己必须像同龄人那样行事。他们就会坚定地行使并维护自己独一无二的权利。

想要支持孩子，我们就必须克制自己，不要给孩子太多建议，不要严厉地批评他们，不要提供太多的解决办法，这样才能和孩子保持有效的沟通与交流。幸运的是，我们可以在任何时候打开与孩子们的沟通之门。也就是说，只要我们运用积极养育的交流心法以及心法，不管孩子多大，沟通之门都能随时开启。

性情差异

在第四章已经讨论过，孩子的性情基本上可以分为敏感型、活跃型、反应型和接受型四类。

1. 敏感型：感觉强烈，思考深入，也更认真。

2. 活跃型：意志坚强，喜欢冒险，希望成为关注的焦点。

3. 反应型：聪明、活泼，需要更多刺激；他们讨厌一成不变。

4. 接受型：举止得体，乐于合作；他们遵从指示，但拒绝变化。

大多数孩子至少每一种性情都有那么一点儿，但通常以其中的一两种为主。了解每种性情间的差异，可以帮助父母轻易地分辨孩子的性情特征，进而明白孩子到底需要什么。（了解孩子的性情，明白他们的需要，请参考第四章。）

当孩子与父母的性格截然不同时，除非父母对孩子的这四种性情都了如指掌，否则很难培养孩子。许多无谓的伤害与疏忽，都是因为父母不了解孩子的个性差异。

通常，父母在与孩子相处的过程中，最大问题是不了解孩子的需要。一个接受型的父母凭直觉就会知道接受型的孩子需要什么；但如果父母属于其他三种类型，这时候就不能凭直觉了。作为父母，我们不能总是想当然地认为适用于我们的同样也适用于孩子。这不仅让孩子难受，也会让父母双方产生不必要的争吵。

例如，不理解各种性情之间的差异的话，反应型的父母会怀疑自己家里那个拒绝变化的孩子是不是有问题，他们不知道原来孩子是接受型的，孩子需要的是规律性的重复，而不是变化。

另一方面，喜欢重复、讨厌变化的接受型父母会认为孩子从来不把事情做完有问题的。认识不到孩子属于反应型这一点，父母就搞不懂原来孩子需要的是不同的活动。

性情的转变

当父母学会了如何接受并培养孩子的不同性情时，这些性情会很自然地有所变化。有些孩子开始的时候可能每种性情都有一点儿，但他会逐步地经历所有四种性情。一种性情需要得到一段时间的培养才会转变为另一种性情。下面是一些可以预期的转变：

感觉更强烈、更深入、更认真的敏感型孩子，会逐渐变得活泼，喜欢更多的欢笑和乐趣，也将变得更有责任心，更愿意回应了。当敏感型的孩子感觉到被倾听时，他在一段时间里会显得更轻松、更愉快。

聪明、活泼、需要较多刺激、讨厌一成不变的反应型孩子，渐渐会懂得如何集中注意力，如何遵守规律，如何全身心投入到人际关系和工作中。当反应型的孩子面对许多选择时，他们会开始从中挑选出他们真正喜欢的事，然后投入较多专注力。

举止得体、乐于合作、遵从指示、拒绝变化的接受型孩子，会渐渐地变得自我激励、明智、适应性强、灵活变通。原本不喜欢改变的孩子将变得活泼，也愿意接受挑战，尝试新事物了。

意志坚强、喜欢冒险、希望成为关注焦点的活跃型的孩子，会渐渐转变得愿意合作、富有同情心、乐于助人。当活跃型的孩子得到足够的指引，对达成目标信心十足时，便会察觉到他人的需求，并且帮助需要协助的人。

不同性情的孩子，需要不同的活动安排

了解这些不同的性情，我们能够更清楚什么活动对一个孩子来说更适合。请记住这些不同的性情，我们接下来将讨论如何为他们安排不同的午后活动。

敏感型的孩子需要更多理解

敏感型的孩子发展新的友谊有点困难，因此他们需要帮助。他们可以参加一些有人监督的、比较安全、和谐的交往活动。这种孩子不需要大量的刺激。敏感型的孩子需要有同样敏感的人在身边，这样容易找到归属感。让他们帮忙照顾宠物是个好主意因为宠物或者受伤的小动物会更容易让敏感型的孩子产生共鸣。

反应型的孩子需要更为多样性的活动

给孩子大量刺激可以满足这种特别的需求。露营、参观博物馆、逛公园、购物、体操、滑雪、

看电影、看电视、看录像、看书、散步、游泳、荡秋千……所有这些活动都能刺激孩子。如果他们没有获得各种各样的刺激,就会很容易沉迷于录像或者电视节目中,从而变得内心忧虑。

接受型的孩子需要每天有一个习惯

太多活动会把接受型孩子的节奏打乱。他喜欢每天都可以回家看书、遛狗、看电视、吃点心、做点家庭作业。接受型的孩子习惯规律的活动,不喜欢太多变化。他们会苦于跟反应型或者活跃型的兄弟姐妹长时间待在一起。他们喜欢旁观,当被要求过多地参与活动时,他们会变得紧张。如果要让他们留在日托机构或者参加课余活动,老师应该注意让这些孩子保持旁观的权利,而不是总要他们加入到活动中。

活跃型的孩子需要父母为其做出大量安排

活跃型的孩子需要大量的监督、规范、领导和行动。有监督的运动和团队对这些孩子很有好处。如果对他们不管不顾,他们会变得蛮不讲理、惹是生非,还会带领其他人到处惹麻烦,成为害群之马。

体形差异

还有一种差异需要父母特别理解,那就是有些孩子的体形难免与父母不同,可不管什么体形都应该受到同样的对待。人们对体形的看法跟着流行趋势不断改变,因此要真正做到欣赏各种不同体形是不容易的。在食物匮乏的国家和时代,人们以肥胖为美;然而,在食物充足的地方,瘦被认为是美的标准。当然,不管何时,男人发达的肌肉总是一种公认的时尚。

不管时尚如何变幻,不管当今社会对身材持什么看法,孩子一生下来就有自己的体形,不会有太大改变。人的体形可以分为:瘦长、圆胖及肌肉发达型。每个人生来就是这种或那种体形,日后不会改变太多。这3种基本的体形可以有数百万种排列组合。

有时候,肥胖的孩子会变得瘦一点,或者肌肉发达一点;健壮型的人变得更肥胖或者瘦一点;瘦人会变得更健壮或者更胖一些。重要的是接受变化。每一个孩子都是与众不同的。如果每个人看起来都一样,那么这个世界就太无趣了。期待肥胖型的孩子变瘦是不现实的。太多的女孩子和男孩子觉得自己身材不好,是因为父母总是唠叨他们的体重,或者他们干脆放弃减肥,不再关心自己的体态。

身为孩子的榜样,父母必须让孩子知道接受自己的体形、保持身体健康是最重要的,女孩子会有体重问题,男孩子会有肌肉结不结实的问题。也就是说,大多数人都不可能具有模特般的身材。

父母需要向孩子解释,每一个人都是独特的。健壮体形的人对锻炼和运动的态度与瘦弱体形的人可能完全不一样。同样,父母应向有体重问题的孩子解释,有些人不会因为吃得太多而体重增加，有些人就要小心一点。否则，胖孩子会错误地认为自己吃得太多，或者认为自己没有节制饮食。

智力差异

造成孩子不同的另一项原因是智商的差异。要想最大程度地了解并培养孩子的天赋，首先要让他认识到智力是有多种类型的。在西方社会里，我们太注重智商测试了。颇有讽刺意味的是，这些测试往往是武断的，结果通常是男孩子的智商看起来高一些，女孩子的智商看起来低一些。事实并非如此。当智商测试的问题注重空间能力时，男孩的成绩会高于女孩子；当测试问题注重语言能力时，则女孩的成绩会更高一些。

智商测试除了对女孩子不利之外，其包含的层面也不足。测试的问题决定了测试结果。智商测试只测量某一个层面的智力，高智商与生活、人际关系或者事业成功没有绝对关系，低智商也不代表无法拥有成功的人生。

有那么多的博士失业或者离婚，这表明：学术上的成功并不能保证工作或生活中的成功，这已经成为共识。学术智力较高的孩子学习成绩优异，但这绝不能确保他们在生活、工作或者人际关系中也能够取得成功。

遗憾的是，具有其他类型智力的孩子在学校里没有得到足够的承认和培养。人有 8 种基本类型的智力，每一个孩子天生具有不同的智力类型搭配。每一种智力就像一种不同的色彩，我们可以用它们来描绘我们的生活画卷。这 8 种智力类型包括：学术、情感、体能、创造性、艺术、常识、直觉以及天赋。每个孩子在各个智商层面上的高低程度各不相同，但是可借由适当的教养让孩子的潜能得到更进一步的发挥。

学术智力

学术智力高的孩子在学校里表现出色。他们能够认真听讲、学习，能够吸收、理解并复述学到的知识，并牢牢记住。当然，这并不一定意味着他们能够在生活中灵活利用这些知识。

虽然在学校所学的知识对大多数成人而言早已变得模糊，但在求学阶段锻炼出来的思考、分析以及收集资料的方法，却是一生都受用无穷。学术智力是通过阅读、写作和听讲养成的。父母应该给孩子提供发展这种智力的机会。

情感智力

情感智力高的孩子能够创造并维持健康的人际关系，能够正确认识自己的情感。他们对别人的想法和感觉更加了解，能够对其他人的观点产生共鸣。所以这类孩子在生活上与职场上比较容易成功。

事业成功的人一定拥有较高的情感智力。情感智力也让我们有管理与表达情感、期望与需求的能力。越来越多的学校在课程中加入了理解感觉、培养同情心、改善人际交流的内容。父母需要给孩子提供社会交往的机会，而且自己也拥有出色的沟通心法，这很重要。

体能智力

体能智力高的孩子有运动细胞，他们身体强壮、健康，生机勃勃。他们本能地了解自己的身体对锻炼和健康食物是多么需要。他们需要训练和指导的机会，用以培养运动能力。如果有机会与其他孩子竞争，他们的潜在能力可以得到充分的发挥。公平竞争可以使他们发挥出最好的自己。他们需要正面的肯定以提高自尊。他们感觉良好，而且知道如何让自己看上去更健康、漂亮。体能智力会从体育延伸到身体健康。他们需要了解自己的身体，需要了解那些让自己强壮、有活力的知识。

创造性智力

有创造性智力的孩子想象力更加发达。即使只有几块积木或者几个洋娃娃，他们都可以玩得很起劲。他们经常创造出想象中的朋友，无须太多刺激就能激发他们的想象力。如果别人为他们做得太多，他们的想象力反倒受到束缚。他们喜欢听故事，因为故事往往需要用想象力去创建场景和人物。

把想象视觉化的电视剧会削弱孩子的创造力。许多没有受过正规教育或者在学校表现不佳的孩子，长大后却成为成功的企业家，就是因为他们富有创造力。在很多人一败涂地的领域，他们却能大获成功，一个很重要的因素在于，他们能够用全新的方式看待事物。在成长的过程中，他们经常因为与众不同的思考而得到支持。他们创造出自己的一片天地，他们热衷于创新，他们离成功更近。在面对这种孩子的奇思妙想时父母要给予支持，并且协助他们解决问题。

艺术智力

有艺术智力的孩子自然而然会对唱歌、绘画、设计、写作、表演、戏剧、喜剧等艺术形式更感兴趣。他们需要艺术大师的熏陶，让自己的艺术才能尽情发挥。尽管所有的孩子都需要榜样，但这些孩子特别需要艺术造诣极深的人充当偶像。这些孩子与众不同，他们更加敏感，也很难得到自己所需要的情感支持。

父母需要鼓励这些孩子追求自己的梦想。为了让孩子持续发展独特的天赋和艺术才能，他们需要榜样和锻炼的机会，以及父母大量的鼓励和赞赏。

常识智力

有常识智力的孩子常常对学术演讲感到厌烦。他们只想要实用的信息。这种智力在西方社会正在上升。如今，信息无处不在，人们只想获得必需的信息，也是正常现象。这些孩子把有限的精力放在对他们有用的东西上，经常认为学校里教的知识与他们的生活没有关系。

为了激发他们的学习兴趣，很多学校正在尝试更新课程内容，加入了一些与生活相关的知识，以跟上时代的步伐。有常识智力的孩子需要基本的技能，这样才能运用到生活、人际关系还有职场中去。他们只会记住有实用价值的信息。

常识智力能让人生活稳定、踏实。他们不容易被一些高尚但脱离现实的想法左右。他们急切地想运用对自己有用的知识。他们需要机会把学到的知识付诸实践，他们在实干中学习，重视对结果的评估。让孩子在有规则的活动里，获得最大的自由和自主性，是发展孩子常识智力的方法。

直觉智力

直觉智力高的孩子不需要被教导或告知就知道许多事情，信息自然就传入他们耳里，无论是学科知识还是其他信息。他们更偏向于精神上的东西。他们只需要阅读一本书中的几句话，就能凭直觉猜到大部分内容。除了感知到书的内容之外，他们还会对这些内容深有感悟。

例如，读一本关于社交心法的书，那么书中的内容将是未来在社交环境中应对的参考资料。这就是阅读了此书的好处。而有直觉智力的孩子能从被传授的知识中获益，无须学习所有细节。

有直觉智力的孩子经常不被重视。大多数父母没有培养这种智力的意识，学校也缺乏相关的课程。对富有直觉智力的孩子，父母不用过多担心他们的学业，而要更加重视他们能够凭直觉感知的第六感。刺激孩子的直觉智力，主要依靠人际间的联系，而不是电视节目、电脑或书本。

天赋智力

天才儿童往往特别擅长某种智力，而其他类型的智力水平有可能低于常人。所有的孩子天生都智力非凡，但各种智力的比例不同。天才儿童的某一种智力特别突出，而其他智力则表现平平。

天才儿童要过得快乐并有成就，需要父母特别的支持和引导，将其极为突出的才能发挥出来。另外，天才儿童需要特别的支持来发展其心法和那些较弱的智力。

在某一个领域特别出色的人往往会因为其他方面的无力而遭受巨大打击。一个优秀的科学家或者亿万身家的企业家可能无法对他或者她的配偶说"我爱你"。很多人情感丰富，但身体很差。他们充满爱心，关心他人，却不关心自己的身体，很少锻炼。有这么一个传统，伟大的艺术家经常生活艰难，因为他们不善理财，对打理生活中的世俗事务几乎一无所知。这种天赋异禀却生活得苦不堪言的例子不胜枚举。

其实，不论拥有哪项智力，人总是有弱点。比如，学术智力高的人，往往社交心法相对不足。他们在某个领域里突出的表现会让他们备受优待，可一旦涉及自己较弱的领域，对他们而言似乎是太大的冒险，他们很可能裹足不前。

这种想法很简单。如果我做自己擅长的事,爱和支持就会源源不断。反之,就会失去爱和支持。要想克服这种想法,这些孩子需要得到鼓励去发展自己不具备的那些智力。在这个过程中他们会逐渐明白,无须为了得到爱就非要比别人做得好,甚至做到最好。这样,他们才能够生活得更加平衡、充实,也才能真正成功。

学习速度的差异

人们的学习速度可分为:奔跑型、步行型、跳跃型。我们以骑自行车为例来探讨这 3 种不同的学习速度。

奔跑者

一看到别的孩子骑自行车,马上跳上一辆车就骑了起来。 具有这种学习风格的孩子就是奔跑者。他们学得很快,但要有不断的挑 - 战与刺激,才能让这类孩子保持兴趣不减。 他们学得非常快是因为他们在所学的领域很有天分。 父母要注意,一定要给奔跑者发展那些看上去不那么容易的智力。

步行者

这种孩子会花几个星期来学习骑自行车。他们会很认真地对待过来人的指导,每次尝试之后,他们都会进步一点。他们在练习几个星期后就可以自己骑了。他们总是一点点地学习,一点点地进步,能明确地让你知道你对他们有帮助,他们正在努力学。 这些孩子太容易管理,因此经常错过一些重要的培养和关注。

跳跃者

这种孩子是最令父母头痛的,他们可能要用好几年的时间学会骑自行车。 给他们的指导他们都接受了,但却不见进步的迹象。 父母完全不知道自己是否帮到了他们。 如果父母坚持下去,有一天他们会发现,孩子突然跳跃了一大步,他会骑自行车了。

在某个神秘的时刻,这些孩子突然可以把接受的指导整合起来,跨上自行车,骑起来就像一个老手似的。从表面上看,孩子好像没有进步,但突然之间,他们只一个跳跃就到达了目的地。这些孩子经常得不到足够的时间和关注来完成这个跳跃。 所以他们需要父母更多的支持和鼓励,否则他们会轻言放弃,也许永远都无法发现到自己天赋的潜能。

各有所长

一个孩子在骑自行车方面可能是个跳跃者,但学习起社交技巧来,他可能是个奔跑者。他在与你一起做晚饭或者旅行时可能是最友好、最合作的孩子,但一骑自行车,情况就变了,他可能会反抗。了解孩子不同的学习速度之后，父母会更有耐心，并更能宽容孩子的反抗。所有的孩子都有他们擅长的技能，也都会抵制其他技能的学习，这是很正常的。

表面上看起来孩子学得很慢，这并不表示他在那个方面的智力就很低。有时候，我们可能会强烈抵制自己擅长的学习领域。比如说我，我从来都不是一个好的作家，也不善于在公共场合侃侃而谈，因此很长一段时间我都不愿意写东西，不愿意当众发言。这两种才能都是很晚以后才出现的。

另一方面，如果有人在某一智力领域中是奔跑者或者步行者，这并不表示他会在这个领域中表现出色或者拥有巨大的潜能。例如，大多数从大学中获得了某个专业学位的人，在以后的生活中却不见得会沿着那条路走下去。获得人类学的学位并不意味着你会成为一个人类学家。最容易或者阻碍最少的道路并不总是我们最擅长的。

对孩子进行比较

把孩子互相比较是父母们常犯的一个大错误。如果你的孩子在大多数领域都是步行者，那么一切就会顺风顺水；如果你的另一个孩子在某些领域是个跳跃者，你很可能会错误地以为这个孩子有问题。

在跳跃者身上几乎看不出任何学习效果。你教他们乘法表，他们总是记不住；你教他们餐桌礼仪，他们却总是忘记；你教他们清晰地说话，他们就是不说；你教他们系鞋带，他们就是做不到；你给他们讲解作业，他们就是不明白。

没有积极的养育心法，这些孩子通常会一次次地受到惩罚，如此只会更加打击孩子的信心。只有不断地向孩子传达这样的信息，即你没有把孩子和他人比来比去，他们已经够好了，他们的信心才会提高。每个孩子都是独一无二、与众不同的，他们与生俱来的样子都值得去爱。

常常回顾一下这一章的内容，可以让养育孩子变得容易许多。别再因为孩子的表现不像我们所期望的那样而失望不已。记住他们是与众不同的，这可以帮助我们放松下来，以更恰当的方式与孩子相处。

第 10 章

允许孩子去犯错

每个来到世上的孩子都不相同，而且都有属于自己的问题。没有哪个孩子是完美的。所有的孩子都会犯错误。期待孩子不犯错误是向他们传达了一个既残忍又不正确的人生信息，设置了一个永远无法企及的标准。当父母期待完美时，孩子只会对父母的期待感到无助。

父母需要根据孩子的天赋不断调整对他们的要求和期望值。每个年龄段，孩子的能力都会自然发生变化。每一个孩子都有各有所长。尤其是面对孩子特别弱的领域，父母需要更多地协助及引导，不应该让孩子觉得犯了错误就说明自己有问题。太多的消极信息会使孩子觉得自己不好，不值得尊重，或者自己出了什么毛病。他们会觉得很受挫，并失去天生的动力和信心。

从无知到承担责任

9 岁以下的小孩子如果犯错，常会过分自责，他们会感到非常羞愧。任何形式的惩罚、批评或者生气，都会让孩子觉得很难堪。当出了问题时，孩子会过分地自责，除非有其他人承担起责任。

9 岁以下的孩子无法区分 "我做了一件不好的事情" 和 "我不好" 之间有什么差别。这些孩子还不能进行逻辑思考。他们会有这样的反应："如果我做了坏事，那么我就是坏人"或者"如果我做得不够好，那么我就不够好"。

很多成年人缺乏正确的自我评价，会认为自己不值得尊重，他们因此备受折磨，这与他们还不能区分行为和人之间的差异是息息相关的。一旦犯了错，他们就认定是自己不够好。尽管这些成年人已经具备逻辑思考的能力，但他们在 9 岁之前没有体验过内心的纯真。理智上他们觉得自己不算差，但依然会有自己不行或没有用的感觉。

相反，拥有健康的自尊心的成年人会接受自己的错误，他们非常愿意从这些错误中学习。

下面的例子可以看出健康的成年人如何理性地对待错误。

- 如果我做了不好的事，不是我不好，而是因为我了解不够。
- 如果我做了不好的事，不是我不好，事实上我做了很多好事。
- 如果我做了不好的事，不是我不好，因为现在我可以从错误中学习，以后可以做得更好。
- 如果我做了不好的事，不是我不好，因为我可以改正、弥补。
- 如果我做了不好的事，不是我不好，因为我已经尽力了。其他人也会犯错误，他们并不坏。
- 如果我做了不好的事，不是我不好，因为我不是故意的。
- 如果我做了不好的事，不是我不好，因为那只是一次偶然。
- 哪怕我做的事情不够好，我自己还是很好的，因为我正在学，很快我就会足够好了。
- 哪怕我做的事情不够好，我自己还是很好的，因为没人要求我十全十美。
- 哪怕我做的事情不够好，我自己还是很好的，因为今天我病了，感觉不舒服，或者今天很累。

- 哪怕我做的事情不够好，我自己还是很好的，因为今天的挑战比平时的要难一些。
- 哪怕我做的事情不够好，我自己还是很好的，因为没有人每一次都会赢。
- 哪怕我做的事情不够好，我自己还是很好的，因为我认识到了自己的错误，以后可以改正。
- 哪怕我做的事情不够好，我自己还是很好的，因为其他人也未必做得到。

上述每一个例子都能运用逻辑思考区分 "我做了一件不好的事情" 和 "我不好" 之间的差别。有研究表明，9岁以下的孩子没有逻辑思考的能力。若父母过于注重孩子的错误，将导致孩子缺乏自尊与自信。积极的养育心法更关注解决问题，而不是问题本身。确信自己是好孩子之后，孩子会愿意听从你的指导，愿意合作了；相反，感到羞愧的孩子则容易封闭自己。

孩子在9岁之前应该是纯真无邪的，在接下来的9年里，可以用某种特殊的方式让孩子学会承担责任。在孩子到了9岁的时候，他才准备好通过弥补过失来承担责任。孩子不到9岁的时候，父母应该尽量忽略孩子的错误，或者采取不置可否的态度。

如果孩子过早地感觉到要为错误负责的压力，他们会开始觉得自己在各个方面表现得很糟糕，他们会丧失自尊。没有纯真感作为坚实基础，孩子天生的自我纠正能力就没有机会发展。

不要用羞辱或者惩罚来纠正孩子的行为，要运用积极养育的五个心法。不要抓着孩子的错误不放，更重要的是给出解决办法。

当孩子打碎花瓶时，过分关注这个过错只会适得其反。父母只需要说一些关心、热情的话就行了，例如："哦，这个漂亮的花瓶打碎了。下次在花瓶周围活动的时候我们一定要小心，它们很容易打碎。让我们先把碎片打扫干净吧。"

一味地表现得心烦意乱不会帮助孩子从错误中学习，只会让孩子更加困惑。还用打碎花瓶的例子，有些母亲会觉得："我必须让他知道他犯了错。"而积极养育心法的运用则跳过让孩子感到羞愧这一环节，只表达想要孩子合作的意愿。

甚至也不必要让孩子承认打碎了花瓶。因为害怕惩罚或者责备，有些孩子可能会说谎。在这个例子中，真正的问题不是孩子说谎，而是对父母的恐惧。特别是对于9岁以下的孩子，反复盘问他所犯的错误一点儿价值也没有。要解决问题就要找到办法激励孩子积极配合。

惩罚或者说教是没法让孩子真正认识到花瓶多么昂贵。在六七岁前，孩子甚至还不明白金钱的价值。对孩子来说，5元、500元，或者5000元，都是一样的。如果父母运用积极养育的五大心法，孩子将来自然会更加小心。不仅仅是对花瓶如此，对其他事情也是一样。聪明的父母不会紧盯着孩子的错误不放，而会忽略错误，提出解决的办法。

即使是9岁以上的孩子，如果他犯了错后说谎，盯着错误也没多少用处。十多岁的孩子通常相信,除非你能拿出充分的证据,否则他们就什么都没有做过。聪明的父母不会想办法证明孩子的错误,而是认识到一个更大的问题:十几岁的孩子觉得自己承认错误是不安全的。

在这种情况下,父母只能简单地向孩子解释打碎花瓶要主动承认错误,然后就让这件事过去。当孩子意识到他只需要清理一下花瓶的碎片,而不会有更大的惩罚,更不会失去父母的爱,那么他以后就敢于对自己所犯的错误负责。

到底是谁的错?

从积极养育的角度来看,7 岁的孩子打碎花瓶不应该是他的错。他才 7 岁,不能期望他明白花瓶的价值。即使他能明白,也不能期望他能记住。7 岁的孩子在玩耍时经常会打碎东西。即使父母告诉过孩子不要碰花瓶,那仍然不是他的错,因为孩子不可能一直记着你的话。从真正意义上来说,当孩子失去控制的时候,发生的一切都不是他的错。

如果汽车的刹车失灵了,是汽车失控了,而不是你的错。也不是因为你的错误才撞了车,因为你对此无能为力。

然而,从另一个角度来看,如果汽车的刹车失灵了,就是你的错。因为这是你的车,你撞坏了别人家的栅栏,从负责任的角度来看,就是你的错误。毕竟得有人赔偿损失。

但责任还可以进一步明晰。可能是汽车修理工的错,他在修理的时候不够仔细。那么是由你来赔偿,还是由汽车修理工来赔偿呢?也许是汽车经销商的错,因为他卖给你一辆有毛病的车,它本该被召回。

从这个简单的例子中可以清楚地看到,决定过错和责任很复杂,往往需要很多专业律师和法官来判断。在没有律师和法官的情况下,连成年人都不能判断是谁的过失,为什么还要期望孩子能够做到?

幸运的是,积极养育的心法提供了一个切实可行方法,不会为了使孩子以后更合作就逼他们为错误付出代价。在这种方式下成长的孩子,等他们长大后,将是一个有责任感、容易合作、愿意改正错误的人。

要有责任感

当孩子犯错时,与其让孩子讨厌自己,不如教导孩子如何在错误中学习,如何负责任地纠正自己的错误。有些父母也不愿意惩罚孩子或让孩子为错误付出代价,但他们担心孩子因此学不会承担责任。

想要从错误中学习成为负责任的人,首先必须对自己犯的错有一定的认知,然后才能够自我纠正。但对小孩却不是如此,孩子不需要通过承担责任来从错误中学习。婴儿几乎没有任何自我意识,但他们依然在不断地学习和自我纠正。

责任感就是清醒地意识到"我犯了一个错误"。在9岁前,孩子还没发展出这种自我意识。那时的自我纠正都是自发的,不具有责任感。纯真的孩子能够自我纠正,不是因为他明白做错了事,而是为了模仿父母,为了跟父母合作。

如果孩子被迫解释自己的错误,还要承担后果,他们通过模仿和合作来自我纠正的天生能力就受到了限制。这种自我纠正对学习和成长至关重要。生活就是一个试错的过程。每一个人都会犯错误。

责任感和责任心的意识来源于正确认识犯错,而不是因为犯错误感到不安。如果孩子犯了错误也不会受到惩罚或失去父母之爱,他们就体验到了安全感,9年之后孩子就会形成良好的意识去适当承担责任。

自我纠正是孩子与生俱来的能力

纠错是孩子天生具有的能力。一部分孩子或者成年人犯错之后不做自我纠正,只是因为他们觉得承认错误是不安全的。有一天他们发现,即使犯了错误,自己也是安全的,这时他们的纠错天性会重新萌发。

对犯错误的焦虑只会导致行为上一错再错。因为犯错而惩罚或者羞辱孩子,只会让他们更紧张,并削弱他们天生的自我纠正能力。父母要记住,孩子来自天堂。自我纠正是一个自动的过程,主要靠模仿和合作来完成,光靠惩罚和羞辱是行不通的。

孩子的学习曲线

即使没有父母负面的信息或惩罚,孩子也是逐步学会自我纠正的。任何行为或者态度都有一个学习曲线。我们已经讨论过,每个孩子对每一个具体任务的学习曲线都是不同的。有些孩子学骑自行车比较快,而有些孩子做好上床睡觉的准备更容易。即使父母把每件事情都做得很对,让一个孩子在吃饭时注意礼节可能还是要花一定的时间和精力。

如果孩子要花较长的时间学会一件事情,那既不是他们的错,也不是父母的错,只是时间的问题。

父母可以简单示范和说明该怎么做,这样孩子就会一遍遍模仿,直到学会正确的行为。父母能做的就是这些,剩下的就要靠孩子自己了,他会按时完成。

在孩子学会交流之前,父母会包容孩子所犯的错误。而当孩子学会交流之后,父母会错误地认为孩子能够听懂他们所提出的要求。希望孩子不要在墙上画画，因为擦不干净，这对孩子的逻辑思考能力要求太高，他很难做到；希望孩子马上上床睡觉，这样第二天他才会感觉更舒服，这也有些太过复杂。

当婴儿把食物掉在地板上时，父母会很容忍他们所犯的错误，显然，婴儿还不懂事。一旦孩子学会了交流，父母就认定他们应该懂事了。父母们认为，既然孩子能够交流，那么就应该能够理解父母提出的各种要求。

一个孩子通常需要你的反复叮咛才能学会一件事。奔跑者可能只需告诉他一次就行，而跳跃者则可能需要更多。步行者每要求一次就会进步一点，但还是需要多次重复要求。理解并接受孩子的独特的学习曲线非常重要，这种爱的支持必不可少。

重复必不可少

不如回顾一下学习打棒球的情形，就很容易理解"重复"这个概念。在你能够把球打中目标之前，你可能需要不停地练习。在重复练习之后，球才会打到你所希望的地方。

同样，要想孩子能够自动地对某个特定的要求做出回应（例如："请不要把吃的东西扔到地板上，要放在盘子里。"），也可能需要两百次学习机会。在喂婴儿吃东西时，聪明的母亲会在地板上铺一块塑料布。

别忘了，即使孩子能够交流了，他们的大脑每天仍然在发育、变化。用理论或者逻辑激发不了孩子合作的愿望。父母需要用重复的要求和命令来激励孩子，让孩子不断地自我纠正。

还有一种情况，孩子可能会故意表现出从错误中学习的样子，但实际上他没有。9 岁之前，孩子的学习方式是模仿和遵从指示。如果你对某件事情感觉不好，那么孩子也一样，他们会模仿你的反应，即使他们实际上并不理解为什么。9 岁之前的孩子不会进行逻辑推理。

当你对孩子的错误表现出不快时，他们会感到惭愧，但除了害怕你的反应和压抑自己的意愿以外，他们不会从中学到任何东西。而积极的养育会强化孩子的意志，并促使他们与你合作。这样，孩子才能以最好的状态进行学习。

从错误中学习

父母会犯的最大的错误就是认为孩子在 9 岁之前能够有逻辑地反思自己的错误，父母们试图教孩子从错误中学习，而不是把注意力放在教他们怎样合作和指导他们的行为上。当孩子犯了很多错误时，他们还会继续错下去，这一点儿都不奇怪。

孩子不断犯错或者总是忘了你交代的事情，经常是因为他们缺少活动安排、生活规律或者监督。从这个角度来看,父母总是对孩子的过错负有责任。让孩子觉得自己有责任实际上是不正确的。

9 岁之前的孩子没有自律能力,因为他们还不能进行逻辑思考,而只能模仿。

在 9-18 岁,孩子依然在学习承担责任。等他们到了 19 岁左右时,我们就可以完全放手,让他们对自己的行为全权负责了。

很多父母错误地期望年幼的孩子能有责任感,而这是 19 岁孩子才应该有的。承担责任很难让孩子学会尊重事物或者他人,他们只有看到父母对别人的尊重才能学会。母亲一边打孩子,一边说:"我不希望你打弟弟,你得跟他说对不起。"这种现象很荒谬。

孩子在模仿中学习。如果父母冲孩子大吼大叫或者动辄拳脚相加,那么孩子也会互相吵架或打架。如果父母之间相敬如宾,那么孩子最终也会和睦相处,并为 9 岁时学习承担起责任做好准备。如果孩子能够有 9 年的时间无忧无虑,也不用对错误负责,那么当他们大脑充分发育好之后,就准备好了从错误中吸取教训。

没有经历过 9 年纯真时光的孩子也能够从错误中学习,但他们很难原谅自己犯下的错误。他们不会自我纠正,反而更容易为错误辩解。9 年的纯真能帮孩子打下坚实的基础,学会用健康的方式纠正自己的错误。他们会原谅自己,并可以逐渐从错误中得到经验教训。在 9 岁之前,因为有父母的要求在指引他们,所以他们知道该做什么。积极的养育心法激发孩子合作,不是因为害怕惩罚,而是因为孩子天生愿意取悦父母,愿与父母合作。

死盯着错误不放无论如何都帮不了孩子。

当孩子配合父母的意愿时,他们就认识了原来这才是正确的。他们不是通过分析自己所犯的错误来明白对与错,在让孩子"暂停"的时候,叫他想想自己做错了什么,这是徒劳的。当你让孩子"暂停"时,只是要让孩子重新回到控制中,不是要教给他们什么是对,什么是错。

当孩子跟父母合作并且受到鼓励和肯定时,他们就明白应该为自己的所作所为负责。他们"能够"对父母的愿望和需求做出"响应"。这就是孩子负责任的表现。这是年龄小于 9 岁的孩子能发展的唯一的责任感。

学会弥补过失

如果不会因为犯错而被惩罚,孩子就能够好好琢磨下犯错之后应该怎么办。当错误已经形成时,父母需要表明如何做是正确的或者怎么样改进。让孩子来模仿父母的行为,他们就能逐渐学会如何改正或者做出弥补。

教孩子弥补错误的最佳方法就是从做中学。如果你的儿子在跟小朋友摔跤时弄伤了对方,那就拉着你儿子的手,把他带到受伤的小朋友身边,说:"很不幸发生了这样的事,我很抱歉。我们来处理下吧。"在你儿子的帮助下，拿一块冰块慢慢揉擦孩子的痛处。不要因此而责备他，关键是要给出解决问题的办法。

要告诉孩子，即使生活中出了错误或者发生了不好的事情，总是有机会弥补的。这样，孩子觉得有责任让事情变好，就会主动承认错误，把事情做对的愿望也会越来越强烈。

如果父母能够经常承认自己的错误，那么孩子也会随时准备好认错。想要对错误承担起责任，除了要自我纠正，还要做出适当的弥补。弥补就是在犯了错误之后让事情有所好转。大多数父母向孩子隐瞒自己的错误，几乎从不道歉。他们的理由是承认自己的错误就丧失了权威。

父母可以向孩子示范如何承担责任。当父母接孩子迟到时，不要解释为什么去晚了，而是应该听孩子说，应该道歉，并做出弥补。

此外，父母可以做一件特别的事情来弥补，例如，特意带孩子去吃他喜欢吃的东西。父母可以说："对不起，我来晚了。我想请客补偿你。我们去吃果露吧！"为了弥补错误，父母甚至做一件当天的家务或者设计一个好玩的游戏。父母通过弥补做出榜样，会帮助孩子成长为负责任的青少年和成年人。

父母不断地弥补自己的过失，孩子就能逐渐形成勇担责任和知错就改的能力。孩子不仅学会了承担责任，而且会认真对待自己所犯的错误，设法弥补，并为自己的不当行为付出一定的代价。

如果一个十几岁的孩子迟到，使父母久等，他除了要学会守时，还需要做出补偿。道理很简单："你让我等了太长时间，你得做点事情让我开心一下。"

如果父母会为自己的错误做出弥补，那么孩子到了十几岁时，也会很乐意弥补自己的过失。有时候，他会自然而然地说："对不起，我怎么才能补偿你呢？"

还有些时候，他会马上提出一个建议："对不起，让你久等了，你愿意让我给你洗车作为补偿吗？"

另外一种健康的回应是："真的对不起，我来晚了。上个星期你欠我一次，现在我们扯平了。"

如果你的十几岁孩子没有接触过积极养育心法，你有必要问他："那么你打算如何补偿我呢？"或者让他知道他给你带来了麻烦，因此他"欠你一次"。

他很快就会明白过来自己无须受到惩罚，只要在合适的时候做出弥补就行了，他会很开心。十几岁的孩子也不需要羞辱和惩罚，这种安全性可以铺就让孩子更加负责的道路，对任何年龄段的孩子都适用。

不惩罚，但要调整自由度

积极养育的心法不会运用任何惩罚手段迫使孩子合作，但有时候父母可能不得不对孩子的自由做出调整，如果你 8 岁的儿子老是在卧室的沙发上跳来跳去，那么你可能会把他从卧室中赶出去。在此之前，你应该先采用积极养育的五大心法。

首先，要让他知道他可以获得重回卧室的机会。你可以这样和他说："如果你不在沙发上跳，我就会重新考虑一下，当我不在的时候你也可以在这里玩儿。"在这个例子中，父母并没有惩罚孩子，只是调整了规定和心法。

如果你规定你 16 岁的孩子周末晚上不能在凌晨 1 点后回家，而他却总是不听，你可能就需要做出调整了。要把回家的时间规定得更早一些，这不是惩罚，而是因为你意识到你的孩子还不是很有责任心，他在外面待得实在是太晚了，他记不住你规定的时间。

其次，应该原谅十几岁的孩子，但也要要求他们对给你造成的不便做出弥补。在运用了积极养育的五大心法之后，如果孩子还是继续晚归，父母就需要承认自己不应该把归家的时间制定得太晚，必须再提前一点儿。

父母可以这样说："这是规定时间，你心里有数，我也理解有时你难免有自己的事情。我们已经谈过好几次了，看得出来你也努力想遵守我的规定，但你的自主权太大，我要把夜归时间重新定到 12 点。如果你能连续三次遵守时间，我们可以把时间改到 12 点半。当我相信你记住了这个时间之后，可以重新考虑改到凌晨 1 点。这几个周末我希望你在 12 点之前回家。"

孩子犯错时如何应对

9 岁及 9 岁以下的孩子犯错误时，我们应该泰然处之，表现出一种犯错很正常、在所难免的态度。在孩子长到 10 岁之前，不应该要求孩子道歉或者做出弥补。例如孩子打碎了什么东西是因为家长没有对孩子进行有效的监督，孩子不必道歉，也不必做出弥补。

当一个孩子打了另一个孩子时，父母应该认真教育他，而不是惩罚孩子或者强迫他道歉。如果非要追究责任的话，那还是父母的责任。从某种程度来说，孩子没有从父母那里得到他们需要的东西，这种东西包括足够的理解、监督、活动安排或生活规律。

当两个孩子打架时，不要逼他们道歉和弥补，只要让他们和解就行了。可以这样说："好了，让我们和好吧。我很抱歉动手打了你，对不起，让我们一起做游戏吧……"

但一个曾因为犯错而受罚的孩子，他就会要求惩罚另一个孩子，一个曾被要求过道歉的孩子，他就会要求另一个孩子道歉。如果父母不去责备孩子，自己主动承担起责任，那么兄弟姐妹之间就可以和睦相处。

以这种方式来应对孩子所犯的错误有点困难，因为大多数父母不会轻易承认自己的错误。他们觉得惩罚很必要，因为他们自己小的时候就一直被惩罚，而且他们相信犯错受罚是理所当然的事。幸运的是，即使父母犯了错误，积极养育心法也是有效的。如果父母因为孩子犯了错而感到心烦意乱，他们就应该平静下来，为自己的烦躁不安道歉，宽慰孩子犯了错误没有关系。

你可以说："妈妈不应该因为你打碎了花瓶就冲你嚷嚷，对不起，其实这没什么，我们可以再买一个花瓶，有时犯这样的错误是难免的。"

对大一点的孩子，你可以说："很抱歉，前几天对你生那么大的气。我那样是因为还有其他的事情令我心烦。没什么大不了的，我们可以再买一个花瓶。"

孩子打碎了花瓶，父母感到心烦是很自然的。但应该注意，不要对孩子厌烦，更不要自己过分焦虑。有些父母不会责备孩子，但却会苛求自己。尽管他们主观上并不想表现出烦躁，但会在不知不觉中流露出来。父母需要原谅孩子的错误，也要原谅自己的错误。

积极养育的心法是新方法。大多数父母不知道如何对孩子所犯的错误做出反应。下面是一些很不错的方法，可以帮助你恰当地对孩子的错误做出反应。花几分钟想一想，碰到下面的情形你会有什么样的反应。

如果你这一天过得很好，休息得很好，觉得前途一片光明，那么当你的孩子打碎一个花瓶时，你会有什么样的反应？

如果你的孩子对你很有帮助，很合作，总是很听你的话，那么当他打碎一个花瓶时，你会有什么样的反应？

如果你的孩子在帮你清洁花瓶，突然警铃声大作，吓得他失手打碎花瓶，这时，你会有什么样的反应？

如果你公司的总经理不小心打碎了花瓶，你会有什么样的反应？

如果你允许五个男孩子在卧室里玩足球，他们不小心打碎了花瓶，你会有什么样的反应？

如果花瓶很便宜，或者你正想着要买一个新的花瓶，你会有什么样的反应？

如果你有一个双目失明的客人不小心打碎了花瓶，你会有什么样的反应？

在上面这些例子中，你的反应很可能是不会责备打碎花瓶的人，而是会原谅他。尽管损失了一个花瓶会让你心疼，或者清理碎片给你带来很多麻烦，但你不会一直想着它。你显然不会对孩子、对你自己、老板或者客人生气。这种事情一旦发生，你会坦然接受。显然，你会更关心孩子的感受，更关心客人或者老板，而不是花瓶。你肯定不希望任何人感觉不舒服。这种积极的、宽容的反应是正确的，即使在其他情况下也应如此。

把孩子所犯的某个具体错误对应上面 7 种情形，看一看你会怎么反应。

例如，你的孩子最近把什么地方搞乱了，事后也没有收拾，这时，不如问问自己，如果这一天过得很愉快，休息很充足，觉得前途一片光明时，你会作何反应。就这样逐一考虑 7 种情形，你就会意识到心情愉快时你会做出什么反应。当你的孩子犯了错误时,不管情况如何,他们都值得你原谅。

现在,让我们改变一下条件,想一想在下面的情况中,你会有什么样的反应,要记住,这种反应方式并不一定是你想要的。

如果你这一天过得很糟,筋疲力尽,有太多的事情要做,而时间又很少,你的未来看起来一片黯淡。这时,你的孩子打碎花瓶,你会有什么样的反应?

如果你的孩子总是损坏东西,而且从来不听你的话。当他打碎花瓶时,你会有什么样的反应?

如果你叫孩子不要在卧室玩或者不要碰那个花瓶,但他还是照做不误。当他打碎花瓶时,你会有什么样的反应?

如果一个家政钟点工打碎了花瓶,而且在此之前她已经不小心打碎了好几样东西,你会有什么样的反应?

如果你特别嘱咐孩子不要在卧室玩儿或者不要碰那个花瓶,但最后花瓶还是被打碎了,你会有什么样的反应?

如果这个花瓶特别贵或者对你来说有特殊的意义,当孩子打碎它时,你会有什么样的反应?

如果你叮嘱过你的爱人把花瓶收起来,但他或者她忘记了,结果花瓶不小心被打碎了,你对你的爱人会有什么样的反应?

除非你自我克制,否则很可能会暴跳如雷。如果这一天你过得很糟糕,你很可能会拿孩子来发泄。打碎的花瓶可能只是压倒骆驼的最后一根稻草。糟糕的是,你的过激反应会让孩子认为他们所犯的错误很严重,会感觉到不应有的自责。

除非父母勇于承担起责任,否则孩子会过度自责。

如果孩子经常不听你的话,你可能会更生气,并以此为例,警告孩子如果不听话会怎么样。你生气不仅仅是因为花瓶被打碎了,更是因为孩子多次不听你的话,你担心他以后还会不听话。这种信息对孩子来说是混乱而无效的,对你的爱人来说也是一样。

当孩子犯错误时,我们不应该重提他们以前犯过的其他错误。

如果你要求孩子远离那个花瓶而他不听,你可能会觉得应该惩罚他,给他一个教训。我们在前面已经说过,惩罚和羞辱在今天已经不适用了,还有其他方式可以规范孩子的行为。当一个孩子故意违抗时,父母需要运用积极养育的五大心法来代替惩罚。惩罚只会让孩子更抵抗。

对孩子犯错误的最佳反应是不置可否。要引导孩子正确地去做某件事,不要把太多注意力放在孩子的错误上。在这个例子中,你可以叫孩子帮你清理花瓶的碎片。

当家政钟点工打碎你的花瓶时,需要做适当的补偿。如果接下来她又犯错了,就应该解雇她。

她不是你的孩子，你没有责任教她任何东西。而对于孩子，你的挑战是原谅他，并以此教会他承担责任。

如果花瓶很昂贵，会让大多数父母更加生气。父母需要记住，孩子不是故意的。如果花瓶真的这么贵重，父母就应该保护好，而不是责备孩子。如果是十几岁的孩子打碎了花瓶，他应该在合理的范围内做出补偿。让你十几岁的孩子补偿还是很不公平的，因为他挣得没你多。比较合适的做法是让他清扫碎片，然后给他钱让他再去买一个花瓶。

如果十几岁的孩子邀请朋友来家里玩儿，他们损坏或者偷走了你的电脑，那么你最好跟孩子一起想个办法让肇事者弥补。如果你决定要一些经济上的补偿，那么应该符合你的薪水与孩子挣的钱之间的比例。如果被偷或者被损坏的电脑价值 2000 美元，而你每周的薪水是 1000 美元，你的孩子每周挣 100 美元，那么他应该拿出 200 美元。

此外，父母还是可以想当然地以为孩子本应该更懂事。如果你让你的丈夫把花瓶收起来，而他忘了，你可能会生气，因为你觉得他没有听你的话。既然提醒过他，他理应做得更好。同样，当孩子忘了做某些事情的时候，父母生气是因为他们错误地以为孩子已经知道了。可是他们忽略了，对孩子来说，忘记是非常正常的事情。有些孩子听过很多次后才能记住，而且，在压力大的时候又会忘掉。

尽力就好

还有一种信息是父母应该传达给孩子的：只要尽了最大努力就够了，犯错误在学习和成长过程中是再自然不过了。通过犯错误，我们明白了什么是对的、什么对我们有利。我们只要尽自己最大的努力，剩下的就是去大胆尝试，哪怕出错也没有关系。这是一个健康的信息，但常常容易被误用来羞辱孩子。

父母对孩子说："尽你最大的努力就好。"但是，当孩子失败或者犯错误时，父母就错误地认为孩子没有尽力。而孩子呢，就会认为即使自己尽力了也不会得到承认。当孩子因为犯错误而受到批评或者被指责没有尽力时，他们就开始觉得自己很差。

父母经常错误地以为，十几岁的孩子更成熟了，他们的记忆力就应该更好。可他们还是会忘记做某些事，这时，父母就错误地认为是他们不够努力。努力与记性毫无关系。你要么记住了，要么没记住。父母应该像对待其他错误一样去对待忘记。

对待健忘的孩子最佳方法之一是：每次要求他，都装作好像是第一次提出这个要求的样子。当你这样不断地要求时，孩子就会意识到是自己忘记了。当一个十几岁的孩子自己意识到这个问题时，他们记忆力自然增强了。当孩子不需你的提醒就能自己回想起来时，他就开始记住你的大部分要求了。

对于大多数儿童以及青少年来说，压力越大，他们就越容易忘记。唠叨或者对他们生气是没有效果的，只会造成更多的压力，这样他们就更难记住了。奖励是增强记忆力的一个好方法。如果你的孩子经常忘记东西，那就每逢周末都试着对他们记住了的东西给一个奖励。

孩子犯错误时，父母感到失望，就会不知不觉地传递出很多羞辱孩子的信息，使孩子感觉很差，觉得自己错了、太笨或者不值得尊重。下面就是一些很常见的信息。

你应该明白的。

你应该做得更好的。

你应该知道得更清楚。

你怎么可以忘了呢？

我以前已经告诉过你。

我警告过你。

要是你听了我的话……

你怎么啦？

我见过你做得更好的时候。

你怎么回事？

你就是不听。

这些信息对孩子来说是一种羞辱，是把责备当成了激励孩子的一种方式。我们已经说过，用让孩子自责的方式来控制孩子不仅没有必要，而且过时了。

其实孩子真的尽力了，犯错误也是他们学习的一部分。孩子有时会失控，是因为没有得到保持控制所需要的东西。不管孩子做错了什么，当时他们一直都是在尽自己的最大努力。

孩子永远不会一早醒来就想："今天我怎么做才会最糟糕？我该做什么才会真的失败？我怎样才能打乱父母的生活，让他们不再爱我？"没有人会这样想，除非他们受到了过度的刺激。即便那样，孩子也会尽最大努力（可能会用一种被误导的方式）使自己的需求得到满足。

尽最大努力并不意味着动用了一个人的全部潜能，只是意味着根据自己当时具备的条件做出了最大努力。下面是一个简单的例子。

昨天，我铆足了劲儿写作，一天写了三十页。这对很多作家来说是不错的成绩了。当我开始写这本书的时候，不管我怎么努力，一天都只能写三页左右。今天我很累，但还是尽最大努力写了五页左右。有一天我写了三页，有一天居然写了三十页，而紧接着的第二天我只写了五页，但毫无疑问，每天我都尽力了。

想想这个例子，你就会发现，只看重结果是不够的。用孩子的表现来判断他们是否尽了最大努力也是错误的。允许孩子犯错的秘诀就在于承认他们始终在尽最大的努力。

如果不准孩子犯错误

如果不准孩子犯错误，孩子会表现出各种不友好的态度。下面是常见的 4 种反应。

1. 隐藏错误，瞒住真相。
2. 不给自己设定高标准，或者不愿意冒险。
3. 为错误辩解或者指责他人，以此来保护自己。
4. 自我贬低和自我惩罚。

如果孩子明确知道犯错误没关系，就可以避免这 4 种反应。孩子天生就爱自己的父母，但他们没有爱自己或者原谅自己的能力。通过父母对待他们的方式，通过犯错误时父母的反应，孩子才能学会爱自己。当孩子犯了错却没有受到羞辱或者惩罚时，他们就会明白自己不一定非得完美才会被爱。他们就能逐渐学会如何爱自己，如何接受自己的缺点。

当父母为自己的错误道歉时，孩子会自动地原谅父母。孩子天生不具有原谅自己的能力，却能够原谅父母。如果父母犯了错误不道歉，孩子就会责备自己。没有一再原谅父母的经历，孩子就学不会如何原谅自己。

自我原谅使得自责烟消云散。孩子发现常犯错误的父母还是那么可爱，他很快就学会自我原谅了。等他们到了 10 岁时，自我意识会变得更强，就不会对自己的不够完美太过苛刻。

在 9 岁左右的时候，当父母做了一些使孩子们感到奇怪的事情时，孩子们就会尴尬。例如，孩子会对母亲在杂货店里唱歌感到不自在。随着自我意识的逐渐加强，孩子突然之间会清楚地意识到他人是怎么想的。如果孩子是在宽容的环境中长大的，他们就能原谅自己的不完美。下面我们就具体讨论一下孩子犯错误不被接受时的这四种反应。

隐藏错误，瞒住真相

一旦孩子担心受罚或者失去父疼母爱时，他们就学会了隐瞒自己的错误。为了免遭伤害，他们宁愿隐瞒一切，并希望没人发现。这就会导致撒谎。这种隐瞒真相的倾向渐渐演变为内心的分裂。孩子不得不生活在两个世界里。在一个世界里，他理所当然地享受着父母的宠爱，而在另一个世界里，他相信，一旦自己的错误曝光，他将失去父母全部的爱。这种想法会让孩子怀疑自己曾经得到的爱。

孩子做错了事情却隐瞒时，他们内心很可能觉得自己不值得父母去爱。即使父母确实宠爱他，并不断支持、称赞或者认可他，他还是会觉得："是的，但如果你知道我做了什么，你就不会那么说了。"这种不值得被爱的错觉会让孩子感受到越来越少的支持和爱。即使再支持他，他的内心也无法感受到。当孩子不得不隐瞒自己的错误时，他们会对可以获得的真正的爱和支持满不在乎。

父母的爱和支持能让孩子感受到力量和信心。当这种支持被切断，孩子的安全感会逐渐消失。如果有人跟孩子说："好了，不要告诉你的爸爸妈妈，这是我们之间的小秘密。"这是非常有害的。如果孩子觉得把自己或者别人的错误告诉父母不安全，那么孩子与父母之间便存在隔阂了。

如果父母中的一位要求孩子对另一位保守秘密，那就更加有害。可能只是随便一句话："好了，我会给你这个冰淇淋，但不要告诉爸爸。"这样会让孩子跟母亲更 亲近，但却把他和父亲之间的距离拉远了。

如果不但要求保密，还以惩罚相威胁，害处就更大了。例如，当父亲虐待孩子时，他可能会说："如果你告诉妈妈，我就揍你。"隐瞒真相会比他受到的虐待危害更大，除非他告诉母亲真相。犯了错误可以弥补，但如果孩子觉得不能对父母敞开心扉，这将无法治愈他遭受的伤害。

离异家庭的孩子

离异家庭的孩子经常觉得无法与他人分享自己的感觉和体验。当生活在父母各自的家庭时，必须给孩子这样一个信息：谈论另一个家里发生的事没关系。否则，当孩子不能随意谈及两个家庭的事情时，他的意识就会产生分裂：在母亲家里只能分享自己的一部分，在父亲家里则分享另一部分。

当孩子跟妈妈讲述爸爸的一件事情时，妈妈可能会生气或者忌妒，于是孩子就会觉得诉说是不安全的。在爸爸那边也是一样。当孩子说起跟爸爸一起在集市上玩得多么开心时，妈妈就会很生气：他怎么不让孩子做作业？孩子能够感觉到这些负 面信息，于是就不再说了。如果妈妈给前夫打电话抱怨，那就更糟了。下次孩子跟爸爸之间再有什么小秘密，爸爸可能会直接叫孩子不要告诉妈妈。

对孩子来说，很难安全地分享生活中的细节。只要父母否定、批评或者反对他，孩子就再也不会讲了。这时，不仅孩子丧失了安全感，父母维护主导地位的权力也会受到影响。

孩子越是觉得可以自由地告诉你一切，他不会受伤，其他人也不会受伤，他越愿意跟你合作。记住，当孩子觉得可以安全地做自己时，他们就会心甘情愿地达 成合作。父母要想更多地影响孩子，必须停止做出判定以及给出解决办法，这样孩子才会和父母保持更亲密的关系，更乐意分享自己的东西。

不设定高标准，不愿意冒险

当孩子因为犯错误遭到指责而感到羞愧时，他们通常就会害怕再犯错误。为了自我保护，不会因犯错、失败或者让父母失望而痛苦不已，他们就会谨慎行事。他们不再设定难以企及的高标准，而只做那些可以预测并且足够安全的事情。生活太过安逸，他们会觉得无聊，也会因为没有挑战而看不起自己。

还有些孩子在遭到羞辱之后，会要求自己取得更高的成就。他们觉得让父母失望非常痛苦，因此会更加努力。他们可能会取得成功，但却永远不会幸福。他们永远都觉得不够成功，所以自己也就永远不够好。这些孩子在学校的考试中得了一个 B，其余都是 A，回家后听到这样伤人的反应："为什么会考了一个 B？"这种情况司空见惯。

如果儿子在足球比赛中错过一次传球，父亲可能会说："如果你接到了那个传球，你们队可能就赢了。"父母经常把注意力放在负面行为上，而忽略正面行为。在心理咨询室里，经常可以听到那些充满焦虑和抑郁的成年人，讲述自己童年时期听到的不少类似的负面信息。大多数情况都不是父母不爱他们，只是父母不知道用什么更好的方法来表现这种爱而已。他们不知道自己对孩子做了些什么。很多人甚至错误地以为自己是在用一种健康的方式激励孩子更加努力。

当孩子感觉到犯错误不安全时，他们就会拒绝冒险，然而冒险又能帮助孩子找到最真实的自己。没有容忍错误的安全感，他们就会退缩，而且经常不知道为什么。他们需要一张安全的网。即使是希望成功的孩子，也不会冒险进入生活中的其他领域。

缺乏安全感的孩子可能会说："我讨厌派对。"但这种讨厌背后是害怕被拒绝，与其冒险后因感觉自己不合格而痛苦，他们宁愿把自己隐藏起来。其实他们是害怕一旦犯了错误或者失败了，会连已经拥有的东西都失去。

害怕和不安全感并不总是因为孩子抵制造成的。有些孩子生性害羞，要花更长的时间才能建立人际关系，他们还没有准备好去冒险。接受型的孩子容易害羞，厌倦变化。敏感型的孩子更害怕被拒绝，他们自然需要更长的时间才能和朋友坦诚相对。当这些孩子遇到不允许犯错误的压力时，他们更容易退缩。

为了避免遭到父母反对，有些孩子就选择了沉默与漠不关心。正因为这样，十几岁的孩子不再向父母倾诉任何事情。他过去习惯了被纠正、被批评。现在他长大了、更自由了，加上不是那么需要父母了，他就会到朋友那里寻找共鸣。他变得叛逆并且再也不需要父母的赞成。产生这种倾向的原因在于，多年来为了顺从父母，他不得不隐藏或者压抑自己。

不管父母过去做了哪些伤害孩子感情的事，也不论孩子长到多大，父母都可以运用积极养育

的五大心法和五个心法进行弥补。父母需要记住，他们自己只要尽了全力，即使犯错误也不要紧。

为错误辩解，指责他人

在缺乏宽容的环境中长大的孩子，遇事容易采取防御的态度。他们要么努力为自己的错误辩解，要么责怪他人。当父母要求孩子别再跟兄弟姐妹打架时，孩子怕受责罚，就会把错误归咎于对方。他会说："是他先打我的。"防御是正常的，但被惩罚放大了。如果孩子不害怕被惩罚，当父母要求他不要打时，他会更听话、更合作。他觉得不需要推卸责任或者为自己的行为辩解。

作为成年人，我们学会自我纠正的唯一途径就是对自己的错误负责，而不是责备他人，为自己的错误辩解。尽管我们是成年人，但我们的行为和那些在不安全环境中长大的孩子如出一辙。

卡罗尔到我这里来咨询。她不知道是否应该继续留在新任丈夫杰克身边。有几次，他生起气来，动手打了她。他甚至把她所有的东西都扔到了屋子外面，这也让她下定决心来找我咨询。后来，他很悔恨，希望她回来。显然，当他冷静下来的时候是爱她的，但是，他在处理成年人之间的感情关系上做得还不够好。

她问我对此事怎么看。我跟她说我需要跟杰克谈谈。后来，他们两个人一起来了；我问他还会不会这么做，他的回答非常明确："我们都做错了。只要她不再说那样的话，我就再也不会打她。"

谈了很久，他丝毫不让步。我试图让他明白，不管卡罗尔做了什么，他的行为都是错误的。杰克仍不接受我的想法，结果，卡罗尔看清了他的不成熟，和他离了婚。在杰克的标准里，只要卡罗尔说了一些违背他的言语，他的暴行就是合理的，卡罗尔的行为成为他犯错的理由，坚持这一点，他就无法做到真正地自我纠正。显然，杰克小时候是在不宽容的环境中长大的，他学会了通过责备他人来为自己辩护，却从不会自己承担责任。

当孩子觉得犯错误不安全时，他会浪费很多时间、精力和口舌来为自己辩护，解释事情为什么会发生，它如何导致了其他一连串的事情。只要让孩子觉得犯错误是安全的，孩子和父母经受的所有这些苦恼的事情就可以避免。如果犯错误没什么，孩子就会以开放的心态听父母说希望他做什么，而不是去辩解。回过头去看已经发生了的事情，不断告诉孩子他们做错了什么，这是行不通的。

如果我们为自己的错误辩解或者责怪他人，只能说明我们无力解决自己的问题。当我们让别人为自己的问题负责时，我们就失去了治愈伤口、从错误中吸取教训的机会，也失去了在生活中继续前进以实现目标的力量。

消除"成长的风险"

我曾经受邀在洛杉矶发起一个培训项目，旨在帮助那些曾受到过严重伤害和虐待的十几岁的青少年。这些孩子都因为坎坷的境遇而滋生了各种各样的品行问题以及自我贬低倾向。在首次给为期一周的讲习班授课之前，我坚持将家庭不健全的孩子与家里有比较多爱与支持的孩子分配在一起。

没有一个孩子因为家庭不健全而被单独分出来。渐渐地，当孩子们能够谈论自己成长过程中接受到的负面信息时，他们发现自己的痛苦并不是独一无二的。不管他们所经历过的是不是真正的"虐待"，这些十几岁的孩子认识到，他们 90% 的问题都如出一辙。他们都感到被误解、被轻视、不被欣赏，有时候还受到不公平的对待。

如果好心的治疗专家和父母过分强调某一次负面的受虐待的经历，就容易使当事人认为，他的所有问题都源自那次经历。把一个人的不幸仅仅归因于一个事件很容易产生误导。与幸运的孩子待在一起，这种误会就可能得到消除，那些幸运的孩子渐渐也愿意说出内心的害怕、愤怒、失望、痛苦、伤害、拒绝、不公、自责、悲伤、损失、怨恨和困惑。结果，虽然孩子的确有较不幸运的遭遇，但他们发现，痛苦绝大多数是来自不正当的养育方法。

因为孩子们没有意识到其他孩子的感觉与他们的一样，他们一直把自己的消极情绪归咎于过去的经历。现在的很多成年人也是如此，这种责备的心理反而让他的生活雪上加霜。

参加工作坊、做心理咨询以及参加心理互助小组可以帮助伤口的复原，但是，为了一开始就把这种伤害降到最低，父母可以努力为孩子创造一个允许他们犯错误的安全环境。一旦孩子表现出通过责备别人来推卸责任的倾向，父母就可以运用积极养育的心法帮助孩子，最好以身作则，为以前的错误承担责任。如果父母能主动承认错误并承担起责任而不是一味责备别人，孩子自然也会少一些辩解和责备。

自我贬低，自我惩罚

这些孩子感觉不到健康的自尊，总是觉得自己不合格。为了让自己合格，他们拼命地追求完美，好让父母高兴。然而，他们永远也做不到，因为人无完人。他们以损害自尊为代价在行为上表现得非常出色，如果不能让父母高兴，他们会觉得自己更不合格。

当孩子达不到父母的期望时，父母就会产生消极情绪。父母的反应是孩子衡量自己的唯一方式。要想让孩子对自己有良好的感觉，父母必须不断调整自己的期望，这样就可以避免不必要的消极情绪。

当父母觉得一切都好时，孩子也会觉得很不错。

当父母表现出高兴、接受、尊重、理解、关心、信任时，会让孩子觉得自己足够好。自然，他们会对自己感到满意。他们会觉得安全地尝试一下也未必不可，还可以充分地做自己。他们自信满满，他们更加放松，不用担心自己能否符合某个不可能的标准。他们简单而纯真地觉得自己本该如此，他们做的事情也是情理之中的事情。生命的最初九年中，这种可以犯错误而不必担心后果的自由使得孩子产生了一种舒适的安全感。

想象一下，如果你做任何事情都不会招致麻烦，或者不管你尝试做什么都很成功，你会有什么感觉？如果没有恐慌或者内疚牵制你、让你退缩，你的生活该有多么大的不同啊！做回自己会让你感到自由和平静，尝试新事物时也会乐此不疲并充满信心。

你完全可以在孩子的纯真年代给予他们这样一份礼物。如果允许这份礼物在这9年的时间里保持新鲜，它将永远不会消失。即使孩子长大后学会了为错误承担责任，他们的这份纯真会根深蒂固地保留下来。成年后，当他们犯错误时，就很容易自我原谅并且自我纠正。他们充满热情，尊重他人，不会总想着为自己辩解。

当父母为孩子的错误承担责任时，孩子会坚持相信自己是纯真无邪的。反过来，当孩子因为错误受到惩罚或者羞辱时，他开始责怪自己不值得被爱，觉得自己不合格。如果他因为错误受到惩罚，他可能会产生这样的想法——只有在犯错后受到惩罚才能重新被爱。

很多成年人不敢冒险，是因为他们一旦犯错就会苛责自己。他们过于害怕犯错之后将会遭遇到的痛苦。当他们意识到可能会犯错误时，经常会被莫名的恐惧所困扰。他们在童年的时候经常因为犯错误而受到惩罚，尽管他们的父母已经不在身边了，但他们的恐惧感依然挥之不去。一旦他们确实犯了错误，对自己通常会比对其他人更严厉。

通常情况下，为了避免对自己太苛刻，他们就对其他人苛刻；为了保护自己不受惩罚，他们就责罚其他人。这种倾向也有可能走向另一个极端。那就是对其他人的虐待逆来顺受，因为他觉得自己不值得别人爱，不值得接受别人的善待。因为自卑，他可能对别人过分宽容，觉得自己受到惩罚是理所应当的。

不管一个人遭遇到什么样的惩罚，最终他都会学会这种惩罚方式，要么是对他人，要么是对自己。女孩子特别容易惩罚自己，而男孩子会认为虐待或者惩罚他人是理所当然的。女孩子惩罚的方式很可能是与伤害自己的人建立密切关系，或者在犯了错误之后，消极地批评和责打自己。不管男孩还是女孩，犯错受罚的结果通常都是因为那些错误而无法原谅自己或别人。

允许孩子去犯错

如果父母不理解积极养育的五大心法有多重要，也不能接受"犯错误没关系"的观点，那么他们控制和保护孩子的唯一手段就是羞辱和惩罚了。很多父母误以为太多的赞扬会损害孩子的自尊，唆使孩子变得自负。他们坚信，如果不惩罚犯错的孩子，孩子就不能从错误中得到教训。这些想法如今显然已经过时并受到了大多数人的诟病，但确实有那么一阵子，这是唯一'有效的手段。

在实际运用积极养育的新观念时，重要的是记住父母也会犯错误。孩子的适应能力极强，他们有一种内在的力量，不管父母犯了什么错误，孩子们都能努力适应并自我成长。生活就是一个自己不断犯错、不断遭遇别人的错误的过程。我们的孩子的发展也正是依赖于这一过程。

当你意识到你的方法伤害了孩子时，不要自责，要像原谅孩子一样原谅自己。记住，你一直在创造条件竭尽全力地为人父母。千万不要因为犯错误而备受打击，你应该很高兴，因为现在你有了一个更好的方式与孩子相处。

不要浪费精力去责备你的父母曾犯下的错误，原谅他们吧，你也希望你的孩子原谅你，不是吗？要把精力放在探讨如何成为合格的父母上。把《孩子来自天堂》这本书作为一个你可以反复利用的工具。参加养育工作坊并建立一个父母互助小组，跟其他父母一起学习如何运用这种积极的养育方法。当你沿着自己的学习曲线花时间一点点进步时，自然会更加接受孩子独特的学习曲线。

第11章

释放消极情绪没关系

生活中挑战不断，限制种种，所有的孩子都难免会有消极情绪。消极情绪之所以在孩子成长过程中很常见也很重要，是因为这种情绪能够帮助他们对自己的期望值做出必要的调整，也能让他们学会接受生活中的限制。比如带着同情心倾听孩子及"暂停"这种心法，都是在教孩子学习如何合适地表达负面情绪。

以往，父母常以控制、压抑孩子情绪的方式来管教孩子。仅仅因为孩子的不安就羞辱或者惩罚他们，这不但压制了他们的情绪，还破坏了他们的意志。而让孩子感受到"释放消极情绪没关系"恰好是授予了孩子正确表达情绪的权力。它让孩子的意志力重新萌发，越来越强烈，还为孩子指明了正确的方向。如果父母不懂积极养育的心法，这种权力可能会起到反作用。

当有人倾听孩子的发泄并表现出尊重时，孩子会形成更强烈的自我意识，但也可能会对权力产生错觉。如果孩子发完脾气之后就能为所欲为，那么允许发泄消极情绪不仅会宠坏孩子，而且使他内心极度不安。

父母一定要注意，不能因为怕孩子生气就去安抚他。父母对允许孩子发泄消极情绪的态度必须坚决，不要害怕孩子发脾气。当父母学会了如何运用积极养育的五大心法来对待孩子发脾气时，允许他释放消极情绪就会变成送给孩子的一份大礼。

当孩子发脾气时，大多是父母会错误地认为要么是孩子不好，要么是自己不称职。其实学会感受、表达和释放消极情绪是每个孩子都需要学习的基本技能。学会处理消极情绪能激发孩子内在的创造潜能，并帮助孩子成功应对生活中的各种挑战。

情绪处理的重要性

学会处理消极情绪的最重要环节就是接受它。尽管消极情绪令我们感觉不愉快，但它却是成长过程的一部分。很早就学会感受、表达和释放消极情绪，能帮助孩子了解自己的感觉，也能帮助他们正确对待自己的消极情绪，而不会将情绪带入行为举止中去。

通过交流消极情绪，孩子可以清楚地知道自己与父母是彼此独立的（这是一种强烈的自我意识），并且能逐渐发现自己潜在的创造力、直觉力、爱心、方向感、信心、快乐、同情心、良知及自我纠错能力。

所有这些是帮助一个人在社会中出类拔萃、成就斐然的生活技能，而这些技能都与感知自我情绪和化解消极情绪息息相关。成功的人可以感知自己的失败，还可以放下消极情绪，日后东山再起。他们能够化解自己的消极情绪，无须压抑，更不至于深陷其中不能自拔。

大多数不成功的人要么是对内心的感受麻木不仁或者消极处世，要么就是一味消极、难以自拔。不管是哪种情况，都不利于他们实现自己的梦想。充分地去感受自己的感觉，可以帮助我们体验到内心的激情，同时获得追求幸福生活所需要的力量，这是至关重要的。积极养育的心法能逐渐教会你的孩子释放内心的消极情绪，让积极的情绪自然生长。

激情意味着强烈的向上感。如果我们能够处理好消极情绪，就能在生活中保存激情；如果我们压抑自己的消极情绪，就会逐渐丧失感知积极情绪的能力，就会失去感受爱、欢乐、信心的内心平静的能力。

如果成年人在生活中被消极情绪所左右，失败将不可避免。成功的成年人需要学习如何感知并释放消极情绪。这样，他们才会赢回积极情绪，做出更健康、更成功的决定。

消极情绪的化解之道

有消极情绪问题不大，但必须在合适的时间和地点表达。小孩子用无理取闹的发脾气来控制全家是不能接受的。父母一方面必须坚定，但另一方面也要给孩子发脾气的机会。

小孩子都有表达并交流他们的消极情绪的需要。通过给予同情和运用"暂停"心法，聪明的父母时常会给孩子充分感觉和表达消极情绪的机会。尽管做事的时候不能带有消极情绪，但父母有责任控制孩子的行为，让孩子安全地表达消极情绪。如果父母运用倾听以及"暂停"等积极养育的心法，孩子就能渐渐学会调整表达消极情绪的时机、场合以及方式。

尽管释放消极情绪没有关系，但父母也不能同意孩子不分场合地随便发脾气或太情绪化。当父母愿意倾听或者当孩子"暂停"的时候，释放消极情绪是合适的。孩子会逐渐学会把自己表达消极情绪的需要调整到父母可以倾听的时候。

2-9岁之间如果经常进行"暂停"，孩子就能逐渐调节沟通消极情绪的时间和方式。尽管这看起来需要漫长的等待，但实际上用不了太久。

要想处理孩子的消极情绪，父母需要经常对孩子采取"暂停"措施。如果父母不采取足够的"暂停"手段，孩子不可避免地就会把不良情绪付诸行动。了解到这些的父母会清楚地认识到，孩子需要在"暂停"时适当地发发脾气。他们不再安抚孩子，以免发生正面冲突。

当采取了积极养育的心法时，孩子就会明白，释放消极情绪没有关系，但主导者还是爸爸妈妈。当父母决定谈判结束时，孩子也就适可而止了。如果还不停止，那么坚持一段时间的"暂停"能够帮助孩子释放情绪。在第8章中我们提过，孩子会表达并感受到愤怒、悲伤、害怕等情绪，几分钟后便会恢复平静，变得更加合作。

应对强烈的失落情绪

孩子比成年人更容易有强烈的情绪，因为他们在9岁之前还不会推理。他们无法用逻辑的理性来让自己恢复平静。如果有人虐待他们，他们就会永远憎恨那个人，或者觉得自己活该受到那样的对待，并且将永远受到那种对待。

他们没有推理能力，看问题太过片面。他们不明白有时候别人对他们不好，可能只是因为那个人那天不顺心。没有推理能力使他们的失落感更加强烈。

父母经常会在不知不觉中伤害孩子，因为他们低估了孩子失落的情绪。体会孩子感受的最佳途径之一就是接受孩子发脾气，他们发脾气，心情自然就会好转，然后才能接受合理的安慰。

从孩子角度来说，他们总是有正当的理由生气。

大多数成年人现在都能明白，遭受巨大的挫折时，产生愤怒、痛苦、恐惧和悲痛的情感不仅是正常的，而且会让我们的心情好起来。当我们未能得偿所愿，或者失去了某个人或某个特别的东西时，有时候只需要大哭一场。感受并释放消极情绪，可以帮助我们对生活中的限制持宽容的态度。同样，孩子们也需要好好地发一通脾气来接受父母设下的种种限制。发脾气是小孩子表达并进而感受消极情绪的方式。渐渐地，他们就会学会在心里感受自己的消极情绪，且不会把这种情绪表现出来或带到行为中去。

孩子在 9 岁之前时不时地发脾气，这再正常不过了。如果孩子没有机会把脾气发个够，那么过了这个发展阶段之后，他们可能一辈子都会有发不完的脾气。现在的孩子比以前更加敏感，更加需要表达情绪。学会了如何成功地处理自己的情绪，孩子们从过度活跃和迷恋暴力到自我贬低甚至有自杀倾向这个问题就会迎刃而解了。

为什么表达情绪是有好处的

表达情绪能让孩子了解到自己的感觉。有感觉才能了解自己。了解自己，我们才能更清楚自己是谁，更清楚自己的需求和愿望。感觉的能力还帮助我们认可并尊重他人的需求和愿望。倾听孩子表达他们的消极情绪的同时，我们也在帮助他们培养感觉的能力。

给孩子创造安心表达自己的愤怒、痛苦以及恐惧等消极情绪的机会，就能使孩子们感受到自己的内心需要——父母的爱与支持。突然间，孩子们会意识到：获得父母的爱比使他们生气更重要。当孩子因为得不到饼干而大发脾气时，他只是暂时忘了谁才是主导者，忘了爱比得到饼干更重要。支持孩子表达消极情绪，孩子就一定会感受到自己需要父母的爱，并渴望与他们合作，让他们高兴。

随着孩子们对爱的需要的进一步了解，他们对饼干的需要就随之消失了，怒气也烟消云散，他们会变得更加合作。就这样，孩子们再一次回归到真实的自我——充满幸福、爱、自信以及平和的自我。他们会再次意识到：对父母之爱的需要，与父母合作并让他们高兴，是自己内心的真实愿望。所有这些都来自于一个机会，一个为那些不能随心所欲的孩子创造的安全地发脾气的机会。这个机会让他们免遭惩罚，也不会失去父母之爱。

要向孩子们传递"允许孩子表达消极情绪"的信息，最有效的途径是全神贯注地倾听他们，并适时进行"暂停"。即使孩子反抗"暂停"也没有关系。他们甚至可以生气并说一些很难听的话。"暂停"对孩子来说是顺从父母控制之前的最后一次全力反抗。孩子得知道，反抗父母或者被迫接受"暂停"并不代表自己不好，这只是成长过程中很自然的一部分，这非常重要。

父母千万不要因为害怕孩子发脾气而与他们妥协，除非当时不适合处理孩子的情绪问题。孩子需要认识到：自己在父母的管束之中是非常必要的。当孩子感觉不到父母的管束或者认为父母无法管束他们的时候，他们就会任意发脾气，而变得无法管束。

同情的作用

想要在孩子表达消极情绪的时候帮上忙，父母就得学会表现出对孩子的同情。仅仅有爱是不够的，我们应该用有意义的方式把爱表达出来。尽管爱是最重要的，但不同的表达方式会产生不同的影响。同情心是父母能够给予孩子的最好礼物之一。

同情能使孩子敞开心扉地表达出消极情绪，能让他们尽快平静下来。同情让他感受到自己的想法是对的。父母们总是急匆匆地安慰孩子，但在此之前，孩子首先必须感觉到父母在倾听。他们必须在短时间内感受到你理解他们的想法，然后他们才能听得进你安慰他们的话。

同情是一把金钥匙，不仅能打开孩子的心扉，还能使他们接受安慰和指导。

当一个孩子由于没有得到想要的东西而发脾气时，很多父母会立刻就想让他平息下来。其实这样会阻碍孩子体验失落感。只有当孩子切身体会到什么是失去时，他才最容易接受别人的同情。记住，这可能只需要几秒钟。接受了同情之后，他的情绪就会改变，要么陷入更深的消极情绪中，要么心情好转。

如果父母总是迅速让孩子心情好转，那么，孩子就不会懂得自己如何放下消极情绪，去寻找积极情绪。如果父母能迅速解决问题，那孩子就会依赖父母来平息心情，也不能以积极的态度接受生活中的挫折。他们会变得不懂得"爱"，且只有获得想要的东西才能开心。

如果父母给予的是同情，而不是帮他们解决问题，那么孩子就能逐渐面对负面环境或情绪，就能靠自己逐渐放下消极情绪，进而自己解决问题。大多数人成年以后却还没有培养出这种能力，因为他们在童年时获得的同情微乎其微，当孩子发现每次从父母那里只能得到问题的解决办法时，他们就不愿找父母帮忙了。对于孩子们来说，最重要的是：默默的理解、关心，以及认可他们情绪的话语。

暂停 5 秒钟

有时候，你只需要静观其变，而不是帮孩子解决问题。当孩子生气、难过、失望或者着急时，好的方法不是要告诉他们如何让心情好一点，而是什么也不做，只是用 5 秒钟去试着感受孩子的感觉。当孩子感觉到失望时，先别试着让他高兴起来，最好让他体会自己的失望，同时你也去设想他的失望，5 秒钟，想想你是怎么认为、感觉或理解他的感受的。

你不需要替他解决问题，你只需与他共同感受他的失望，并且在 5 秒钟之后告诉他："我知道，这真让人失望。"这句话让孩子认识到失望是生活中的一部分，这没什么大不了的。孩子的情绪很快就会好转。最重要的就是他们会认识到，生活的顺利并不意味着事事如意。

若你迅速解决问题，不仅会让孩子感觉自己不受重视，而且会强化他们的挫败感。如果你很容易解决了他们的问题，那他们就会觉得自己生气是不对的，或者会因为没有想到你所用的方法而觉得自己无能。当然，你的出发点是好的，但如果太快给出解决方法，产生的效果会与你的意图相反。当孩子心情开始好转或者要求你给他一种办法时，是给出解决办法的最佳时机。

如果你给出了太多建议，孩子恐怕不会再听你的话了。

有时候，即使孩子主动要求你帮忙想办法，实际上他根本没有准备好要接受你的办法，他需要的只不过是更多的同情。孩子可能会烦恼地说："我不知道该做什么。"这个时候，大多数父亲会马上给出一个解决办法，不仅如此，父亲还会努力强调自己的方法有多正确，甚至陷入与孩子的争吵中，孩子难免用"但是"来回应父亲的"解决办法"，"但是"意味着："但是那用不上"，"但是那没有，因为……"或者"但是你不懂"。

当一个孩子说"你不懂"时，通常会让父亲显得很被动。这时候，就不是父亲在帮助孩子，而是孩子在帮助父亲。父亲开始向孩子们解释为什么他是对的。这种做法显然是错的。父母要对孩子负责，而不是对自己提出的解决方法负责。

当孩子对你说"你不懂"时，你要马上停下来，并同意孩子的说法。孩子是对的，因为那个时候，你不明白或者忽略了他的感觉。不要解释说你理解孩子说的话或所处的境地，你只需要停下来并点头同意就行了。可以这样说："你是对的，但我不明白，再跟我说一遍。"这一次，不要再提出解决方法，而要把心思放在怎么给予孩子同情上。

下面这些范例用以说明父母急于给孩子答案时的反应，以及充满同情时的表示，以供比较。

提供解答的反应：

别哭。

别着急。

明天就没事了。

小事一桩。

你不可能赢他们所有人。

嘿，算了……这就是生活。

这还不是最差的。

你会没事的……一切都会好的。

反正不那么重要。

你还会有机会的。

给予同情的反应：

停顿5秒，然后说："我知道，这真的很让人失望。"

停顿5秒，然后说："这确实很难。我知道你很着急。"

停顿5秒，然后说："这不好处理。我知道你很失望。"

停顿5秒，然后说："我知道你觉得受到了伤害，来，让我拥抱你一下。"

停顿5秒，然后说："我知道你很难过，我也很难过的。"

停顿5秒，然后说："你有权生气，要是我，我也会生气的。"

停顿5秒，然后说："我看得出来你害怕，要换了是我，我也会害怕的。"

停顿5秒，然后说："我知道你吓坏了，这很吓人。"

停顿5秒，然后说："妒忌没关系，要是我，我也会。"

停顿5秒，然后说："如果我遇到那件事，我也会失望的。"

如果孩子不接受同情

当你给孩子同情时，他们可能会拒绝，并纠正说"那不是我的意思"，然后否定你的想法。即使你相信自己是对的，也不要打断他的表述，这非常重要。你正确与否并不重要，重要的是帮助孩子表达他的感觉。

当孩子生气时，他心里的感觉是五味杂陈的。如果你指出了孩子可能会有的一种感觉时，他可能会立刻转向另一种感觉，说："不是的，我没有生气，我只是有点难过。"或许听起来他好像没在听你说话，但你要知道，这个时候他需要的是你的倾听。孩子感受不同感觉是好事。

越是了解自己各种不同的感觉，孩子就越能尽快地放下消极情绪。如果孩子看上去排斥你的同情，或者用"那不是我的感觉……"来纠正你的判断，你一定不要争论。默认孩子的反对就好，继续听他说，只要孩子继续谈论他的感觉，你就离成功的交流更近一步。

如果孩子长时间没有足够的机会表达自己的感觉，那么突如其来的一次同情可能会打开孩子情感的闸门。过去几个月甚至几年中困扰他的事情都可能一一浮现，这样没什么不好，让一切顺其自然吧。

你只需要倾听，孩子一旦将内心世界敞开，心情很快就会好转，父母经常犯的错误是打断孩子，指出他们说得不对或者说跑了题。这些话完全没有必要，让孩子说就好，最终，他们会忘记过去并感激你的倾听。

当父母情绪低落时

消极情绪容易带动其他人的情绪，我们会在别人悲伤的时候感到悲伤。当有人生我们的气时，我们也会生他的气。如果有人真的害怕，我们也可能会感到不安。如果我们本来就烦躁不已，那么别人的情绪就更容易刺激到我们。

这解释了为什么听小孩子哭会那么难熬，或者为什么我们时而能和孩子共情，时而很难做到。如果我们一整天都很不顺并且情绪起伏不定，要倾听孩子会变得更难，因为孩子已经很心烦了，你的不安让孩子雪上加霜。例如，如果你因为有太多事情要做，可时间却不够而感到沮丧，就很容易对孩子做出过激反应。如果孩子家庭作业正做得心烦，而你却想要尽力帮他，这往往会激发你自己的沮丧情绪。你的过激会让孩子备受打击。结果，好心却办了坏事，甚至还升级为痛苦的争吵。

父母表达消极情绪时往往非常激动。成年人强烈的情绪会吓得孩子不敢表达自己的消极情绪，久而久之，孩子会逐渐变得对自己的情绪麻木不仁。

有些母亲通过尖声大吼或者带着情绪的叫喊来管孩子。孩子会在瞬间变得很乖，很愿意合作。这种突然的变化是因为表达消极情绪突然不安全了，孩子因为害怕而变得顺从起来，这个方法短期内会有效果，但会让孩子对自己的情绪变得麻木，还会压抑内心的意志力。

父亲用恶狠狠的、愤怒的叫喊来管孩子，孩子立马就规矩了。同样，他们规矩也是因为不安全感。他们出于害怕暂时顺从了。孩子因为父母的愤怒而压抑自己的怒气，但这种依靠恐吓的控制现在已经过时了。在这种威胁下长大的孩子以后要么会叛逆，拒绝合作，要么会变得百依百顺但缺乏方向。

我们自己必须先学会处理自己的情绪，然后才能帮助孩子处理他们的情绪。作为父母，我们要防止自己把不安的情绪发泄到孩子身上，就需要花时间来应付压力，处理一些尚未解决的情绪问题。否则，我们自己的压力处理不好，孩子也会对如何处理情绪感到无所适从。

如果父母总是反对孩子所说的话，孩子就感受不到同情，孩子认为自己只不过是需要爱和理解，可这点需求却带来了诸多不便，他们误以为如此，于是开始压抑自己，最终可能走向极端和堕落。

如果父母处理不好自己的情绪，就很难帮助孩子控制情绪。反过来，如果父母花了时间处理压力，那么他们就能够回过头来给孩子提供更多的帮助。只有当父母先处理好自己的需要后，积极养育的五大心法才能更好地应用于实践。

不要与孩子交流自己的感觉

20 世纪 70 年代起，成年人开始意识到了解自我感觉的重要性。同样，我们认识到孩子也需要学会了解自己的感觉。这需要父母尝试去引导他们。一些"开明的"父母开始跟孩子交流自己的心情。虽然他们的出发点是对的，但却没有用对方法。

感觉需要和同龄人分享，但孩子显然不是同龄人。说出自己的消极情绪，潜藏着被人倾听，希望倾听者理解、同情并支持自己的需要。而当父母对孩子表达消极情绪时，孩子会觉得自己对父母负有责任，这使得和孩子交流消极情绪变得困难，孩子之间相互交流情绪或者子女与父母交流情绪都没有关系，但父母把消极情绪说给孩子听，这并不可取。

孩子天性想让父母高兴。如果父母告诉孩子自己的消极情绪，孩子会觉得自己应该关心、安慰父母。但孩子原本是需要被关心的，现在却开始承担起关心父母的责任，这种角色的倒置不利于孩子的健康成长。因为这样会让女孩忽略自己的感觉和需要，专注于关心父母，男孩可能会拒绝这种责任，不再听父母说话或者不再关心他们。

当父母在争吵之后感到心烦意乱，并借故对孩子发脾气时，孩子会认为是自己让父母感到心烦。如果母亲向孩子倾诉她与丈夫之间的问题，那么孩子会觉得更加有责任去解决。对于夫妻双方来说，互相倾听感受往往会有愧疚之感或者想要担起责任。对孩子来讲，听多了父母的消极情绪，自然也免不了认为自己要为他们负责任了。最后，孩子会很难感知自己的情绪，等到了十几岁时，他们就会离开父母，不愿再与父母沟通。

例如，跟孩子说"我担心你会受伤"或者"你没有打电话来让我感觉很难过"，这样的话会使孩子渐渐地被消极情绪所操纵和控制。大人应该说"我希望你更小心点儿"或者"我希望你下次给我打电话"。这样说不仅更有效，而且还能教会孩子不要根据消极情绪做出决定，孩子之所以合作是因为父母要求他去做某件事情，这与为了保护父母不受情绪的困扰无关。

父母要帮助孩子加强自我感知，不能寄希望于跟孩子交流自己的感受，而应该多多同情、承认和倾听孩子的感觉。运用积极养育的五大心法，就可以让孩子自然而然地说出自己的感受。

询问孩子有何感觉

跟孩子不该对父母的感觉负责任一样,让孩子认为他们的情绪和要求控制着一切也是不妥的。询问孩子的感觉或许没有错,但要小心,如果你正打算做一件事之前,询问孩子对此感觉如何,他可能会觉得他的想法能左右你的决定,当孩子的感觉和要求受到太多关注时,孩子会误以为他自己是主导者和决定者。

直接问孩子们感觉如何或者想要什么,会给孩子太多权力。虽然父母是主导者,但也需要考虑孩子们的需求和感受。

与其问孩子"我们去拜访罗伯特叔叔,你觉得如何?"不如说:"走吧,我们去拜访罗伯特叔叔。"

如果他们更愿意去游泳,他们会说出自己的想法。

直接问孩子感觉如何有时会适得其反。尤其在孩子尚未形成自我意识的时候,直接问他们的感觉会给他们造成无形的压力。太多的问题会过早唤醒孩子的自我意识。

通常孩子在 9 岁的时候开始对一些事情感到尴尬,并更为谨慎地保护自己的身体。这种强烈的自我意识使他们更深地体会到自己的感受。如果父母想知道孩子感觉如何,不要直接问孩子,可以简单地说一句同情的话,例如:"看得出来,你很沮丧,我真的很抱歉。"这么做可以激发孩子想要谈论自己感受的愿望。

倾听是教孩子意识到自己感觉的最佳方法,同情可以帮助孩子确认自己的感觉。父母还可以通过故事来为孩子创造一个认清自我感觉的环境。父母可以讲述自己成长过程中曾经遇到哪些挑战,当时感受怎样,这样做也能与孩子进行成功的沟通,而且孩子也不会觉得有责任帮助父母。

在孩子提到害怕考试的时候,父母可以讲自己小时候考试时遇到哪些趣事,向孩子强调你也有过和他相同的感觉。这些故事不仅表明你对孩子感觉的认可,还可以给他们带来安慰。

父母压抑什么,孩子就会呈现什么

即使父母把自己的情绪瞒得死死的,孩子还是有可能受到影响。有些父母知道不应该向孩子讲述自己的情绪,但他们没有合适的办法来释放情绪。结果在巨大的压力下,他们得不到解决的情绪压在心中。尽管他们在压抑,但仍会对孩子造成影响。

父母压抑自己的消极情绪时,反而很容易强化孩子的感觉。父母越克制,孩子就越容易表现出来。家里那些化解不掉的情绪问题经常表现在最敏感的那个孩子身上。当前很多治疗专家已经认识到:正是父母的问题给孩子带来了真正的困扰。

当你因为没有按时完成工作而感到焦虑不安时，你通常会觉得孩子也总是在抱怨事情太多，时间不够。当你觉得自己被孤立或者没有人愿意支持你时，你会发现你的孩子也会如此抱怨。在这些例子里，你压制的情感被孩子感觉到了，并左右了孩子自己的感受。

孩子如同海绵。如果你内心满是爱和同情，孩子就会吸收你的爱来治疗他们自己的创伤和烦恼。同样孩子也会吸收你内心的焦虑、抑郁、愤怒、悲伤、害怕、混乱、怨恨或者沮丧等消极情绪。他们会表达你的消极情绪并表现出来。

这就解释了为什么每当你沮丧不已或者充满不安的时候，你的孩子也会大发雷霆，或者变得特别惹人烦。当父母的需要得不到满足时，孩子会吸收这种情绪并表达出来。因为正是那个时候你对自己失去了耐心，孩子也就会在这个时候把这种情绪发泄出来。

当然，孩子自己也存在问题和情绪，但当他们又吸收了父母的负面情绪时，就会变得更加烦躁，通过发脾气的方式爆发出来。记住，即使父母成功处理好了自己的情感问题，孩子也照样会发脾气。

有一个不错的办法可以判断孩子的行为是源于你的情绪还是他们自己的情绪，那就是"抵触测试"。如果你对孩子的情绪有抵触心理，那他们表达的就显然是你自己正在抵触的一些东西。如果你同情他们，并耐心听他们说，那他们表达出的情绪就和你无关。

如果你发现自己确实对孩子的情绪有抵触心理，这也并不意味着你是一个不称职的父母。这是一个明确的信号，表明你需要留点时间来满足自己的需要。幸运的是，不管你在克制什么，"暂停"都可以给予孩子帮助。

通常，在一段时间的"暂停"之后，由于孩子会把父母所有的消极情绪都发泄出来，这也会让父母放松下来。这就解释了为什么过去责打孩子能有效地给家里带来片刻的宁静，因为那时孩子不仅发泄了自己的痛苦，而且把父母压抑在心里的情绪和痛苦也一并都发泄出来了。在这样的情况下，每个人都获得了短暂的解脱。

家里的"黑羊"

如果父母克制自己内心的感觉而没有学会释放消极情绪，那么家里最敏感的孩子就很容易受到这些情绪的影响。这个孩子经常被认为是家里的"黑羊"。没有一个接受、化解消极情绪的环境，这些孩子要么会把这些感觉溢于言表，变得极具破坏力，要么把情绪深埋在心中，默默承受自卑的痛苦。这两种反应常常同时发生。

在这些孩子得不到需要的养育和同情，问题也渐趋恶化时，他们就会表达出父母正在极力抗拒的情绪。面对那些强烈的情绪，他们非但感受不到爱、理解和接纳，反而只会感受到被抵触、怨恨和拒绝，不能得到需要的爱和支持。

他们感到莫名的烦躁，最后可能会认为是自己有问题。实际上，他们一点儿问题也没有。哪怕他们行为不当或者深陷消极情绪中，也只是因为没有得到应有的积极养育。这些很容易从家庭以外更理解他们的人那里获得支持。

如果你的家里有一只这样的"黑羊"，你就要注意了，要多花时间倾听他的感受。记住，每一个孩子都是与众不同的，不要把孩子与其他人进行比较。这个孩子需要从家庭外的活动中获得大量的支持。只有在家庭外的活动里，他们才不会感到压力，无须承载和表现别人未解决的问题及情绪。

允许消极情绪的表达

让孩子知道释放消极情绪没关系，这是一种全然不同的养育方式。成年人和孩子从未有过这么多的感受。不过想做到这一点很难，因为我们自己就没有懂得如何处理并能够自由表达情绪的父母。幸运的是，有了这些积极养育的观点和心法的帮助，你可以做到。

有了积极养育的方法，你的孩子不会为生活所限，他们会充满创造力，能够创造出他们想要的生活。有了对感觉的清晰认识，他们最终会认识自我，形成自己的世界观。他们依然会遇到挑战，这些挑战，有时候甚至会比父母遇到的都还要大，但他们会想到有效的新办法达到目标，实现自己的梦想。

第12章

允许孩子要求更多

当孩子不知道他们想要什么时，就容易去模仿别人的要求和愿望。他们就会失去认识自我、发展自我的机会，最终会成为别人所希望的样子。

不知道自己想要什么，他们就会把别人的需要当成自己的需要，并失去自我。无法清楚认识自己的需求，他们就无法分辨生活中最重要的东西是什么。

当孩子因为想要得到更多或者因为得不到想要的东西而难过，他们往往会觉得他们错了、他们很自私或者被宠坏了。过去，一点儿面包屑就能让孩子开心，这就是他们在生活中所能得到的东西。他们存在着，但没有人倾听他们的声音，在以后的生活中，他们会被忽略，无法提更多的要求，甚至连想一下都不行。

过去，抑制孩子要求之所以会成为父母管教的一种重要方式，是因为那时的父母往往都不知道该如何处理孩子因没有得到自己想要的而产生的消极情绪。允许孩子提出更多要求，在过去的父母看来他们就会变得难以管教。

现在，有了处理消极情绪的积极养育心法，父母终于可以允许孩子要求更多了。通过要求更多，孩子可以更强烈地意识到自我，并形成他们自己的世界观。

允许要求更多，孩子会不会索求无度？

人们往往认为，允许孩子要求更多会把孩子宠坏。养育一个顺从的孩子可能容易得多，但这样的孩子得不到发展自我的机会。当有足够的爱心来支持孩子去处理自己的情绪时，允许他们要求更多不会让他们变得难以管教。在发现自己要得多，但得到的却很少后，孩子就学会了两个重要技能：延迟满足和自我克制。

有些父母担心这会让孩子变得自私。如果父母总是屈服于孩子的需求和愿望，那的确会让孩子变得自私。宠坏孩子的因素并不是他们总能得到自己想要的东西，而是为了得到更多东西他们不断发脾气以操纵父母。如果父母为了取悦孩子而压制自己，他们就把孩子宠坏了，孩子会变得自私、自我。当父母对发脾气的孩子无所适从，只能屈服于孩子的欲望时，孩子就被宠坏了。正确的做法是，父母就必须在孩子发脾气的时候态度坚定，并对孩子采取恰当的"暂停"。要给孩子机会去调整自己的欲望并接受生活的限制，这样，孩子才会更加珍惜眼前已经拥有的一切。

"暂停"和其他良好的沟通心法可以处理孩子偶尔出现的强烈情绪，对想得更远、要求更多的孩子采取宽容态度的父母将会培养出自信、合作且富有同情心的孩子。

积极养育注重让孩子合作，而不是让他们盲从，既培养孩子内在的意志和愿望，同时也维护父母的控制权。不一定非得通过削弱孩子意志的方式来逼他们合作。即使孩子不想去睡觉，他们也会听从父母的意愿乖乖上床。运用积极养育的 5 大心法的父母允许孩子拥有自己的需求和愿望，但保持着最终话语权。

允许孩子要求更多有时候会使事情进展缓慢。孩子并不会每次都马上顺从。他们可能会告诉你，他们想做一些其他事情。用这段时间来倾听他们的意愿，考虑下是否有价值，这样做能滋养孩子的心灵。如果孩子大多数时候都觉得有人愿意倾听自己的话，那么即使父母偶尔没有时间倾听他们，他们也会非常配合。

我们通过意志来表达自己。当孩子的意志没有遭受削弱或者忽略时，它就有了空间和发展的机会。我们的一生都在被自身的意志激励着。花点时间培养孩子的意志，会让他们与父母的联系更紧密，并让他们更愿意合作。

所有的孩子天生就充满激情，体现了他们心中的意志。当父母允许孩子可以提出更多要求时，孩子的意志就会得到灌溉，并在与父母和他人和睦相处中蓬勃生长。否则，孩子会渐渐失去小孩子身上特有的那种朝气，也就失去了对生活、爱情以及对成长的热情。

通过学会感知自己的需要以及学会尊重父母的需要，孩子就能逐渐悟出尊重、分享、合作、妥协、谈判的重要心法。如果不允许孩子要求更多，他们往往会牺牲自己、成全他人。如果允许的话，他们到了十几岁的时候，就不需要通过反抗父母的方式来发现自我了。

感恩的美德

父母们总是不允许孩子要求更多，他们更常做的是迫不及待地教给孩子感恩的美德。每当孩子想要更多时，父母马上会说"要感恩你所拥有的"。因为担心自己看上去对已经拥有的一切并不心存感激，很多成年人在生活中不允许自己要求更多。

过去，牺牲是宗教精神的一部分。善良也好，神圣或者崇高也好，都意味着以上帝的名义做出牺牲。因为牺牲是让人们开始去感觉的一种方式，人们通过这种手段与上帝联系。为了上帝而放弃一些东西能够迫使一个人感觉更深刻。现在，我们不需要通过牺牲来感觉了。我们只需要允许我们要求更多，我们的感觉就会很丰富。

过去，为上帝牺牲是无可非议的，但现在我们的挑战是为了上帝而生活。

我们的挑战是要创造丰裕的生活。我们现在拥有的资源比以往任何时候都多。你的孩子能够心想事成，他们既可以享受内心的成功，也可以赢得外在的成功。这种成功的基础就是允许他们不断要求，否则，他们将不再梦想，而没有梦想，等于失去了一切。

无论是内心的还是外在的成功，其秘诀就是珍惜眼前的所有并且要求更多。孩子成功的秘诀就是对已经拥有的一切满怀感激和爱，并对获得成就和拥有更多充满激情。当孩子能够处理自己因为求而不得所产生的消极情绪时，他们就会回过头来珍惜已经得到的爱和支持，并对此充满感激。这样，孩子就有了感觉真实自我的欲望的基础，不会被其他人的欲望所误导。

谈判的权利

允许孩子要求更多，有时意味着父母需要做更多工作。这样，孩子会学会如何去谈判才能在生活中获得更多。尽管谈判费时费力，但有时候我还是会惊异于孩子们说服我时表现出的力量。他们的勇气、决心以及对盲从的反抗让我深感骄傲。

当索取的自由得到许可时，我的女儿们对赢得自己想要的东西充满了信心，这股力量越来越强烈。她会马上跟我谈判，经常说服我给她想要的东西。如果她说服了你，这并不意味着你屈服于她的脾气。

被一个哭哭啼啼的孩子所操纵和被一个优秀的谈判者说服，这两者之间有着天壤之别。在每一次谈判过程中，父母要限定谈判的时间，以便从头到尾保持对谈判的控制权。

有如此之多的成年人不知道如何要求自己想要的东西，因为他们在童年时代没有多少机会练习。当他们最终开口要求时，却又不知道如何谈判。如果被拒绝，他们要么退缩，要么心怀不满。如果人们学会了如何通过谈判得到自己所需，很多成年人的问题就会烟消云散了。这个世界上之所以有这么多律师，就是因为人们不懂得谈判的心法。

那些在成长过程中为得到更多而不断进行谈判的孩子就不会退缩，也不会怨天尤人。他们知道，只有在他们没有更好的理由从头来过的时候，拒绝才会生效。他们还知道，今天被拒绝并不意味着明天还是被拒绝。谈判需要创造力和毅力，当孩子被准许要求更多时，这两种能力自然就会产生。

孩子需要允许他们要求更多，否则，他们将永远不知道哪些是自己应得的。即便是成年人也很难判断我们可以要求什么、可以要求多少而又不会冒犯别人，或者不会让我们显得太贪婪或者不领情。如果连成年人在这方面都有困难，我们更不能对孩子要求太高。

父母必须理解和接受一点：有时候孩子想要的会太多或者看起来非常自私。这时候父母要接受和理解孩子，不要横加指责。我们不应该奢求一个孩子总是知道什么样的要求是恰当的。这本来就是一个试错的过程。

如何学会说"不"

允许孩子要求更多，并不意味着每次都默许孩子的要求。父母也必须学会心安理得地说"不"。当父母无法拒绝孩子时，孩子很快就会提出无理要求，而且会越来越多，直到触及父母设定的底线。

没有合理的限制，孩子就会提无理要求，在孩子获得一个明确的限制之前，他会不断地提出要求。当达到了底线时，孩子通常需要一段时间的"暂停"来处理失望、愤怒、痛苦以及恐惧等强烈情绪。孩子得到的越多，对于最终没有得到自己想要的东西会更加气愤。

当孩子为获得想要的东西谈判时，父母一定要对谈判时间提出明确的限制。当你觉得自己已经听够了，而且不打算改变自己的态度，就该对他说："我理解你的失望，但谈判时间到了。"

如果孩子继续讨价还价，父母应该重复这句话并果断让他停止。父母可以说："谈判已经结束了。我希望你停下来。"

如果孩子还是继续，这意味着他已经失控了，需要采取"暂停"措施。如此反复几次之后，孩子就会很尊重你的要求，结束谈判。记住，当父母开始用命令的语气反复强调一个指令时，"不行"就是"不行"。

大多数时候，特别是对孩子而言，要想结束谈判，父母可以给孩子多一个选择。母亲可以说："我知道你很失望。我真希望我能挥一下漂亮的魔法棒，变出你想要的东西，但我做不到。不如我们试一下做得到的吧……"

遇到以下两种情形需要父母对孩子说"不"。第一种是在孩子拒绝你的要求时。例如，你希望他离开，但他想再玩会儿。这时，你必须明确而有效地对他说"不"，要一再重复你的要求；第二种情形是你需要直接拒绝他的要求。比如，你在忙，他却希望你跟他一起玩。在这两种情形下，回答孩子的最佳方法是要自信、简洁。不要为说"不"找很多理由，只需要说"不"就行。如果孩子对你表示抗议，只需要更坚定地重复同样的话就行了。下面是一些简单的例子。

说"不"的十种方式

1. 不行，现在我很忙。

2. 不行，我还有其他事要做。

3. 不行，但也许以后可以。

4. 不行，现在我要做其他事情。

5. 不行，这才是我们要做的事情。

6. 不行，现在我希望你……

7. 不行，不如现在我们这样做吧……

8. 不行，现在该……

9. 不行，计划是……

10. 不行，现在我需要单独待一会儿。

对孩子明确说"不"，除了让他们有机会锻炼谈判心法之外，也能教会他们如何在生活中说"不"。父母一定不要因孩子要求更多而生气。除了能照顾到自己的需要之外，能够心安理得地说"不"的父母还给孩子树立了一个榜样。如果孩子继续抗议，父母所要做的就是宣布"谈判结束"。

要求更多

有一天，我 6 岁的女儿劳伦让我陪她去城里买饼干。我们之前经常一起去。这一次，我拒绝了她，于是她开始了恳求并与我谈判。一个邻居当时正好在场，他用一句话让劳伦羞愧的话打断了她。邻居说："劳伦，别要求你父亲那么做。你没看到他正忙着吗？要是你不停地要求，他就没法拒绝了。"

我的 3 个女儿——香农、朱丽叶和劳伦——马上异口同声地说："哦，他会的。"这是一个难忘的时刻。我很骄傲。我的每一个女儿都很清楚她们有提出要求的权力，但我同样有权利说"不"。

如果父母要做出巨大牺牲来满足孩子的要求，会使孩子背上沉重的负担，因为孩子很难理解何种要求才是合理的。最终，孩子会失去安全感，不敢再提任何要求。父母应该允许孩子提出要求，也应该允许自己说"不"。在我们家经常听到这样一句话："不提要求，你就得不到；但即使你提出要求，也不一定总会得到。"

除了允许孩子不断提出要求之外，父母还需要教孩子如何提要求。最好的方法就是以身作则。当父母很有礼貌地提要求时，孩子也就逐渐学会了提要求的方式。

模仿如何提要求

以身作则是教会孩子如何提要求的有效方法。我们在第 3 章里已经说过，不要只是简单地提出要求或者下命令，你要学会用"行吗""好吗""请""谢谢"等词语。当孩子提出要求或命令别人时，不要对他们说"不许对别人不尊重"，而是应该向孩子示范一种更好的方式来表达要求。

当一个 4 岁的孩子说"爸爸，把那个给我"时，你只需要回答说："爸爸，给我那个好吗？当然，我很高兴把那个给你。"然后把东西给他，就好像他真的那么说了一样。

这种方法使得我的养育工作容易很多。当我的孩子要求有些过分或者听起来不太有礼貌时，我不会费劲地去纠正她们，我只是简单地说出我想要她们说的话，作为示范，就像她们真的那样说了一样。

作为父母，教孩子是我们的工作。当他们不断看到我们的做法既有效又让人舒服时，他们自然会模仿。

如果我的女儿很生气地说："爸爸，离开我的房间。"我会说："爸爸，请你离开我的房间好吗？当然，我很高兴这么做。"然后，我才离开。

这种做法很明确地告诉了孩子如何提出要求才会奏效。警告孩子"不要告诉我做什么，你要礼貌地请我做，否则我就不会离开"是徒劳的，这是在浪费时间和精力，只会带来不必要的抵制。

孩子需要知道，他们可以自由地提出自己的要求而不受惩罚。即使表达得不完美，他们也应该受到尊重。还需要告诉他们，提了要求并不意味着一定会满足。父母不应该因为孩子提要求的方式不恰当而拒绝他们。当孩子提出要求时，他总是尽了自己最大努力的。如果他失败了，并不说明他不好；他只是需要更多的示范或者练习，或者一段时间的"暂停"。

要求的力量

允许孩子提更多的要求，这让他们生活有了方向和目标，并充满力量。现在有太多女性因为从未得到允许可以要求更多而觉得自卑。她们被教导要更多地满足别人的需要，如果得不到自己想要或者需要的东西就生气，她们会因此感到羞愧。

父母能够教给孩子的最重要的一个心法就是如何索取。大多数女性在童年时代没有学过这些。她们不懂得去索取，而是一而再、再而三地付出，并希望别人不经要求就回报给她更多，这是一种间接的索取。因为害怕直接提出要求，她们在生活以及人际交往中很难获得自己想要的东西。

女孩子需要不断地被许可提要求，而男孩子在满足不了需求时有一种特别的支持。通常父母会试图说服男孩子不要把目标定得太高，因为父母不想看到他失望。但是，父母们没有意识到，比达到目标更加重要的是应付失望的能力，这样，孩子才能再次振作起来向着目标前进。

就像女孩子需要支持一样，男孩子也不例外，他们需要更多的支持来帮助他们明确自己的情绪并体验这些感觉。对男孩子来说，最好的办法就是小心翼翼地询问事情的细节，不要提供任何建议或者"帮助"，太多的同情也会使他们不再谈论所发生的事情。

母亲们经常会犯问得太多这样的错误。在被动的谈话中，很多男孩子会保持沉默。特别是建议他们该如何处理问题时，男孩子就会退缩。有时，男孩子觉得已经受到了打击，他不需要别人再去重复他的问题，这只会让他心情更糟。

给予孩子太多

当父母给予的太多时，孩子可能会得寸进尺，并且不珍惜已经拥有的一切。当你给了孩子某样东西，而他们因为你给得不够而进一步要求时候，这表明你给得太多了。

我们来看一个例子。有一天，我的女儿劳伦想要一个冰淇淋。我正在忙，但她非要不可。我停下手中的活儿去给她买。尽管当时我没有意识到，但我的确给她太多了。虽然很烦她在这个时候打断我，但我还是答应了她的要求。

在商店里排上了长长的队之后，她决定不要冰淇淋了。她缠着我去给她找到别的东西。那样的话，又要重新排队，白白浪费很多时间。当时，我发觉自己已经对她诸多要求很不满了。她感到不安，问我是不是在生她的气。我和她说是因为浪费时间才生气。

事实上，我是有点生她的气，但她所做的一切只是在试探我的容忍度而已，要求她想要的东西也是正常的。作为一个成年人，我能给她什么取决于我自己。那天，我明白了，什么事情能答应，什么事情不能答应，是由我自己决定的。她可能会无限制地提出各种各样的要求。一方面默许她越过我的限制，另一方面又怪她要求太多，这对她是不公平的。只有确定自己将来不会给得太多，并设定好明确的限制，我才不会怨恨为她做事了。

当我的孩子有时候在公共场合提出诸多要求时，很显然，是我给得太多了。父母为了让孩子高兴而无节制地给予，就会宠坏孩子，孩子接下来会提更多过分的要求。有时候，父母不知道他们是否过于安抚孩子，或者太取悦孩子了。他们只是为了让孩子高兴，意识不到自己经常向孩子妥协，给了他们太多权力。

孩子总会要求更多

孩子的要求一旦被许可，他们就总是会提出更多要求。有时候，根本无法满足他们的欲望。作为健康成长的一部分，孩子们有时候需要体验到他们并不能要什么就有什么，这样也能帮助他们认识到内心的快乐。

外在的世界不能满足他们的要求时，孩子们会回过头来思考自己真正想要的是什么。当他们感觉到自己需要的是爱时，他们会突然察觉到，就算有些东西想要却得不到，自己也依然可以幸福。他们不必非得拥有想要的每一样东西了。孩子就是这样学会延迟满足的。

孩子还经常想要得到父母更多的时间和关注。父母得知道，允许孩子要求更多意味着他们会一直如此。他们需要教给孩子的是，即使不能马上得到自己想要的东西，也要保持快乐的心情。

这就是延迟满足，这也说明了为什么学会处理消极情绪如此重要。如果孩子要求更多，却得不到满足，他就会生气。父母要注意，不要总是试图通过让孩子高兴起来去解决问题他们的问题。孩子就像破茧而出的小蝴蝶，需要靠挣扎来加强翅膀的力量，然后才学会飞翔。

想要生活得开心，最重要的技能之一就是延迟满足。学会要求更多，同时珍惜已经拥有的一切，这是一种巨大的力量。每当你的孩子因为得不到他们想要的东西而生气时，这种平衡的力量就会增强一点儿。通过帮助孩子感觉到消极情绪并使其释放，即使生活不完美，不像他们所希望的那样，孩子还是可以一次次体验到幸福和快乐。

父母离异的孩子

父母离异的孩子也需要面对父母破败的婚姻。其实在每个孩子的内心深处，他们都希望自己的爸爸妈妈能相亲相爱，长长久久。如同父母离婚后需要为这段婚姻的逝去而感伤一样，孩子也需要经过一段的感伤期。通常情况下，他们都是在父母中的一方重新开始约会后，才会开始感觉到悲伤难过。为此，孩子的父母一旦度过了疗伤期，就应该开始和其他人约会交往。

有时候，恢复单身的父母不想约会，是因为孩子不想他们这么做。孩子会变得过于依赖且心情烦躁，这导致单身父母就尽量不去约会，免得孩子生气。

这种安抚孩子的努力不仅会宠坏他们，而且使孩子失去机会去为父母婚姻的结束感到悲伤。

还有些父母不重新约会是因为他们想弥补孩子，这种逻辑很清楚：我的孩子现在只有一个母亲（或父亲），因此我必须给孩子更多。这个逻辑没有问题，但前提错了。孩子想要的总是超过你能给予的。作为父母，你给予的能力是有限的。

如果你想给予更多，你就会为了孩子牺牲太多。记住，孩子来自天堂。你只需尽最大努力就好，上帝会为你做那些你做不到的事。其中的秘诀就是，当孩子开始抵制你所必须做的事情时，要帮助、支持他。与其对孩子有求必应，不如帮助他们应对求而不得的失望。

当一个单身母亲出去约会时，她的孩子可能会有很多抱怨，她因此而不想再出去。可她没有意识到，其他双亲家庭的孩子一个人被丢在家里的时候也会抱怨。孩子在有安全感，觉得可以要求更多的时候，就会提出更多需求。当然，结果就取决于这位母亲认为在同时不牺牲个人生活的前提下，自己能给到孩子什么。只有自己过好了个人时间，她才能好好陪伴孩子，给到孩子最需要的关注。

要求更多很正常

想要得到更多是人类正常的期望。当孩子能够控制膨胀的欲望和珍惜已有的一切，他们就具备了应对生活中所有重大挑战的能力。生活中那些坚持不懈的人往往会取得成功。而失败者恰恰是那些放弃努力，不再有梦想和希望的人。如果孩子的思想开朗，心灵开放，意志坚强，那就没什么能阻挡他们。

拥有坚强意志的孩子不会屈从于暴君的意志，也不会蛮横地压垮别人的意志。他们会在社会上建立一种新的互动模式。合作将是他们的首选，这样他们就可以培养出说服他人合作的心法。

在允许要求更多的养育中成长的孩子，有抱负，志向远大。他们对自己充满信心。支持他们提出要求的背后，是一种掌握成功之道的自信与直觉。

允许孩子要求更多的父母，可以唤醒孩子的创造性和直觉性意识，使他们对生活充满渴望，在过去并没有多少人能体验到这一点。内心有了这种自信和方向，孩子就能够在生活中带着目标和激情勇往直前。他们的成就将会超越自己的父辈。

第13章

允许孩子说"不"没关系，

但父母才是主导者

积极养育的基础是自由。积极养育的 5 大心法中任何一个都可以使孩子的潜能得到最大的发挥。这种新的养育方法让孩子无须放弃真实的自我并终身受益。有了这种支持，孩子在成长中就会明白自己与众不同没关系，犯错误没关系，释放消极情绪没关系，要求更多没关系，最重要的是，说"不"没关系。

反抗权威的能力是确立真实、积极自我意识的基础。

表面上看来，积极的养育方法好像过于纵容孩子，但实际上它控制力更强，是一种不用让孩子害怕或者自责的手段来建立控制的方法。允许孩子说"不"并不意味着父母向孩子的拒绝妥协，而是给孩子拒绝的机会。不让孩子盲目地服从父母，给孩子选择合作的机会。

允许孩子说"不"，他们就可以认识真实的自我、发现自己想要什么，并为此谈判。这并不意味着过分纵容孩子。即使孩子可以说不，也不意味着他们总是能够随心所欲。倾听孩子的感觉和要求本身就能让孩子更加合作。更重要的是，这使得孩子无须压抑真实的自我。

调整要求不同于否认你的要求。调整意味着孩子把自己的要求转到父母的要求上。否认则表示孩子必须抑制自己的要求和感觉，并向父母的愿望屈服。屈服会削弱孩子的意志力。

缺乏坚强的意志，你的孩子就很容易被社会上的负面潮流或那些不受父母管束的同龄人所影响。如果一个人没有强烈的自我意识，他就很容易被别人控制或虐待。因为丧失了自尊，他甚至会喜欢上这种虐待的感觉，并且害怕坚持自己的意愿。没有坚强的意志，孩子就很难坚持自己的信念，很容易受制于同龄人施加给他的压力。

调整自己的意愿即为"合作"，否认自己的意愿来屈服于别人的意愿则为"服从"。积极的教育要培养的是合作的孩子。显然，孩子不应该盲从于父母的意愿。

允许孩子大胆说出自己的抵触情绪，不仅有助于孩子自我意识的形成，而且还会使他们更愿意合作。顺从的孩子只知道服从，不会思考，不能感知，也无法积极地参与。愿意合作的孩子会全身心地参与每一次互动，并能够健康、茁壮地成长。

孩子被允许反抗之后，父母反而会拥有更多的控制权，经历一次从抵制父母到放弃自己意愿而遵从父母的过程，孩子就能体验并真正感觉到爸爸和妈妈才是主导者。这种对自己与父母间联系的感知力，为积极的教育提供了基础。

对这种联系的感觉，使得孩子更愿意模仿父母行为并配合父母的意愿，同时他可以犯错误并自我纠正，可以感觉并释放消极的情绪，可以要求更多并尽可能调整自己的需求，可以为了得到更多而谈判。允许孩子说"不"或允许孩子反抗父母的权威，实际上是让孩子知道他们始终在父母的管束之中。这是一张极为重要的安全网，支撑着孩子发展的每一个阶段。

父母怎样才能影响孩子

一个成年人要运用各种内在的能力才可能在生活中获得成功，这些能力包括爱、智慧、力量、信心、正直、道德、创造力、智力、耐心和尊重等等。这些能力加起来就是一个人独到的见解和认识。当孩子感觉到了与父母之间的内在联系时，他们就能从父母的意识中获益。事实上，他们的意识已经跟父母联系在一起了，他们所有言行都会受到父母潜意识的影响。

父母的意识会让孩子自信地做自己，会培养他们改正错误的能力。只要孩子感觉到这种联系，他们就会主动纠正错误，无须大人长时间说教或者以惩罚作为威胁。

大人在场，可以使孩子有意识地积极行动，并且极富创造性。父母或老师在场或者监督时，孩子的学习总是特别地有效。孩子跟父母之间的联系紧密，他们就越能从父母的监督中受益。

如何处理消极情绪

父母的意识所提供的安慰，可以使得孩子表达并释放自己的消极情绪。孩子在 9 岁之前还没有推理能力，但有了充满爱心的父母的支持，他们就能够从中获益，并释放消极情绪，在慈爱的父母怀中哭一场，确实能够抚平受到惊吓的孩子的痛苦。

独自哭泣且无人问津会让孩子有被遗弃的感觉，孩子的恐惧情绪也化解不了。加上缺乏推理能力，孩子就会不断对现实做出扭曲的理解。

如果一个人对孩子不好时，孩子会认为这个人将永远对他不好；如果有人得到更多的爱，孩子会认为他将永远得到这么多爱；如果新闻上有人被抢劫了，那么孩子会认为他也可能被抢。他不能理解锁上了门会让他比较安全。这种结论需要逻辑性的思考。如果父母能够倾听他的恐惧并安慰他，他才能感到稍微安全了些。

我记得，在为我的爱子找一所好学校时，有一位父母曾说过："学校里的老师或者孩子什么样子其实并不重要。有时候需要孩子明白，外面的世界是一片丛林。现在就弄清楚自己要应对那些事情总比以后才弄清楚好。"尽管这种说法听起来似乎很有道理，但实际上并非如此。

孩子还不能对现实做出逻辑性的思考时，他们应该尽可能受到保护，免遭社会的负面影响。在子宫里发育时，孩子需要母亲身体的保护和供给。同样，在出生后的前 9 年里，孩子需要得到保护以免遭世间的不良影响。你不可能让孩子亲历噩梦来吸取经验教训。

孩子就像一株柔弱无助的小树苗，需要保护以免受恶劣天气的影响，直到有机会变得更加强壮为止。我们也需要保护孩子免受糟糕的老师、粗野的同学等不良影响。慈爱的父母和家人、乐于助人的朋友以及富有爱心的老师能为成长中的孩子提供理想的环境。

培养逻辑思维能力

孩子要很晚才发展认知能力。大约 9 年的时间，才能使孩子发展出用逻辑解释现实的能力。一般来说，孩子在 9 岁之前应该受到保护，以免受到残酷的现实和社会的负面影响。要到 14 岁的时候孩子才能持续地进行抽象思考，分析或提出假设性的情况，进行独立的逻辑推理，以及从别人的角度看待问题。少数 13 岁以下的孩子也许已经开始有了认知能力，但发展尚不充分。如果孩子没有这种认知能力，那他们对世界的认知与其他人就会不一样。

大人们已经忘记了自己在拥有这些心智能力之前眼中的世界是什么样子的。在孩子看来，世界是一个会让人心烦、困惑，并会造成很多焦虑的地方。现在的世界甚至比以前更加消极，更具攻击性。通讯技术的进步会使孩子随时受到负面信息的影响。

当生活在另一区域的孩子被绑架、强奸或者谋杀时，不管你在哪儿，这个故事总是在你眼前挥之不去。它会出现在电视上、新闻上、杂志上、电台上，以及网络上。在孩子的眼里，这个悲剧好像就发生在隔壁，它们很容易发生在自己身上。过多的接触负面新闻会使孩子丧失天生的敏感，并削弱他们与父母的管束之间的联系。

以前，孩子不会被迫面对和接受这个世界中如此多的残酷现实。即使是成年人也很难应付如何去面对现实世界这么多的负面新闻。成年人的大脑能够较为正确地解释世事，但孩子没有这种能力。父母为保护孩子免受外界不良影响所做的任何事情，都能帮助孩子感觉到安全、自信、放心和受保护。

孩子需要安慰

当孩子还没有逻辑思考能力之前，他们需要得到安慰，告诉他们一切都很好，由于没有推理或者逻辑思考的能力，孩子往往会形成错误的观念和结论。请参考以下例子：

如果孩子感受不到爱，他们就认为自己永远得不到爱。

如果掉了什么东西，孩子会认为永远也找不回来了，或者再也没有东西可以取代它。

如果孩子当时得不到饼干，他们就会认为永远也得不到饼干了。

这些例子可以帮助父母理解孩子强烈的情绪反应。他们表现得很任性、很固执，是因为他们没有逻辑思考的能力。

如果父母离开，孩子可能会认为他们再也不会回来了。讲道理安慰不了孩子，但倾听可以。同情孩子的敏感情绪能给他传达安慰的信息，尽管他自己还不能推理。

父母当然知道自己会回来。当父母平静而慈爱地倾听和保证一切都会好起来时，这种认识会

直接传达给孩子。感觉到与父母产生了联系，孩子就能从父母的生活经验和意识中收获到很多。

孩子的记忆是有区别的

9 岁之前，孩子的记忆都是不同的。他们能够记住单词、观点以及具体的行为。因为不能进行逻辑思考，所以他们更多地生活在当前。让一个不到 9 岁的孩子记着带午餐盒或者把东西收起来，这是不现实的。在反复的指导下，他会学着这么去做。但不能指望你说明白了孩子就能够记住。

一位母亲对孩子说："如果你忘了带午餐盒，你在学校里就要饿肚子了。"这是不正确的。孩子理解不了这个理由，甚至无法据此来思考未来的事情。父母最好简单地说一句："请你带上午餐盒好吗？"或者"请把那个收起来好吗？"

对孩子期望太多会加强父母"孩子管束不了"的感觉，加强父母因为孩子反抗而产生"他不好"的感觉。这个结论都是错误的。孩子只是还不能记住那些有意义或合情理的事情而已。

一旦父母失望地说"你怎么能忘了呢"，这就会对孩子造成伤害，事实是，他并没有忘记，因为从一开始他就没记住。如果非得说有人忘了的话，那就是父母忘了——父母不知道对不到 9 岁的孩子能期待些什么。

孩子的意志逐渐增强

当父母对孩子提出更多要求时，意志坚强的孩子最终能够选择性地接受一些要求，因为他们的父母已经学会了接受。从父母的经验中孩子得知：不是每次都能够马上得到想要的东西，但如果不放弃，你最终会得到它们。虽然孩子体验到失败、延迟满足或者失望的痛苦，但他们感觉到被理解时，他们就会与倾听他们说话的父母身上的成熟意识联系在一起。

意志坚强的孩子会发脾气，也会慢慢变得更合作。反抗父母的孩子会重新想要跟父母合作，因为反抗本身必然产生的摩擦，增强了他们与父母的联系。孩子需要时不时反抗父母，以感觉到自己与父母之间是有联系的。当再次感觉到这种联系时，孩子会突然变得以开放和接纳的态度来对待父母的主导地位和指导。这种改变会影响我们对孩子的消极行为或者消极态度的看法。

当孩子不听话时，并不代表他们坏，而是说明他们不受管束了。想要达到自我纠正或者更加守纪律的目的，他们无须受罚，他们需要的只是重新回到管束之中。谁的管束呢？父母的管束。运用积极养育的 5 大心法能让孩子重新回到父母的管束之中，他们会很听话地与父母合作。

在父母实行积极养育的情况下，孩子不仅听从于父母的管束，而且有能力感受得到这种管束。上几代的孩子凭借天生的敏感能力还不足以感觉到父母的管束，感觉不到管束，孩子对积极养育就没有反应。现在，大众意识已经改变，这些心法对所有孩子都会有效，哪怕他们不是在积极养育的方法下长大的。只要运用积极养育的方法，你的孩子就会马上做出反应。

很多平常的教育方法会失败，是因为这些方法不全面。只让孩子自己做他们想做的任何事情是不够的。要想给孩子更大的自由，父母就一定要提供强有力的领导。给予孩子很大自由的同时加强管束，不断平衡二者之间的关系，积极养育的心法就能够成功。

平衡"自由"与"管束"

积极养育能培养父母和孩子之间的感情联系，达到自由与管束之间的平衡。孩子既体验到了独特的、与众不同的自由，又感觉到了模仿父母、向父母学习的强烈需要。允许孩子自由反抗实际上加强了孩子的自我意识，同时把他们和父母的意愿和意识联系在了一起。

父母应该允许孩子说"不"，因为这有助于孩子知道自己的欲望有哪些，并且还会最终让他们与父母合作、赢得父母支持的欲望越来越强烈。如果感觉不到与父母之间的联系，孩子就会很快忘记这种与父母合作的愿望。运用积极养育的5大心法，能重建父母和孩子之间的联系，孩子也会重新开始合作。

如果父母经常满足孩子的要求，那么当孩子在得不到更多时，就会产生强烈的消极情绪。孩子把这些强烈情绪表达出来，不但可以学习如何处理消极情绪，而且能增强他们自我反省与感觉的能力。让孩子认识到自己可以表达消极情绪，能使他们产生感觉的意识，这种意识对建立起孩子和父母之间的联系是很关键的。

感觉能使孩子明确自己内心的需要。感觉越强烈，孩子就越能意识到需要父母的管束。他们的合作意愿以及向父母学习的意愿自然而然就被激发了。这些孩子不需要受到责罚，他们能从父母的意识里得到有关是与非、好与坏、聪颖与愚笨的判断，并自行纠正。

自由的五个心法是相辅相成的。它们有时会相互抵制，但显然父母才是主导者。如果父母不能维持强有力的领导，那么这5种自由就行不通了。没有权限的自由就是骄纵。孩子需要父母的管束。充满爱的积极养育心法才能使父母掌控局面。

没有管束所带来的两大问题

如果孩子内心不想受到管束，就会产生两个重要的问题。他们要么用行为来表达自己不受父母管束所带来的痛苦和混乱，要么将其深埋心底。尽管在有些孩子身上会同时出现这两个问题，或者时而是这个问题，时而是那个问题，但通常来说，男孩容易用行动来表达，女孩容易将其深藏心底。如果父母的管束让孩子感觉不到支持，那么他们会继续表现出失去管束的某些症状。

一般来说，很多男孩会变得不守规矩且不受管教，没有家庭和父母的支持，他们会过分依赖

同龄人。即使是好孩子也很容易被其他不太好的孩子影响到，一个缺乏父母管束的孩子，最容易被其他失去更多管束的孩子"带坏"。

没有父母的管束，男孩容易变得活跃过度，这会引发攻击性、暴力、滥用毒品、滥交、恶毒、残忍等问题。一般来说，他们的学习成绩会下降，跟学校或者家庭相关的活动会减少，他们真实的潜能自然也得不到发展。

女孩也可能会有上面这些问题，不过她们一般是将失去支持所带来的痛苦深藏心底，女孩特别容易失去自信。有些女孩不是求助于父母，而是寄希望于男孩，甚至把不正当的性行为作为引起关注的方式，以此觉得自己很独特。

男孩容易过分活跃，难以自我约束，而女孩容易过于放大自己的不足和缺点，这会导致一系列问题，例如消极的自我暗示、爱讲闲话、体重不正常、对其他女孩心胸狭隘、自我形象差、早孕、自杀倾向、陷入虐待性感情关系、毒瘾、抑郁等。同样从父母那里得不到支持，女孩也无法发展他们真实的潜能。

孩子的三个"9年"

一个孩子需要经历3个"9年"才能成为健康、成功的成年人，在第一个9年中，孩子处于对父母完全的信任和依赖中；在第二个9年（9-18岁）中孩子会信任自己并日益独立起来；在第三个9年（18-27岁）中，孩子变得独立自主。

在孩子0-9岁时，父母的主要责任是要对孩子完全承担起责任，在孩子处于9-18岁时，父母的主要责任是要维持一种控制力，但也要给孩子更多的自由和独立。放弃管束的过程要一步步来，如果不给孩子机会让他们承担更多责任，他们就无法学会相信自己。处于第二个阶段的孩子需要更多的空间，这样才能形成健康的责任感。与前一个阶段一样，父母不应该期待孩子完美，孩子在任何阶段都会犯错误。

在孩子12-27岁时，父母需要退到幕后，但仍然要为孩子提供支持。是否要提供支持，取决于孩子认为自己是否需要支持，而不是由父母的判断来决定。例如，如果孩子想要支持或者开口要求支持，那么给孩子提供建议或者物质帮助就是可以的。

父母不需要担心已经成年的孩子，而要尊重孩子追求成功所做的努力。为一个成年人担心只能让他认为自己出了错或者你不信任他。在孩子18岁之后，有些父母想弥补自己以前的错误，未经孩子要求就主动提供帮助，这样做只会让事情变得更糟。

建立起责任感

在第一个 9 年中，孩子完全依赖于父母的指导。如果没有父母从头到尾的管束，他们就会被迫飞速成长，并错失发育过程中的某些阶段。学会信任并依赖他人，才能在此基础上逐渐学会信任自己。

在没有安全网的情况下，如果你练习高空走钢丝，恐怕永远也学不会。刚开始学的时候，钢丝要离地面很近，然后提升高度，但下面要有安全网。你明知自己可能会掉下来，如果没有安全感，就不可能学会一种心法。确信自己可以依赖别人，自己值得别人的帮助，这是最终变得独立自主的坚强基石。

在第一个 9 年中，如果孩子不清楚自己在管束之中，那他们就会不自觉地承担起太多责任。孩子的大脑还不能够进行推理，也无法换位思考。当他们被爱时，他们认为原因是自己可爱。他们会承担起责任，相信是自己赢得了别人的爱；等不被爱时，他们就认定自己不可爱，并且是自己输掉了别人的爱。

孩子们会误认为应该对自己负责，更应该对身边发生的所有事情承担责任。孩子是以自我为中心的，他们认为世界在围着他们转动。当好事发生时，他们认为是他们促成的；当不好的事发生时，他们认为自己应该对此负责。他们不能推理，不能从他人的角度看待问题，因此过多地承担了许多不必要的责任。

例如当父母生气时，孩子立刻认为责任在自己身上。如果父母为自己的情绪承担起责任，就会纠正孩子这种自责的倾向。

即使父母对孩子很和蔼，孩子还是会觉得自己应该负点儿责任，除非父母做点什么让自己心情好转。如果父母冲孩子生气，那就更糟了，孩子会觉得自己的责任不可推卸，认为自己不好，或者不值得尊重。父母冲着孩子发火之后，需要向孩子道歉。否则，孩子会逐渐信以为真，认为只要父母嚷嚷、争执或者吵架，自己或多或少是有责任的。

父母应该到另一个房间去争吵，要不然，会让孩子觉得非常内疚。父母双方如果有良好的沟通心法当然更好，这样就无须吵架了。一旦发生了口角，也应该换一个房间或者移到其他地方悄悄地进行，孩子目睹其他人不好的行为时，甚至也会认为是自己的责任，除了管束孩子之外，父母还需要管束自己。

认同父母与孩子的差距

父母和孩子是两代人，所以会有差距，父母处于代际线之上，孩子处于代际线之下。处于代际线的上面，意味着要承担责任并实施管束，处于代际线的下面意味着依赖并接受管束。

有父母在指导和管束着，孩子才有机会发展成长所需要的各项技能，孩子天生具有尊重他人、合作、原谅、自我纠正、分享、爱、坚持以及适应的潜能，但需要有一个已经掌握了这些技能的人来指导和支持他们。处于代际线上面的父母是最佳人选，他们的意识会被孩子当作一种资源来自觉利用。

一旦父母的行为不负责任，不管是对另一方不负责任，对社会不负责任，还是对孩子不负责任，孩子都无法再利用他们的支持了。当父母行为失控，幼稚得像个孩子时，他们就移动到了代际线下面，而此时，孩子升到了上面，并要承担更多责任。

当父母转移到代际线下面时，孩子可能会过快成长。

这也能解释为什么吼叫会马上让孩子重回管束之中。吼叫、责打或者惩罚孩子的父母通常失去了控制力，他们表现得像个失控的孩子。此时，孩子就上升到了代际线的上面，暂时表现得更像一个负责任的成年人，尽管孩子会顺从父母，但他显得如此孤立无援。

如果父母不能管束孩子，那他就只剩自己了。他会突然进入自我生存模式中。结果是孩子被迫过快成长，没有父母，他不得不成为自己的父母。过快的成长会让孩子压抑自己的真实面。当父母失控时，孩子会很快回到父母的管束之中，但不是以一种健康的方式。他不知道怎样控制消极情绪，只能强行压抑它们。

这就等同于孩子被忽略或者被遗弃，例如，如果一个 12 岁的孩子离家出走，那么，他的某些部分将永远失去发展。他或许能够像一个成年人那样行事，但会丧失某些技能，例如健康的情绪控制能力，或者依赖他人、寻求帮助的能力。他可能会非常有爱心，但很难跟人亲密，很难做出长久的承诺。他并非不能生活，他只是失去了某些东西。为了更好地发展，孩子就应该在代际线下面待十八年，并一直处于父母的管束之中，依赖父母的帮助，而不是要他们帮助父母。

离异对代沟的影响

父母离异会影响到代际线。在代际线下面的孩子需要位于代际线上面的双亲抚养。可是，当因为分居、离婚，或者仅仅由于忽略而少了父亲（或母亲）时。代际线下面的孩子经常会上升到代际线上面，去安抚受伤的一方，起到取代离异那方的作用。

除此之外，当父母不正确地向孩子寻求情感上的支持时，也会让孩子上升到代际线上面。在必要的时候，应该向另一个也在代际线上面的成年人求助，而不是寄希望于孩子，这是不健康的。

正因为如此，单身父母离异后应该重新开始自己的生活。让孩子填补你的生活是不健康的。指望孩子可能会让你感觉不错，但你的孩子就失去了成长的机会。他们会早熟，会承担太多责任，会承受各种不该有的痛苦。

孩子们有以下反应，就表明他们承担了太多责任：

敏感型的孩子：通常会觉得自己是个受害者，并认为得不到自己想要的东西。

反应型的孩子：习惯于取悦他人，为了迎合别人会否认自己的愿望。

接受型的孩子：在生活中变得顺从、被动、缺乏创造力。

活跃型的孩子：成为高成就的追求者，但通常不尊重他人，控制欲太强或对他人态度恶劣。

当父母承担起责任并始终在代际线上面时，孩子就能够健康发展。孩子依然会犯错误并发脾气，但他学会了一些必要的应对心法，这能帮助他健康地长大成人。

这种认识能够使单身父母不再感到内疚。内疚感会经常让他们不敢出去约会，不敢追求浪漫的爱情。尽管你的孩子可能不赞成你出去约会，但约会依然是非常重要的。需要明确地给孩子传达这样的信息：你有独立的生活，需要其他人让你心情愉快，满足你对伴侣、友谊、沟通、浪漫以及娱乐的需要。你得采取行动来获得这些需要，否则会让孩子感到过多的责任。

如何管束一个十几岁的孩子

对十几岁的孩子，有些父母管束太多，而有些父母则给孩子太多自由。对各个年龄的孩子来说，没有一成不变的管束规则或限制标准。父母可以根据常识或通过试错来判断孩子需要多少自由，以及何时需要自由。现代孩子的行为，严格说来是父母和孩子之间的事：看电视、打电话的时间、校外活动、言语、食物和节食、何时做家庭作业、晚上何时回家、约会、交友、性行为、做家务、钱财、外表和举止等等。

孩子的自由，是建立在他们与父母之间良好沟通的基础之上的，同时也要参考其他父母和老师的观点。尽管现在十几岁的孩子拥有更多自由，他们能够决定自己要做什么，但对于维持管束来说，积极养育的五项心法仍然是父母所必需的。

当一个 16 岁的孩子不受管束，以一种很不尊重的态度对抗你时，你就需要"暂停"了。得让顶嘴的孩子知道：他的行为不正确，你希望他更尊重别人。随着孩子的表达能力越来越强，父母需要记住，他们还是不应该用惩罚来威胁孩子，也不应该对管束有过多解释。

当十几岁的孩子反抗你时，采用奖励或者命令依然是最有效的方法。你只需要传达你的意思，并给孩子时间去理解。只要孩子还没有独立生活，他们就需要由你来做主导者，但不需要惩罚。随着孩子逐渐成熟，他们需要的自由会越来越多。

父母需要像监督小孩子一样来监督十几岁的孩子。就算你不跟他们在一起，但得让他们知道，你知道他们在哪里，知道他们在做什么，这样做能够极大地帮助孩子，感觉到父母的管束。孩子回家后父母会问孩子这一天过得怎么样，但他们几乎无话可说。有时候，在向父母谈论这一天的生活之前，他们只需要一点时间来忘记所发生的事情，或者在电话中与朋友聊聊这些事。父母要参与到孩子们的生活中去，就要让他们自由表达思想。

父母经常忙得没时间参加学校活动，这就很难保持与孩子的联系。对于大多数父母来说，他们跟学校的主要联系就是孩子，但他们的孩子不愿意谈太多校园生活。如果父母参与到学校活动中去，这样他们就变得愿意谈论了。还好，现在一些新的科技手段使得这种联系和接触变得简单易行。

通过网络来改善沟通

父母们可以利用网络更好地了解孩子在学校的动向。当今社会，越来越多的学校利用免费软件，加强学校和学生父母之间的联系。父母可以在网上查询孩子的分数、每天的主要活动、事件、研究计划、家庭作业以及进度报告，还可以给老师发电子邮件，甚至可以跟其他学生的父母聊天。另外，网上还有孩子在学校以及校外的个人日程表，包括了孩子的所有活动。如果你孩子所在的学校还没有使用这种网络技术，那就请学校马上采取行动吧。

只需要几秒钟的时间，父母就可以从网上得知孩子在学校都干了些什么。鼠标一点，父母就可以发一封电子邮件，或者向其他任意一对父母咨询问题。

这极大地增强了父母和孩子之间的沟通。当父母问孩子"今天过得怎么样"时，他们不指望孩子会好好回答，但是，如果他们掌握信息后直接问问题，那就为更好的交流打开了一扇门。父母可以问些具体的问题，例如：

你的科学展览研究计划有什么进展吗？

今天棒球练得如何？

今天杰西卡对你如何？

今天老师怎么评价你的口头报告的？

今天你数学突击测试得了 A，我感到非常骄傲。

如果父母了解孩子在学校的动向，孩子就会愿意谈论学校生活。父母参加学校活动越多，就越知道孩子目前在干什么，跟谁在一起，孩子也就越愿意畅谈自己。谈论孩子的校园生活，对维持控制力并影响孩子有着重要作用。一旦父母的影响力小了，孩子就容易受到其他孩子的影响。

在学校网站中，你可以联系到其他孩子的家长，清楚地了解到他们是怎么带孩子的。在我女儿小的时候，几乎都不可能定期组织家长会，交流各自孩子的近期动态和各个家长在管教孩子上的心得体会。

和其他父母交流以获得支持

若父母之间没有相互交流，就不能判断孩子是否说谎。例如，他们说自己是唯一必须在晚上 11 点前回家的孩子，这样你就会感觉有必要改变孩子的夜归时间。而实际情况经常是只有一个孩子的父母规定他 11 点前回家，其他父母规定的夜归时间都是 10 点。父母不了解这些，除非与其他父母相互交流。跟其他父母交流可以帮助你适当地限制自己的孩子，以便保持管束。

父母应该建立一个互助小组每月聚聚会，读一读《孩子来自天堂》，讨论一下你跟孩子之间的问题。谈论你的问题，再听听其他人的经历，不仅可以让问题更明晰，而且会让养育更加轻松。当你觉得孤单时也不会那么难熬了。跟孩子一样，父母也需要支持。当你从其他父母那里得到支持时，你的孩子也会得到他们所需要的支持。

有了其他家长的支持后，即便允许孩子反抗，你也会觉得掌控起来明显轻松多了。当其他人支持并赞同你的做法和看法时，你就会把 5 项积极养育心法的作用发挥到最大。

第14章

将五大心法运用到实际生活中

　　每个孩子的内心里都有一颗按钮通往灵魂。按钮被按到时，他们就愿意与父母合作并希望父母高兴。这个按钮就是积极养育的五大心法和五大心法的核心。学会了如何反复操作这个按钮，父母就获得了引导孩子所需要的控制权。各个年龄段孩子的学习方式主要是合作和模仿。只有当父母不断地按这个神奇按钮时，孩子学习和成长的能力才不会受到限制。

　　积极养育对那些没接受过这种方法的孩子也同样有效。好父母应该随时记得鼓励孩子合作。不管从什么时候开始运用这五大心法，你都将拥有改善沟通、促进合作的力量，使孩子发展得最为充分。

母女之间

　　母女之间关系最紧张的阶段应该是女儿的青春期，因为母亲经常想要控制孩子生活中的所有事情。女儿小时候太听话了，她们可能会更加强烈地反对母亲。

　　女儿在青春期会逐渐有了自己的思想，她们想要争论、拒绝、反抗母亲的控制。在这种情况下，运用积极养育的五大心法可以教会母亲如何以较为健康的方式来管教，而不用提高嗓门、令行禁止或者用惩罚来威胁她们。母亲们经常无意中让孩子产生抵触心理，因为她们总是给出各种理由让孩子做这做那，这会让孩子感到窒息。

父女之间

　　父亲经常只是解决问题，而不去分析问题所在，久而久之，就会与女儿疏远。男人通常很难理解女人需要谈话和交流而不是解决问题，哪怕女儿没有要求提供建议或者帮助时，他们也会不断给出解决办法。男人们错误地认为自己的任务就是解决问题，而大多数时候，从小女孩到少女，再到女人，她们都只想交谈，只想有人听她们听话。父亲们思考的是怎样去养家糊口，他们不太关注抚养孩子的日常细节，这经常让小女孩觉得父亲不关心她们。

　　其实，父亲是非常关心女儿的健康和幸福的，这也是他们如此辛苦工作的原因之一。只是他们不参与细节，不太关心小事情。他们关心的是女儿大方向上的幸福，至于女儿是穿牛仔裤、扎马尾辫，还是穿裙子配发夹，对他们来说没那么重要。

　　但是，由于他不关心女儿生活的细节，女儿就会觉得得不到他们的关心，要想亲近女儿，父亲需要花点时间询问一些日常的生活问题，并试着听听孩子想说什么，而不要总是给建议。

母子之间

　　母亲经常命令儿子，而当儿子不肯合作时又向儿子妥协，这样做会失去儿子对她们的尊重。

母亲们经常抱怨儿子不听她们的话,这通常是因为她们的建议和指示太多了点。

与女孩相比,男孩通常需要更多的独立和空间来冒险。他们更需要证明自己能够做什么。过多的帮助被他们视为缺乏信任,久而久之,男孩子会因此而中断与父母的联系,不再听父母的话。

母亲们喜欢唠叨说教。这种常见的错误很快会导致男孩子断开跟她们的联系,这样她们的控制就更少了。当男孩子反抗母亲的要求或者命令,或者拒不合作时,母亲必须做好应对儿子的脾气的准备,并让他们"暂停"。如果她们轻易放弃,或者等着丈夫回来处理,她们就放弃了控制权。

丈夫对待妻子的方式也会影响儿子对母亲的尊重程度。例如,如果母亲做好了晚饭,叫大家吃饭时,父亲不尊重母亲的意愿,没有马上做出反应,孩子就会觉得自己也没有必要立即回应。

孩子喜欢观察和模仿。当父亲不回应母亲的要求时,这就相当于给孩子一个明确的信息:没有必要听母亲的话。因此,不要当着孩子的面抱怨配偶,这是很重要的。当妈妈公然抱怨爸爸不尊重她时,无意中在向孩子暗示:他也不必尊重她。

父子之间

父子一起参与活动能形成亲密的关系。通过一起做事,儿子有机会感受到父亲的重视、赞赏和帮助。儿子和父亲可能不需要说太多话,他们需要的是建立起亲密的关系。父亲一定不要过多地批评儿子,也不要轻易对他感到失望。儿子需要从父亲那里得到明确的信息:他是正常的,是被接纳的。

男孩子习惯向着目标义无反顾地前进。当男孩子失败时,他希望父亲能够理解和安慰他,明白他已经尽了最大努力。父亲千万别总是指出孩子应该怎么做才更好。所有的孩子都是独一无二的,学习速度也不一样。发现孩子的优点,表扬、赞美、认可他们才是父母的任务。

当不需要用惩罚来管束时,儿子和父亲之间就变得亲密无间了。儿子再也无须害怕因犯错误受到父亲的惩罚,他可以自由地向父亲寻求建议和指导。

十几岁的孩子会暗自感激父母的管束

控制孩子与跟孩子沟通是有很大区别的。十几岁的孩子或许不喜欢你最终做出的决定,但他们会尊重并接受,而且他们还会因此暗地里感谢你。对于十几岁的孩子来说,来自同龄人的压力是巨大的。他们可以把责任推到父母身上,找到更多理由来抵制同龄人的诱惑。

积极养育是不鼓励惩罚孩子的,所以孩子必须对自己的不当行为承担后果,十几岁的孩子要想获得更多自由,就必须赢得父母的信任。如果他们设法证明自己能够遵守新自由的限度,给他们的自由就要少一点。暂时剥夺孩子的某种自由应该作为一种调整,而不是惩罚。

例如，父母允许 16 岁的汤姆在周末晚上可以玩到凌晨 1 点。但他经常凌晨 2 点左右才回家。他解释说他忘了，而且表现出"这有什么大不了的"这种态度，母亲莎拉解释说，他在夜归问题上受到的监督太少了，他需要更成熟，更有责任感，如果他记不住凌晨 1 点回家，就说明他不够成熟、不够负责，他也不应该被许可在外面待那么晚。

莎拉告诉汤姆，如果他想在外面待到凌晨 1 点钟，那么 12 点左右他必须打电话回家。这种负责的行为可以帮助他记住回家的时间。可汤姆还是没记住。几次努力之后，莎拉终于意识到自己犯了个错误，她过早地给了儿子过多的自由。

于是，莎拉告诉汤姆："我认为允许你在外面可以待到凌晨 1 点是不对的，我知道你已经尽力了，不过很明显你还没准备好享受这个特权。从现在开始，你只能在外面待到午夜 12 点。如果你能按时回家，过段时间我会重新考虑把时间改为凌晨 1 点。"

这样就暂时限制了孩子的自由，直到他行为恢复正常。剥夺特权只应该作为最后的一种手段。得让十几岁的孩子明确地知道，父母已经尝试了很多种方法，但最终的结论是，他们还没有准备好拥有更多的自由和特权。

当父母认识到孩子自由到快要失去控制时，他们就知道有必要调整了。以自己的行动赢得信任的孩子，才能拥有更多特权。记住，只有当尝试过其他方法无效后才需要调整。万一你随意惩罚孩子，他们将不再坦诚地向你寻求支持。

为了维持对孩子的管束，父母要知道孩子在哪儿，和谁在一起，在干什么，谁看着他们。但十几岁的孩子经常不知道他们要到哪儿去。他们只是想出去，跟朋友在一起干什么都行。如果他们得到了允许开车的年龄，那么只是开着车兜风也会让他们很开心。父母想要知道他们会去哪儿，但孩子可能真的不知道。父母可以制定一些新规则，试着找到解决这些问题以及其他问题的创造性方法。

让十几岁的女孩儿出去需要有一些条件，比如晚上 10 点钟的时候打电话回家或者干脆带一个寻呼机或者手机。如果孩子忘了打电话或者回复寻呼机，那就减少她出去的次数，直到她能够记住用寻呼机或者手机在某一时间主动与家里联系。

孩子会排斥这些规则，但这是对她们负责。

下一个月，父母应该规定：要事先告诉大人去哪儿，同时，在晚上 10 点钟的时候打电话回家。一旦他证明了自己能记住，就让他重获出门的自由。

知道父母随时随刻都可能会打电话跟他们说话，这对孩子是有帮助的，也是对他们吸毒或者惹麻烦的另一种威慑。

如果孩子吸毒，你该如何应对

如果有人看到你的孩子吸毒，或者你怀疑他们在吸毒，但孩子极力否认，这时，就应该对他们进行毒品测试。随机的毒品测试能够有效地判断你的孩子是否吸毒。任何一个学校的咨询教师都可以教你如何测试。会被抓住的可能性也会增加对孩子的威慑力。这也给了孩子更多的支持，支持他们对吸毒的同龄人说"不"。

让孩子禁闭，就算是几天，也不适当。禁闭的时间越长，他们就越不愿意合作。你不再是父母，而变成了敌人。在处理一些麻烦的行为问题时，父母更多的需要倾听，让孩子说，不要告诉孩子她们为什么错了，而应该问一些试探性的问题，

例如：

你觉得我希望你吸毒吗，为什么？

对这事儿你怎么想？

吸毒是什么感觉？

你知道毒品的影响是什么吗？

我需要做什么来帮你戒毒？

你还希望我为你做些什么？

孩子回答问题可以帮助他理清思路。当孩子向你说出自己的想法时，表明他们尊重你。即使孩子的想法与父母的不同，父母也应该接受，但依然要命令孩子按要求办事。各个年龄的孩子都有不同的需要，当有人倾听这些需要时，孩子最终会愿意遵循你的指引。他们不一定喜欢，但一定会合作。

孩子说"脏话"父母怎么办

一位母亲问，她 16 岁的女儿对她说"脏话"，该罚女儿禁闭多久。这位母亲想知道两个星期是否公平。我建议她下次孩子再这样时，只需要对孩子"暂停"。可是她从来没有对女儿用过"暂停"，每次都用惩罚管教她，因此这位母亲认为女儿会嘲笑她。

由于她的女儿没有接受过积极养育，因此我建议前几次"暂停"的时间可以长一点。我建议两个小时，而不是 16 分钟。她的母亲依然觉得女儿会笑她，她说："就她的所作所为，两个小时根本不够。"

我提醒这位母亲，她的女儿永远不应该受到惩罚，她会这么想只是因为她自己就是这样长大的，她不知道还有其他更有效的管束方法可以纠正孩子的行为，最后，这位母亲答应试一试，尽

管她依然深信她的女儿会笑她。

我对她说，女儿不尊重她的原因是女儿失去控制了。想要重新获得尊重，她就得让孩子重新回到控制之中。让她接受"暂停"，她就有机会感觉到自己被管束着。

当母女在此争论时，要控制情绪，明智地停止争论，简单说一句："你说话的方式是不对的，我是你妈妈，我希望你尊重我，我要你去'暂停'一下，去你自己的房间待两个小时，在此期间不许出来，也不能给你的朋友打电话。"

女儿对此非常生气，这让母亲很吃惊。女儿大吼道："你怎么能这样命令我，我不要什么'暂停'。你不能命令我。我恨你……"

母亲不能动手动脚，只能继续命令女儿。她又重复了几次命令，最后，女儿向自己的房间走去，每走一步都要踢一下墙，嘴里还嚷嚷着不敬的话，当女孩儿试图挑起更多争端时，母亲只是重复指令："我要你'暂停'两个小时。这段时间里不许你打电话。"

母亲心里很困惑，想不到两个小时的"暂停"让女儿的反应如此强烈。两个小时后，女儿出来了，为自己刚才恶劣的行为道歉，就这样"暂停"在她们家立即生效了。

这个方法取得这么好效果的原因是：父母只要建立控制关系，孩子就能够感觉到与父母的联系和亲密。父母不需要为了建立控制而禁闭孩子几天或者几个星期。当孩子被禁闭时，父母实际上失去了所有的管束，对于现在的孩子来说，惩罚只会起到反作用，只会削弱父母对孩子的管束和影响。

允许孩子自由表达想法

我女儿劳伦差不多12岁的时候，偶尔会骂人。每一次我都会心平气和地请她讲话要文明些。有一天，她开始反驳我。她的理由是，我有时也会骂人，为什么她就不能呢。我解释说，作为成年人，我知道何时何地可以说，而她是个孩子，还不知道这些规矩。她也确实不知道这样的话何时说合适，何时不合适，在她能够自由地说这些话之前，她得先学会控制自己的情绪。

一开始她很排斥。她说学校里其他的人都骂人，她应该也可以。临近青春期的孩子需要新的自由，12岁的她也感觉到了这种需要，开始向我发起挑战。

劳伦：我就是要骂人。

我一直让她停下来。我对她说：我知道其他孩子都骂人，但那是不礼貌的。

劳伦：我不想停止，你不能逼我。

我：我知道你跟我不在一起的时候我无法控制你的行为。我阻止不了，你跟朋友在一起时骂人，但当着我的面我能阻止你。跟我在一起的时候，我希望你使用礼貌用语。

劳伦：如果我不呢？你会怎么样？

我：我会要求你停止，并提醒你我不希望你骂人，我希望你说话要文明。

劳伦：如果我不呢？

我：如果你继续，那么我只好让你"暂停"了。

讨论就这样结束了，那天晚上，我们两个人的态度都不友好，但这之后就都忘了。显然她在试探升入中学之后能拥有哪些新权利和新自由，她想要挑战我。

几天后，她又骂人了。这一次，我们两个人都有充分的时间考虑这个新的挑战。她上车后开始骂某个人，多么多么让她失望。我的回答还是一样的："劳伦我不希望你跟我在一起的时候说那样的话。"

她说："爸爸，很难做到不骂人。所有的孩子都会骂人，那些话在心里憋得慌，我必须说出来，否则我不知道该怎么办。"

我说："我想到了一个好办法。我希望你能够尽最大努力做到有礼貌。如果有时候你觉得有必要骂出来，可以，我允许你骂，但你得学会控制自己骂人，所以你骂人之前必须先得到我的允许。你知道电影《星际旅行》中船员是如何向船长要求说话自由的吗？如果你先问我，那么我会判断时机是否合适，能否让你自由说话。"

这个办法的效果非常好。当她想要说一些粗鲁或者不太友善的话时，她会马上微笑着在我耳边低声询问："允许自由说话吗？"如果我同意，那么她会兴高采烈地说一些骂人的话或者对别人不好的评价。通过这个办法，她学会了克制自己的情绪，学会了在需要的时候说话要有礼貌。

自己做决定

父母放弃管束造成的另一个结果就是让孩子自己做太多的决定。若不到9岁的孩子过于独立，他们很容易因为做错决定而受到伤害。父母允许他们自己做决定，如果结果不尽人意，孩子就会开始怀疑自己做决定的能力，他们会因此没有安全感。这种不安全感有可能持续一生，导致孩子成年之后变得优柔寡断或者不能做出长久的承诺。

孩子在9岁之前不应该对做选择或者做决定承担责任。当然，他们可以说出自己的要求、希望、需要和感觉，但应该由父母来做最终决定。即使孩子进入了青春期，大多数决定也应该由父母来做。

父母询问孩子他们想要什么或者对某件事情感觉如何时，即使最后的决定是由父母做出的，可能还是会给孩子造成一种印象：掌握支配权的是他们，而不是父母。积极养育的心法，提倡父母倾听并考虑孩子的感受和要求，但不提倡他们直接询问。

父母随时都可以询问孩子，但用在孩子表达自己的情绪或者反抗你的管束时会更好。聪明的父母不会问："不去公园了，你觉得怎么样？"而是说："不能去公园了，你看上去有点生气。"不询问，孩子就不会产生他的情绪支配局面的错觉，也不会以为父母只关注自己一个人。孩子在 9 岁之前还不足以做主导者。

三个 "7 年"

在 0-7 岁，孩子形成自我意识的途径是通过父母或者别的与他有接触的人；在第二个七年(7-14 岁）里，依然要依赖父母，但有了一点变化，他们更多地依赖于兄弟姐妹、亲朋好友来形成积极的自我意识；在第三个 7 年 (14-21 岁) 里，孩子会向同龄人以及志同道合者或拥有达成目标所需的专门知识的人寻求帮助，以确定和发展自我意识。

第一个 7 年，孩子从父母或者主要看护人那里获得他们所需要的东西。在第二个 7 年里，他们通过在安全环境里与人互动来培养自我意识。孩子最大的需要是玩耍、娱乐。在这个阶段，父母应该尽可能努力地把事情安排得有趣、安全、简单易行。孩子在第一个 7 年里学会了如何获得所需，在第二个 7 年里学会了如何玩得高兴之后，他们就准备好了，在第三个 7 年里好好生活并约束自己。

在前两个 7 年，不能给孩子施加太多压力。在这段时间中，他们应该学习如何感到快乐。感知快乐是人生中最重要的能力之一。快乐来自内心，而不是外部世界，它是一种技能。快乐的人总会保持快乐，不管外界的环境如何。

很多父母希望自己的孩子生活得快乐，所以迫使孩子过快成长。他们没有意识到快乐是应该在第二个 7 年里学会的一种技能，不管孩子今后在生活中将获得怎样的成功，如果小时候没有学会快乐，那么成功也不会让他们快乐起来。

孩子从玩耍中学会快乐。在 7-14 岁之间，应该鼓励孩子玩耍，开开心心地玩。以此为基础，孩子就准备好了，上学时努力学习，踏入社会时努力工作。在学校考高分或者在家做家务，这么多的压力会妨碍孩子享受快乐，享受生活。如果孩子从学习和做家务中体验到乐趣，那么他们不仅会更加快乐，而且以后也会懂得如何享受工作的乐趣，他们愿意继续学习。

在 14-21 岁，孩子更需要从同龄人那里获得支持。如果父母没有通过出色的沟通心法让孩子强烈地感觉到与父母之间的联系，那么这些孩子就会转向从同龄人那里寻求支持，这可能会使他们受到不良因素的影响。

为什么十几岁的孩子逆反心理很严重

在第三个阶段，孩子通常会向同龄人来寻求支持，同时，他们也需要来自父母及家庭的支持。在积极养育的心法下长大的孩子到了十几岁的时候，就没有必要通过叛逆来形成自我意识，在每一个阶段，他们都已经享受到了做真实自我的自由。因此，他们就不再需要反叛。

如果在小时候太压抑，没有做到真实的自我，那么，孩子到十几岁的时候就会反叛。

孩子需要感觉到与家庭的联系来抵制其他孩子的不良影响，这不是靠增加管束就能做到的，而是要运用积极养育的五大心法。十几岁的孩子需要一个他们可以从中得到理解、接受、建议以指引的人。如果父母知道如何给予孩子所需要的东西，那么孩子就会向父母寻求支持。

现在很多十几岁的孩子叛逆的原因是：父母总是采用让孩子害怕的养育方式，如果父母不惩罚孩子或不让他们害怕，孩子就不需要反叛了。如果父母继续施压，即使是积极养育的方法也很难起作用。十几岁孩子的父母需要给孩子越来越多的自由。倘若不够，孩子就会再次叛逆。要想减少十几岁孩子的叛逆，父母必须始终平衡好自由和管束之间的关系。

提高与十几岁孩子沟通的心法

需要注意的是，父母不要未经孩子的要求就主动给他们提建议。他们刚刚形成抽象思考的能力并初步拥有自己的看法，此时，他们还能够思考其他人的观点，但他们首先需要的是有人能够倾听并考虑他们的看法。因此，即使他们问你怎么想，先不要回答，不妨听听他们怎么说。

经常跟孩子聊聊理想、生活等话题，会把他们对你的抗拒降至最低。在这个阶段，他们需要用争辩来表达他们独特的看法，跟他们聊聊他们正在学习的历史和社会学，听听他们怎么说。

十几岁的孩子有自己独立的观点，即使你不同意他们的观点，至少也要对他们的逻辑性表示赞赏。你可以说："我永远不会那么想"，或者"好吧，我不同意你的看法，但确实有一定道理"，或者"这就是美国的好处，每个人都有权利拥有自己的看法"。

常和孩子交流和探讨，让你的孩子有机会体验到你的开明，通过赞赏他们的逻辑性和看法，他们能够明白，意见不一致，观点不同没关系，这是一种重要的体验。如果你对他们的观点持开放态度，那么他们就不会强求或者期望你给予他们更多的自由，他们知道自己还没有准备好接受这份自由，珍惜这个对当前的事件表达不同观点的机会吧，否则他们会觉得需要反抗你。

孩子不喜欢你控制他们的行为。在发出命令之前，父母需要先听听孩子反对的理由。然后父母可以说："我理解你想纹身的想法。确实有很多人都这么做。我会考虑你说的话，但现在我希望你等到18岁时再做决定是否纹身。"

比起小孩子，十几岁孩子对正义和公平的意识更加强烈。当父母的行为表现得像独裁者时，他们肯定会反叛，倾听孩子并参与他的活动，然后决定该给孩子多少自由，这可以加强父母和孩子之间的联系。

给出命令之前，父母首先应该要求孩子合作，倾听孩子反抗的理由，尊重孩子的观点。然后，父母可以表达出自己和对孩子的希望，可以这样说："我明白，你认为这样不公平。你希望跟朋友在一起，而我希望你在这儿陪伴你的表兄弟。我知道你不想这么做，但这对我很重要。希望你能帮我，也希望你在这两个小时里友好地对待他们，之后你就自由了。"

尊重十几岁孩子的想法

对你为什么希望他们做某些事情这一问题，最好是促使十几岁的孩子形成并表达自己的观点，而不是告诉他们你为什么会有那种感觉。"你知道那件事让我有什么感觉吗？"这样问是不健康的。

父母向孩子表达自己的感觉，会让孩子不再听你的话，或者感觉到内疚。现在的大多数孩子一旦感觉到自己会内疚，就会转移自己的注意力。记住，孩子在 18 岁之前要依赖父母，他们无须对父母的感觉承担责任，哪怕他们可能会慢慢理解你为什么会有那样的希望，当十几岁的孩子反抗你的要求时，与其长篇大论地说教，不如让他们说说自己的想法，要这样问："为什么你认为我希望你做这件事呢？"

父母不要期望孩子跟自己意见一致。十几岁的孩子特别需要足够的自由来多角度思考并形成自己的观点。这是他们成长过程中重要的一环。如果你不强求孩子顺从或者跟自己意见一致，他们就没有必要反抗。在积极养育中，意见不一致没关系，但要始终记住，最后说了算的依然是父母。

要注意，让孩子说话比给他们过多建议或者批评更重要，后者只能让孩子感到疏远。父母要敏锐地感觉到孩子们什么时候真的在要求建议，什么时候只是在试探父母，看自己能否说得上话。

在放学回家的路上，如果你的孩子跟你讲其他孩子的事情，例如违反规定、行为粗鲁或者发生不正当性关系等等，父母必须注意要保持克制，不要马上开始布道、说教、纠正或者威胁。

注意以下例子带给你的第一反应会是什么，然后思考一下另外的回答方式，确保孩子愿意继续跟你谈话：

哈里今天数学考试时作弊了。

蒂娜当着众人的面臭骂了她男朋友一顿。

克里斯今天逃课，他在视听室里跟人鬼混。

今天罗杰老是扯我头发，我揍了他。

我觉得理查德先生真的很蠢、很无聊。他对我们的要求太多了。

苏珊今天肯定累坏了，昨天一整晚她都没回家，喝得大醉。

当十几岁的孩子说着类似的话时，他们是在试探，看能不能说出真相，看你是否会开始布道、说教、管束或者纠正他们或者他们的朋友。父母不要直接回应，要先问孩子怎么想，然后再问："你认为我会怎么想？"记住，如果你能够倾听孩子自己的想法，孩子就会继续跟你说。

如果父母立刻开始数落孩子，或者开始给其他父母和老师打电话，谈起这个问题，那么孩子会马上闭嘴。父母不要想着去解决问题，而是要先缓一缓，克制一下，不要给出建议。要耐心地倾听，并试着回忆一下自己十几岁的时候做过的一些事情。

和孩子进行心理上的沟通比解决问题更重要，让孩子感觉到和父母之间有联系，这样才能保持对孩子的影响，而倾听就是最好的方法。

倾听之后有时候还需要做点什么。可能某个孩子有不正当的性行为，或者说了些很粗鲁的话，这时父母应该敲响警钟。但请注意，不要对此采取行动。应该先问问孩子认为该做些什么，这样他会更容易接受你的想法，甚至你们两个人可以在一起想出一个合适的做法。

一旦沟通不畅，孩子可能会受到其他失去了管束的孩子的影响，这些影响很可能是不健康的。如果某个孩子对你的孩子很粗暴，但你的孩子不想让你给他的父母打电话，在大多数情况下，你最好听从孩子的意思。你应该知道，如果伤害了孩子的信任，利用了孩子告诉你的信息，孩子就再也不会向你倾诉什么了。

让十几岁的孩子接触新环境

有时候，被宠坏的孩子需要的不仅是花时间在自己的房间待着。在成年人的陪同之下，去一个发展中国家旅游，或者和最喜欢的叔叔阿姨、祖父母待在一起，或者去森林里探索自然，都可以帮他找回自己，并找回被人管束的安全感。在所有有人监护的情况下，走出家门去参加一些活动，对一个十几岁的孩子来说是一个挑战，可以极大地改善他的态度。

孩子感觉到失去了管束，他开始依赖他人，并重新需要来自父母的指导和支持。按钮再次按了下去，重新唤醒了他的渴望，他渴望父母的爱，渴望与父母合作，让父母高兴。

放学后在外面做一份兼职，上一些私人课程，或者加入一个小组，都是很好的机会，可以让孩子感觉到自己需要教授、指导和监督。家庭之外有个人来指导他们也是必要的。如果他们在工作时得不到老板的指导，课程上得不到老师或教练的指导，就更有可能受到步入歧途的同龄人的影响。要想在家里保持对孩子的管束，就一定要让孩子在外面也受到监督和指引。

用"我希望"代替"不准"

9岁以前的孩子没有形成逻辑思考能力，对他们说"不准"会起到反作用。当你说"不准跑"时，孩子可能正在设想自己奔跑的画面，这样只会让他们奔跑的欲望更加强烈。孩子通过头脑中的意象来学习。一旦头脑里出现某个画面，他们很快就会采取行动。就好像他们压根没有听到"不准"这个词一样。

但你说"不准"时，实际上会刺激孩子越发想做那件事。

从现在开始，设法不要去想蓝色。试试看，你可能反而被迫去想蓝色了，当你对孩子说"不准打弟弟"时，他的意象中实际上正在想象自己是如何打弟弟的。"不准"这个词不适合劝孩子与你合作。

对孩子说不准玩食物，会使他们脑子里浮现出玩食物的画面，这让他们更有欲望和冲动想要玩食物了。一有机会，他们就会把食物捣碎。

父母经常对孩子不满："我告诉过你不要在屋里扔球，为什么你偏不听？"这种情况下，孩子诚实的回答是："我不知道。"有时候，他们确实不知道自己为什么在屋里扔球。

很多时候，孩子没有思考，他们只是把脑子里的画面付诸行动。

认识到这一点后，父母就不应该说"不准"了。要是忘了，"不准"脱口而出，也很容易纠正。只要态度积极，就可以形成有益的引导画面。如果你碰巧说了"不准跑"，那么赶紧调整一下说法："我希望你走慢一点。"

问问孩子怎么想

到了9岁左右，孩子开始形成逻辑思考的能力。这个时候，父母就可以询问孩子的想法了。如果孩子在下午的时候要冰淇淋，父母可以说："你觉得呢？这时候吃冰淇淋好吗？"

除了多询问几次孩子的看法之外，父母也可以开始解释为什么希望孩子做某件事情了。说"我希望你现在上床睡觉"对9岁之前的孩子很有用，9岁之后，父母就可以说："我希望你9点钟睡觉，这样第二天早上你就会很有精神。"

下面是一些如何要求9岁以上的孩子的例子。

请你安静点，好吗，现在我希望你听我说，我就可以解释我们要干什么了。

请你不要再打你妹妹了好吗？我希望你有话好好说。打妹妹会让她受伤，她就不想再跟你玩儿了。

请你帮我一下好吗？我希望你把盘子拿到洗碗槽去，因为洗碗工作量很大，有你帮忙我就轻

松多了。

请你收拾一下这儿好吗？我希望你把玩具收起来，因为你把它们放在那儿，别人可能会踩到。你收起来之后，房间看起来就整洁多了。

请你整理一下你的房间好吗？我希望你把东西收起来。如果你把东西整理好，下次就知道去哪找了。

如果9岁以下的孩子问"为什么"他应该这么做，解释一下也很好，但如果孩子抵制，就不要解释了。父母应该牢记，9岁以下的孩子确实没有逻辑理解能力，更没有在实践中运用逻辑的能力。

父母鼓励9岁以下的孩子的时候不要解释理由，孩子不肯听你的话，因为他是孩子，你是主导者，他必须和你合作，记住，每个孩子内心深处的心法都是配合你的意愿。

养育是个挑战

养育孩子始终是个挑战，但积极的教育比任何挑战都要大。尽管开始学习是需要花大量时间和精力，但却是值得的。从长期来看，养育不仅越来越容易，而且也对你的孩子有益。当你的孩子经历成长的不同阶段时，你可以在每一个转变的节骨眼上做好准备。

当你运用积极养育的心法时，有时也会失败，因为失败是不可避免的。但你知道你正在给予孩子所需要的帮助，你很快会感觉到自信和平静。你无法改变他们的内在命运，也消除不了他们特有的问题，但你可以支持他们面对逆境、获得成功。

每一种新的心法都有一个学习过程，在熟练掌握之前，往往是很难收放自如的。你刚认为它起作用了，马上又遇到了挫折，不知道怎么办。当你的方法似乎不起作用时，或者你不知道该做什么时，不如回顾一下《孩子来自天堂》，你很快就能重新发现有些东西被你忘到脑后了。通过再次运用积极养育的5大心法，你会重新回到正轨。

即使你每件事情都做对了，可别忘了，孩子不是完美的。他们需要犯错误，需要经历挫折。他们需要遇到问题和挑战，才能塑造自己独特的个性和能力。他们确实非常需要你的支持，但在世间走一遭，有些东西需要他们自己去学习，有些事情需要他们自己去完成。

你不要期待自己完美，这跟不要期待孩子完美一样。犯错误是成长的一部分，也是成功养育的一部分。如果事事顺意，孩子就无法培养坚强的品质。如果没有足够的机会去原谅父母的不足，孩子就很难接受自己的不足。

成就伟大人生的礼物

让孩子自由地发现和表达真实自我，是父母所给他们成就伟大人生的一份礼物。历史上所有的伟人，包括思想家、艺术家、科学家以及领袖等，都能够对陈规说"不"，并进行创造性的思考。他们有梦想，他们会尽最大努力去实现梦想。当其他人反对或者不相信他们时，他们依然自信满满。伟大总是在别人的反对中锤炼而成的。每一个成功的故事都从不缺乏迎难而上、奋勇前进的例子。经历了对别人说"不"的过程，试着拒绝常人的思考方式，不盲从惯例，这样才能培养创造力、锻造伟大人生。

积极养育的五大心法中的每一个都有助于形成强烈的自我意识，是成就孩子伟大人生的特殊礼物。它们是：

1. 接纳孩子的与众不同 —— 让孩子能够发现、欣赏并发展自己内在的独特潜能和目标。

2. 允许孩子去犯错 —— 让孩子能够自我纠正，从错误中吸取经验，争取更大的成功。

3. 允许孩子表达消极情绪 —— 教会孩子处理自己的情绪，认识自己的感觉，使得他们更加自信、更富有同情心并更愿意合作。

4. 允许孩子要求更多 —— 帮助孩子发展健康的意识，清楚自己应该得到什么，学会延迟满足的能力。他们能够要求更多，但对已拥有的一切同样感到快乐。

5. 允许孩子说"不" —— 锻炼孩子的意志，并确立他们真实、积极的自我意识。这种自由加强了孩子的心智和意志，让他们更清楚地意识到自己的要求、感觉和想法。允许反抗权威是所有积极养育心法的基础。

我希望这本实用的养育指南能帮助父母教育好孩子。为人父母是不容易的，但谁都知道这是最有回报的任务。要想让养育工作轻松点儿，还可以向其他同样运用积极养育心法的父母寻求支持。

祝愿你的孩子成长为自信、合作、富有同情心的人。祝愿他们不管是在外面的社会，还是在内心世界中，都能获得成功。祝愿他们梦想成真，也祝愿他们能够在家庭及友谊中体验到永恒的爱。

鸣谢

感谢我的妻子邦妮，还有我们的三个女儿香农、朱丽叶和劳伦，感谢她们一直以来的爱和支持。如果没有她们，也就没有本书的问世。

我感谢哈柏·柯林斯的黛安妮·里维兰德，感谢她充满智慧的反馈和建议，我还要感谢劳拉·伦纳德，我理想的宣传代理人，还有卡尔·雷蒙德、克雷格·赫尔曼、马修·古玛、马克·兰道、弗兰克·方谢特、安德里亚·切里尼、凯特·斯塔克、露丝·胡德、安妮·高迪尼以及其他杰出的哈柏·柯林斯的全体员工。

我感谢我的代理人帕蒂·布莱特曼，感谢她对我的研究的认可，在九年前，是她发现了《男人来自火星，女人来自金星》这本书的价值。我感谢我的国际代理人琳达·迈克尔斯，是她让我的书得以在全世界范围内以50多种语言出版发行。

我感谢我的职员：海伦·德雷克、巴特、梅里尔·贝伦斯、波莉安娜·雅各布斯、伊恩，艾伦·科伦、桑德拉·温斯坦、唐娜·多龙、马丁、乔西·布朗、鲍勃·博德里、米歇尔·纳贾里安、吉姆·普赞、还有朗达·克里尔、感谢她们一直以来的支持和辛勤的工作。我还要感谢马特·雅各布斯、谢莉·里夫金以及凯文·克莱尼克，感谢她们对火星金星的网站建设，因为有她们，marsvenus.com才成为互联网中最美好的去处。

我感谢我的朋友以及家人的支持和帮助：我的兄弟罗伯特·格雷，我的姐妹弗吉尼亚·格雷，克利福德·麦圭尔、吉姆·肯尼迪、艾伦·盖博、勒妮·斯威斯科、罗伯特和凯伦·约瑟夫森、拉米·埃尔·布莱特瓦里。

我感谢成百上千的工作坊促进者，是他们将火星金星系列工作坊传播到世界各地。我感谢那些在过去十五年来参与火星金星系列工作坊的学员们。我还要感谢那些将火星金星理论应用在其日常工作中的火星金星教练们。

我感谢我最亲爱的朋友卡莱什瓦，感谢他一直以来的支持和帮助。

我感谢我的中国经纪人赵峰，他从2009年开始把我带来中国举办课程，这么多年来一直不懈地努力，我现在每年来中国两次，每次都至少在全国巡回演讲五场以上。

我感谢我的母亲和父亲，弗吉尼亚·格雷和戴维·格雷，感谢他们的爱和支持，感谢他们指引我成为我能成为的最好的父亲，我还要感谢露西尔·布里克西，她就像我的另一个母亲一样，给我爱和指引。

　　感谢上帝给予我不可思议的力量和洞察力，是神的支持，让此书得以面世。

——约翰·格雷

2017 年 12 月 9 日

《孩子来自天堂》联合发起人

寄语

曹 奕：《孩子来自天堂》爱心大使

我常常梦到童年的情景，幼儿园就是我的幸福天堂。每天从幼儿园放学，小伙伴们都像对待小老师一样围着我，听我说幼儿园里的事。那一双双闪亮的眼睛，让我至今无法忘怀，充满渴望与向往。

从 2006 年至今，我一直从事 0-6 岁儿童教育并且深爱之。2017 年，我成功举办了两次约翰·格雷博士的亲子课程，有一次是在常州市政府报告厅，让我的团队以及学生家长受益匪浅。孩子是我们的未来，我希望竭尽我毕生的精力，协助天下父母成长，一起为孩子们点一盏灯，开一扇门，甚至造一个梦，一个幸福的梦，一个有你有我有世界的梦，祝福我们的孩子，我们也相信未来会更美好。

周建华：《孩子来自天堂》译者

能够担任本书的译者是幸福的，这是一份幸福的礼物，凝聚了我们团队的集体智慧，这也是我们团队的幸福。我们来自语学堂教育科技有限公司，一家集教育科研、教育合作、培训办学和海内外文化交流于一体的国际性教育机构，以"培养双语精英，成就未来领袖"为使命，拥有完善的青少年"综合素质和能力"的成长体系，是国内青少年双语精英领袖特训营领军品牌，累计参与特训营人数达数十万，我们也希望将本书作为礼物送给更多的父母，共力培养更多未来领袖。

如一老师：用生命点亮生命的智者

作为约翰·格雷博士课程体系在中国大陆的战略伙伴，我们三同源机构以非常落地实修的方式帮助更多家庭迎回幸福，迄今已经让上万个家庭受益，我们将继续奋斗，助力幸福中国梦。

网友热评

　　不可不说的是，现在的父母都太宠爱自己的孩子了，不能打也不能骂。作为家长我很理解父母的心情。现在的孩子非常聪明，以致一些父母想管也管不了！我家的活宝才 4 岁，就把我累得筋疲力尽的，看此书之前我软硬兼施也不见成效。很偶然的一次机会在书店读到此书，试着按书中的说法一试，效果比意料中的还好。所以我特来买了这本书，放在床头，每晚睡前我都会读上一小章。男女平等已经过时了，我们是不是也应该要来一个老少平等？读过这书后我才明白为什么宝贝有时会表现得那么反叛，那是因为我们常把属于小家伙的权利给剥夺了，要不就是吝啬赞美的声音；只要我们换一个思维，把打骂变为另一种赞美，那些小家伙心里还是很愿意听话的！更多的方式需要自己个人去学习和实践，值得拥有的一本好书！推荐！

—— 无情 Merci

　　我经常看到身边很多大人用不当的方式教育孩子，让孩子过分委屈和过分地承担责任，甚至还会对孩子进行比较。其实孩子无法横向比较的，也许一个人某一方面偏弱，另一方面天赋很高，有些人则是大器晚成。让兔子学游泳，骂青蛙不能好好跑步，这都是不够明智的。

　　不知大家发现没有，通常外国人都比中国人外向、自信。这一点，大家看看美国偶像和超级女生的对比就知道了。难以置信，海选唱歌那么差的美国人活得那么开心，觉得自己那么出色，唱歌那么好，哈。有时候想想幸福从哪里来？基础条件应是做事的满足感，我们是否都是被动着带着面具做事儿呢？怎样能带给孩子一个幸福、开心、自信的环境呢？

　　这本书给了我很多很多启示，包括我曾经迷茫的、希望的、期盼的。我想，如果我父母按照这个方式教育我，我小时候会更开朗。如果我周围的人都这样教小孩儿，孩子本性就会更加宽容、积极、外向。

　　所以我把书寄给了我好友，他是准爸爸了，呵呵，祝福哦。我很喜欢这个心理学博士。非常好。

—— millyye

　　这本书从心理学的角度来分析孩子为什么会出现一些不好的情况，并且很详细地阐述了怎么正面积极地引导孩子，看了这本书之后你会发现很多国内的育儿书都有它的痕迹。

—— 豆豆妈菲

我们的科技文明和百年之前已经不可同日而语了，我们的教育呢，是不是也有了长足的进步？如果要改进，我们又该如何做呢？书中都有详细的阐述。而且，对男孩和女孩的不同养育方法也有说明，很实用。如果你看过作者大名鼎鼎的《男人来自火星，女人来自金星》，会对书中的方法有更深刻的理解。作为享誉世界心理学界的专家，约翰·格雷用深入浅出的文字阐明了巴学园、夏山学校、华德福学校是怎么对孩子产生积极的效果的。家长也会伴随孩子的成长而成长。打骂孩子，是无能的表现，正说明了家长对问题束手无策的窘境。真正有能力的家长会用智慧找到问题的解决之道。

—— mye-zj

很多早教专家都向我推荐了这本书，看了确实不错。中国的传统的教育要不就是溺爱，要不就是暴力，原来还有这么积极有效的养育方法，尝试了 time out，效果不错。

—— echorao

颠覆了我们中国人的传统的教育方式：威胁、惩罚、打骂或者另一个极端——溺爱。在这些教育方式里，都没有对孩子真正的尊重和合宜的爱。这本书让我受益匪浅。孩子是来自天堂的礼物，不是我们的私人财产。虚心来看，你一定会受益。我已经在试着用书中的方法与孩子相处了，效果很好。相信他将来一定是品格健康的孩子。

—— 20366157

适合边讨论边提高。自己看着觉得一般，偶然被其他妈妈借去，大家传阅后，通过不断讨论、分析，发现各自对本书的理解更深入透彻了！越发觉得是一本好书，甚至可以用来分析孩子爸爸，于是对日常生活就有了更大的指导。

—— guanm

这两天只看了《孩子来自天堂》1/5 的内容，已经学习了部分积极养育的心法，而且在 12 岁女儿身上小试了一下，发现效果明显。以前跟她说：快去喝牛奶。她第一反应：不喝。今天早上我说：请你去喝牛奶好吗？没想到，她真的接受了。有时候，说话的艺术真的很重要。特别是看了这本书后，我跟同事的讲话也注意了说话的口气，自己感觉心情好多了。真是一本好书，不仅是介绍育儿经验，而且对改善夫妻关系，增强同事间的沟通能力很有用处。强烈推荐。

—— 唐澜澜

针对家庭教养，鼓励积极养育。现实中，孩子的问题，原因不在孩子，而在于家庭中的氛围，家庭成员的态度和处事策略、交往策略。父母在教育孩子的时候，是不是应该从自己的角度看看，或许你的一些行为态度，已经潜移默化地影响到了孩子的思想。

—— gwwtz

这本书给我了我莫大的启发和感悟。看了这本书才知道，自己小时候多么缺乏这样的积极养育方法，无形中形成了现在身上的很多弱点或缺点。不过，在学习积极养育方法的同时，其实自己也是在学习重新活一遍，自我疗伤。书中的很多话都说得很有道理，即便你发现你的父母以前对你的教育方法不对，也不要埋怨他们，因为他们已经尽最大努力了。感觉这些方法会对自己养育小孩非常有用，当然还需要努力练习，强烈推荐孩子的父母看看这本书。书虽然是外国人写的，但是翻译得非常到位。

—— bjlangzhong

很欣赏本书的观点，很多时候父母做得不是太少了，而是太多了，忘记了孩子来自天堂，上帝已经为孩子的一生铺好了路。父母更多时候是陪着孩子一起走过这条路，这样孩子轻松，父母也会享受这个过程。

—— liuyufen_cn

告诉我们的宝贝："你真是上天赐给我的小天使！"尽管天下无不是的父母，尽管所有的父母都爱自己的孩子，但教育的确是门学问。面对自己的宝贝，我们不得不承认，当我们以为她该懂事了，该承担一点责任了，该知道照顾自己了，与宝贝之间，会有不愉快，不开心。我们希望宝贝健康快乐成长，但我们并不一定知道如何做才最有益于孩子成长。这本书教给我许多具体的方法，具体、切实的例子向我们这些父母展示了，我们原来在不经意间会给孩子那么多消极的暗示。建议父母拿来读读，会有收获的。

善待我们的小天使吧，她们之所以需要我们，只是因为她们的翅膀暂时需要休息、梳理，这是上天赐给我们去爱、去表现的机会，好好把握哦！

—— jnfqf

后 记
—— 用绘本迎接天堂来的孩子

邢 知

"积极养育学院"联合创始人、"PTC绘本育儿系统"创始人

说起我和约翰格雷博士的渊源，其实有点意思。

早在我不认识他的时候，我就一直开设《男人来自火星，女人来自金星》课程，对约翰格雷博士的理念体系已经非常熟悉。

几年前，因缘结识约翰·格雷博士，彼此非常契合的理念，让我们一拍即合。

后来的合作一发不可收拾。

我们共同举办了"孩子来自天堂"的家庭育儿课程，我又参与了博士著作中文版的翻译和润色，还共同开发了积极养育系列课程。

但随着在儿童教育实践中越深入，我却越困惑：大部分家长学过很多课程，却依旧教不好孩子。因为家长作为成人，思维和习惯都已经定型，要改变极其困难，而孩子教育问题的根就在家长身上，在原生家庭。

教育孩子是一个无比复杂而又需要耐心的持续性系统工程。其实并不是教育理念不对或不好，而是即便家长学习了、理解了，但由于缺乏将理念有效转化为实操方法的工具，家长依然做不到、做不好，也难以坚持，而同样的方法用在不同孩子身上，也会有截然不同的效果。这个问题一直困扰着我，怎么办呢？

这几年，我一边比较研究各种教育理念的落地执行，一边在自己女儿和儿子身上各种探索，不断尝试，又把"实验范围"扩大到朋友、同事，扩大到小区的妈妈群，最后引入到学校的家长们。

功夫不负有心人，我找到了这个最好的工具，那就是绘本！

我惊奇地发现，大人费劲口舌，反复唠叨，孩子未必听得懂或听得进去，而绘本却能将这一切轻松地传递给孩子。绘本是打开孩子心灵、启迪孩子智慧的一把钥匙。

我带领团队研发了PTC绘本育儿系统，终于打通了理论和方法之间的"任督二脉"，以"积极养育模式"（Positive Parenting）为理论基础，绘本搭配教育玩具为使用工具（Tool），社

群（Community）为连接人群、激励学习的方法。

PTC 绘本育儿系统的理论基础，就是博士的积极养育模式。

博士的理念中，有五条原则：①与众不同没关系；②犯错误没关系；③释放消极情绪没关系；④要求更多没关系；⑤说"不"没关系，但父母才是主导者。我惊奇地发现，绘本能够用孩子听得懂的方式，把博士的理念教给孩子。

比如，《做勇敢的自己》就在告诉孩子：与众不同没关系；《犯错误没关系》就是博士的第二条原则；《生气汤》也在教孩子如何释放消极情绪……

我真心希望如此精彩的绘本世界，可以帮助正在阅读的你，更好地理解博士这么好的育儿理念，帮助你减轻养育的重担，而能更享受培育下一代的过程。

把孩子抱在膝上或搂在怀里，一起共读绘本，从小给孩子心里种下一颗幸福的种子。然后，静待花开。

邢 知

2018 年 4 月 28 日 星期六 于上海